AF242142

RECHERCHES

SUR

L'EMBRYOLOGIE

DES

BRYOZOAIRES

PAR

J. BARROIS

LILLE

IMPRIMERIE ET LIBRAIRIE DE SIX-HOREMANS

244, Rue Notre-Dame

1877

RECHERCHES SUR

L'EMBRYOLOGIE

DES BRYOZOAIRES

RECHERCHES

SUR

L'EMBRYOLOGIE

DES

BRYOZOAIRES

PAR

J. BARROIS

LILLE

IMPRIMERIE ET LIBRAIRIE DE SIX-HOREMANS

244, Rue Notre-Dame

1877

INTRODUCTION

On s'est beaucoup occupé dans ces derniers temps, de la morphologie des Bryozoaires et nous possédons, depuis Grant 1827, un grand nombre de théories sur leur individualité (Allmann, Nitsche, Reichert, Hoeckel); d'un autre côté, depuis que Huxley, Nitsche et Claparède, ont démontré les relations des prétendues *gemmules* avec la génération sexuée, on s'est appliqué plus activement à déterminer la structure des larves : Ekrenberg, Busch, Nitsche, Metschnikoff, Claparède, Salensky, Uljanin, Kowalesky, Allmann, etc., nous ont donné sur certaines, d'excellents renseignements, qu'on trouvera analysés dans la partie spéciale, néanmoins, jusqu'ici, toutes ces observations sur la morphologie et la structure des larves sont restées à l'état de connaissances disséminées: personne n'a encore fait de tentative, pour grouper en un seul tout ces connaissances éparses et les coordonner en un ensemble qui pût nous donner une idée générale de l'embryogénie de ce groupe important.

1

Le mode de développement des différentes larves est encore aujour-d'hui complètement inconnu : leur structure, très-variable, difficile à élucider, et encore pour la plupart, en butte aux discussions, n'est connue du reste que chez un trop petit nombre de types, pour pouvoir donner lieu à des rapprochements, aussi y a-t-il aujourd'hui encore absence complète d'idées générales sur les caractères de la forme larvaire; mes recherches auront pour premier objet de combler cette lacune, afin de pouvoir arriver enfin, à comparer cette forme à celles des groupes voisins : Je m'occuperai en même temps, des rapports des larves avec la forme adulte, et de leur rôle général dans l'embryogénie : avant tout, nous devons nous arrêter à faire quelques observations.

Pendant très-longtemps, les larves de Bryozoaires ont été considérées comme ne constituant que de simples morulas, et la loge primitive (considérée par Grant comme l'individu), se formait alors simplement par différenciation directe de cette morula (Grant 1827). En 1861, Allmann décrivit les larves d'alcyonelles, formées d'un sac creux, et il émit dès lors l'opinion que la larve constituait un organisme complet, issu de génération Sexuée, et produisant ensuite par bourgeonnement interne, un second animal de génération asexuée (polypide): plus récemment, la découverte de la complexité de structure, bien plus grande encore, des larves ordinaires (prises au début pour de simples morulas) est venue modifier beaucoup la question : Nitsche a continué néanmoins à considérer ces larves, comme ne représentant que de simples cystides, compliqués par suite d'un développement adaptatif; pendant longtemps Nitsche s'est fondé sur cette idée, pour se rallier à l'idée de Allmann sur l'alternance, mais dans son dernier travail, il reconnaît que rien n'oblige à reconnaître ce cycle alternant et que l'on peut considérer le cystide et le polypide comme représentant la *blastula* et la gastrula, aussi bien que comme deux formes successives emboîtées l'une dans l'autre.

La théorie du cystide ainsi entendue ne correspond plus du tout à la théorie de l'alternance de Allmann, mais repose aujourd'hui sur cette seule assertion; *Que les larves de Bryozoaires sont de simples cystides,* cette forme cystide constituant ainsi la forme primitive du groupe tout entier; d'après Nitsche, en effet, les organes larvaires finissent toujours par entrer en dégénérescence, pour disparaître sans donner naissance à aucun organe, tandis que la peau se renfle en un sac uniforme qui donne naissance au rudiment de polypide.

A cette théorie qui regarde les larves comme des organismes d'une grande simplicité, comme des formes à structure peu avancée et passant à l'adulte par *développement ultérieur*, on peut aujourd'hui en opposer une autre, qui résulte des observations de Uljanin sur la Pedicellina, et de Repiachoff sur les Escharines (Tendra, Lepralia); d'après ces auteurs, la structure complèxe de l'organisme larvaire ne serait pas purement adaptative comme le dit Nitsche, mais aurait au contraire des rapports très-sérieux avec celle de l'organisme adulte : Uljanin, en effet, trouve le passage direct, tandis que Repiachoff voit la masse graisseuse de dégénérescence donner naissance à l'estomac de l'adulte (Tendra) (1), d'après cette théorie, la larve ne forme plus un organisme simple, passant à l'adulte par développement ultérieur, mais constitue, au contraire, un organisme complèxe *aussi élevé* en structure que l'adulte, et passant à ce dernier par une métamorphose; nous pouvons l'opposer à la théorie du cystide de Nitsche, sous le nom de *théorie de la métamorphose*, celle de Nitsche, mériterait plutôt celle de *théorie de l'évolution directe*; d'après la première, la larve est complèxe, et les deux formes de l'évolution représentent deux *formes équivalentes ;* d'après la seconde, la larve est très-simple, et les deux formes représentent deux *stades successifs ;* nous n'avons plus aujourd'hui à nous occuper, comme on l'a fait jusqu'ici, de savoir si le cycle d'embryogénie est simple (Grant) ou alternant (Allmann), mais de savoir si les deux formes essentielles de l'embryogénie représentent deux *formes équivalentes* (théorie de la métamorphose) ou deux *stades successifs* (théorie de Cystide). La solution de cette importante question, dont dépendent toutes les autres, est susceptible non-seulement d'une solution directe,

---

(1) Voir pour l'historique de diverses opinions sur la destinée de la masse graisseuse, l'étude préliminaire de la métamorphose dans les groupes des chilostomes et des Cténostomes.

par étude immédiate de la métamorphose, mais aussi d'une solution indi-
recte, par la comparaison des formes larvaires: Nitsche a admis trop vite
et sans examen suffisant, que les organes larvaires dérivaient d'adaptation, pour moi, je ne puis accepter cette opinion que pour les organes
dont l'inconstance aura été reconnue ; nous tâcherons de mener de front,
dans ce qui va suivre, l'étude des larves et du cycle d'embryogénie ; nous
commencerons par les Entoproctes, puis les Cyclostomes et enfin les Chilostomes et Cténostomes qui appartiennent au même type embryonnaire ;
nous ajouterons ensuite quelques mots sur la formation du polypide chez
l'alcyonidium, et nous terminerons par les conclusions.

I

ENTOPROCTES

I. — LOXOSOMA

<table>
<tr><td rowspan="3">HISTORIQUE</td><td>1 Busch.[*]</td></tr>
<tr><td>2 Kowalesky.[**] Keferstein.[***]</td></tr>
<tr><td>3 O. Schmidt.[****]</td></tr>
</table>

BUSCH 1851. — Les larves de Loxosoma ont d'abord été étudiées par Busch sur des exemplaires péchés au filet et auxquels il donna le nom de *Cyclopelma longociliatum* ; il décrit avec soin leur organisation et nous fait connaître leur structure détaillée avec une précision qui n'a pas été égalée depuis ; d'après lui, la larve se compose d'un corps allongé séparé par un disque médian bordé de cils vibratiles, en deux moitiés différentes : la tête et la queue ; la première est formée d'une épaisse *saillie en forme de bosse* qui porte en avant un *organe quadrilobé* muni de deux points oculiformes et de plusieurs flagellums ; la seconde (queue) constitue une portion tubulaire terminée par trois poils entre lesquels

---

[*] Busch, 1851. Beobachtungen uber anat und Entiw wirbelloser thiere, p. 132, pl. 16. f. 12-16.

[**] Kowalesky, 1866. Mém. acad. St-Pétersbourg, 7me série. Tome X.

[***] Keferstein, 1867. Zeitschrift fur rationnelle medicin.

[****] O. Schmidt, 1875. Archiv. fur, micr. anat. Vol. XII f. 1.

s'ouvre l'anus ; à sa partie antérieure, immédiatement sous l'organe quadrilobé se trouve un *prolongement rétractile en forme de languette* également munie de longs flagellums, et qui peut faire saillie à l'extérieur ou être rentrée à volonté ; entre la couronne ciliaire et cette moitié postérieure du corps se trouve, de chaque côté un groupe de trois mamelons situés sur le disque médian et dont l'auteur ne cherche pas à préciser la nature. Toute cette portion postérieure du corps est parcourue par un tube digestif droit qui se termine à l'anus, la bouche est située entre l'organe quadrilobé et la languette, mais l'auteur n'a pu suivre le parcours de l'intestin entre la bouche et la partie postérieure du corps. La description de Busch est en somme très-complète mais il se trompe comme nous le verrons plus loin, sur la manière générale d'envisager l'organisme.

2. Kowalesky, 1866. — Il donne du *Loxosoma neapolitana* une embryogénie complète ; les lacunes reconnues par l'auteur lui-même rendent assez obscur ce développement, néanmoins, on remarque que d'une façon générale, le plan d'organisation indiqué par Kowalesky chez la larve libre, s'accorde tout-à-fait avec celui de Busch ; l'auteur russe considère également la larve, comme formée d'un disque bordé de cils qui sépare le corps en deux parties distinctes (tête et queue) seulement, chacune de ces deux moitiés, au lieu de présenter les organes complèxes décrits par Busch (organe quadrilobé et languette) ne forme qu'une partie simple sans aucune division : la première (tête). porte deux points refringents et deux paquets de cils au milieu desquels font saillie deux longues soies tactiles, la seconde (queue) est bifurquée à son extrémité munie également de deux longues soies, la bouche se trouve située au bord de la tête et conduit dans un intestin arrondi en forme de sac. En résumé, Kowalesky compare la larve libre à une larve d'annélide dont la couronne ciliaire au lieu d'être sessile, se trouverait portée sur un soulèvement annulaire du corps. Le développement de cet organisme d'après Kowalesky, semble extrêmement simple : lorsque la morula a donné naissance (par délamination) à un strade composé d'une masse interne et d'une couche externe séparées l'une de l'autre par la cavité du corps, la

couche externe se trouve déjà divisée en face aplatie (antérieure) et face convexe (postérieure) ; on voit ensuite le pourtour de la face plate se revêtir de cils pour former la couronne, tandis qu'en son milieu apparaît la bouche qui entre en relation avec la masse centrale. Le reste du développement consiste simplement dans le soulèvement de cette couronne en disque médian, et dans le renflement de la moitié antérieure (plate) en tête, tandis que la moitié convexe postérieure, s'amincit au contraire en se bifurquant pour former la queue.

3. KEFERSTEIN, 1867. — L'année suivante, Keferstein donne à son tour une description de larve de Loxosoma, que je n'ai malheureusement pas pu me procurer ; c'est peu après, en 1868 que Lenckart effectua la réunion de cette larve avec le cyclopelma découvert par Busch.

4. O. SCHMIDT, 1875. Il a vu les embryons sur une espèce voisine, et peut-être identique au L. neapolitana, son L. Singulare (alata nob :) il ne donne aucun renseignement sur l'organisation générale de la larve, mais figure deux stades : le premier qui ressemble vaguement à une gastrula, le second qui représente une larve libre, vue perpendiculairement au disque ciliaire ; cette dernière figure nous montre trois groupes de mamelons probablement les mêmes que ceux décrits par Busch, mais disposés cependant d'une manière différente (aux trois angles d'un triangle au lieu d'être en ligne), le plus interne est pigmenté, O. Schmidt, le désigne comme point oculiforme, tandis que les autres sont intitulés rudiments de tentacules.

Jusque dans ces dernières années, on ne connaissait que trois espèces de Loxosoma : le *Loxosoma Singulare Kef* découvert en Normandie par Keferstein et Claparède (1), le *Loxosoma Keferstenü (Claparède)*, découvert

---

(1) Keferstein. Zeitschrift füs wiss. Zoologie. Tome XII, 1862 page 13. Claparède Beob. über anat. und entw Wirbellose thiere.

dans le golfe de Naples par Claparède (1), et le *Loxosoma Neapolitana* découvert dans la même localité par Kowalesky (2). Récemment (1875), O. Schmidt (3), a augmenté beaucoup le nombre des espèces, en décrivant trois formes qu'il regarde comme nouvelles, et auxquelles il donne les noms de *Singulare O. Sch.*, *Raja* et *Cochlear* toutes trois rencontrées dans le golfe de Naples, et possédant une glande à la base du pédoncule. Le cochlear se rapproche d'après O. Schmidt du Neapolitana et il y aurait ce me semble avantage à les réunir pour ne pas trop multiplier le nombre des espèces; quant au singulare de O. Schmidt, je ne puis comprendre pourquoi cet auteur paraît rapporter la forme qu'il décrit au singulare de Keferstein et Claparède, avec lequel il ne présente aucune ressemblance.

Pendant le cours des années 1874-75, j'ai eu l'occasion d'observer sur les côtes de la Manche, en Bretagne et en Normandie, trois espèces différentes de Loxosoma: la première abondante à Roskoff, vit en parasite sur les siponcles, on peut se la procurer en grande quantité en allant déterrer les siponcles qui se trouvent en grande quantité sur la plage vaseuse située derrière le vivier à l'est de Roskoff, et qui ne se découvre qu'aux grandes marées. Cette espèce m'a paru dépourvue de glande pédieuse, et ne semble se distinguer de toutes les autres que par la longueur de son pédoncule contourné en spirale (fig. 3, pl. 16) et qui m'a semblé acquérir des dimensions qui ne se rencontrent jamais chez les autres espèces, c'est peut-être le même que celle qui a été décrite par Norman (4), comme organe appendiculaire d'un siponcle qu'il nomme Strephenterus Claviger, on doit certainement en faire une espèce distincte (5,. (L. Phascolosomatum).

---

(1) Claparède. Annales des Sciences nat. 5ᵉ Série, vol. 8 p. 8 p. 28 et Zeitschrift für wiss Zool. Tome 21, p. 170.

(2) Kowalesky. Loc. cit. (Mém. St-Pétersb.)

(3) O. Schmidt. Loc. cit. (Archiv. Micr. Anat.)

(4) Norman. Annals and mag of nat. hist. 3ᵉ Série 1861. vol. VII, p. 112.

(5) Depuis que ces lignes ont été écrites, j'ai reçu sur cette espèce un nouveau travail, que M. Vogt a eu l'obligeance de m'envoyer, il la décrit sous le nom de L. Phascolosomatum, j'ai supprimé le nom que je lui avais déjà donné pour adopter ce dernier.

Les deux autres espèces que j'ai rencontrées sont de St-Waast-la-Hougue, la première recueillie en très-petit nombre se trouvait sur des éponges du genre Desidea ramenées de *Barfleur* par les bateaux de la pêche aux huîtres, elle se reconnait aisément (fig. 4, pl. 16), à la forme du pied, qui porte de chaque côté une expansion en forme d'aile, analogue, mais plus développée que celle de L. Raja; malgré la différence des localités je ne puis conserver aucun doute sur l'identité de cette espèce avec le L. Singulare de O. Schmidt, mais comme je ne saurais admettre en aucune façon son identité avec le L. Singulare de Claparède et Keferstein, je lui donne pour éviter toute confusion, le nom de *Alata*.

Au véritable L. Singulare de Keferstein et Claparède, me paraît devoir se rapporter la seconde espèce observée par moi à St-Waast, et très-commune dans cette localité sur la face ventrale des aphrodites, où on la rencontre en compagnie avec divers hydraires, et avec la variété de Pedicelline que Gosse (1), a désignée sous le nom de Ped. Gracilis. Ces annélides se prennent en grande quantité à St-Waast, dans la pêche au chalût, et on peut au moyen des pêcheurs, s'en procurer autant que l'on veut, aux mois de juin et juillet, époque à laquelle les Loxosoma sont en reproduction; l'espèce que l'on trouve fixée à leur peau ne possède (fig. 6 pl. 16), aucune apparence de glande pédieuse et présente généralement un pédoncule très-court.

En tenant compte de ces observations, et en identifiant les Lox. Singulare et Cochlear de O. Schmidt aux L. Alata et neapolitana, on obtiendra les six espèces qui suivent :

Loxosoma Singulare Kef.
    »   Kefersteinü Clap.
    »   Phascolosomatum Vogt = celui du Strephenterus ? (Norman).
    »   Alata. Barr. = Singulate O. Sch.
    »   Raja. O. Sch.
    »   Neapolitana Kow. = Cochlear O. Sch.

dont les trois dernières possèdent une glande pédieuse, tandis que les

---

(1) Gosse. A naturalists rambles on the devons hire coast, p. 210.

trois premières en sont dépourvues. Nitsche (2), et O. Schmidt (3), ont déjà annoncé avec grand détail le fait que même chez ces derniers, la glande pédieuse se retrouve dans le bourgeon, aussi ne me semble-t-il pas d'une grande utilité d'insister de nouveau ici sur ce sujet, néanmoins comme il n'est pas sans intérêt de voir ce fait important se généraliser de plus en plus, j'ai représenté ici un bourgeon tels qu'ils se présentent chez les Lox. Phascolosomatum et Singulare (pl 16 fig. 5), ce qui montre que la chose se passe bien ici, de la même manière que l'ont décrit mes deux prédécesseurs. M. Vogt a depuis étudié ces phénomènes chez cette espèce avec beaucoup plus de détail.

EMBRYOGÉNIE DU LOXOSOMA SINGULARE KEF. (PL. 1).

J'ai observé des embryons de Loxosoma en juin à Roskoff, sur le Loxosoma Phascolosomatum, et en juillet à St-Waast sur le Lox. Singulare et j'ai pu constater que des deux côtés le développement était tout-à-fait identique; l'espèce que j'ai étudiée avec le plus de détail est le Singulare, et c'est celle que je prends pour type de ma description; je diviserai l'étude de son développement en deux parties distinctes; la formation de l'embryon aux dépens de l'œuf, et l'étude des phénomènes qui s'effectuent ensuite jusqu'à l'éclosion; bien que plus petits à l'époque de la ponte, que dans les stades avancés du développement, les œufs de Loxosoma, n'ont en général à subir qu'un très-faible accroissement de volume, et leurs dimensions restent à peu de chose près, les mêmes pendant toute la durée du développement.

1º Formation de l'Embryon. — Les embryons des différentes

---

(2) Nitsche. Zeitschrift fiis wiss Zoologic. Vol. 25 p. 343.
(3) O. Sch. Loc. cit.

espèces de Loxosoma se trouvent à tous les stades du développement, dans la cavité incubatrice située entre les deux branches de l'intestin de l'animal mère, et il est facile de les en faire sortir pour les étudier avec plus de détail, à l'aide d'aiguilles à dilacérer ; les premiers stades nous présentent des œufs à différents degrés de segmentation, et qui aboutissent bientôt à la morula, mais il est extrêmement difficile, tant à cause de la rareté de ces stades, que de leur peu de consistance, de se rendre compte soit de la disposition détaillée des différentes sphères de segmentation. soit de la structure exacte de la morula ; aussi n'ai-je pu réussir à étudier ces premiers stades d'une manière encore tout-à-fait complète.

1° ŒUF A GASTRULA. — Le premier stade instructif que j'ai pu observer avec netteté est le stade composé de huit sphères de segmentation ; les huit sphères y étaient arrangées (fig. 1), suivant la disposition la plus régulière, c'est-à-dire suivant les huit faces d'un octaèdre, on voit donc que s'il se produit une épibolie, ce ne peut être que relativement très-tard, puisqu'à cette époque, nous ne constatons encore aucune tendance à la prédominance d'une moitié de l'œuf sur l'autre moitié ; le développement paraît suivre au contraire la marche spéciale aux gastrula par invagination ou délamination, et qui conduit toujours à la blastula.

Le second stade dont j'ai bien pu saisir la disposition, était, bien que les sphères de segmentation qui le composaient fussent encore volumineuses et en petit nombre (fig. 3) déjà parvenu à un état de blastula avancée ; l'œuf y avait dans son ensemble la forme d'une vésicule aplatie (Blastula), avec face convexe *i.* et face plate *s.* séparées l'une de l'autre par un rang de sphères de segmentation à disposition radiaire, *c* ; la paroi m'a encore paru entièrement formée d'un seul rang de cellules, mais ces cellules ne présentaient déjà plus les mêmes caractères sur toute son étendue ; elles s'étaient amincies sur la face convexe, mais s'étaient épaissies d'une manière très-forte sur la face plate, surtout vers le centre, qui commençait déjà à faire à l'intérieur une forte saillie visible par transparence dans les vues de profil (fig. 3 *end.*) Jusque là il n'y a encore aucune trace de gastrula, mais en examinant l'œuf avec attention par la face aplatie,

on remarque au centre (fig. 2), une légère dépression o. qui est le rudiment de cavité digestive ; cette légère dépression encore peu accusée au
stade ﹘fig. 2 et 3), est évidemment postérieure à la division de la blastula
en face plate, épaisse et face mince convexe, séparées l'une de l'autre par
des cellules radiaires, qui se trouvent déjà très-nettement accusées, les
dimensions encore volumineuses des sphères de segmentation ne nous
permettent pas de penser qu'il ait pu y avoir dans ce cas, formation préalable d'une Blastula véritable s'aplatissant ensuite pour donner naissance
au stade (fig. 2 et 3), mais il est évident que ces deux processus de développement de la cavité centrale pour former la blastula, et d'aplatissement général de l'embryon, se sont ici effectués d'une manière simultanée,
de sorte qu'il n'y a pas de blastula réelle, mais production directe d'un
stade qui correspond déjà à quelque chose de plus. Les premiers phénomènes du développement pourront donc être caractérisés de la manière
suivante : la segmentation paraît s'effectuer suivant le mode régulier de
la blastula ; elle donne directement naissance par développement de la
cavité centrale, et aplatissement simultanés, à une vésicule aplatie composée d'une face plane épaisse et d'une face convexe mince séparées
l'une de l'autre par des cellules radiaires ; la gastrula ne se produit
qu'ensuite, et par invagination de la partie centrale de la face épaisse.

2° GASTRULA A EMBRYON. — Dans les stades qui suivent (fig. 4, 5 et 6),
et que j'ai pu observer sans laisser de lacunes, on voit l'invagination du
tube digestif que nous avons constatée au centre de la face épaisse, (que
nous désignerons désormais sous le nom de face orale), pénétrer de plus
en plus à l'intérieur, en poussant devant elle la partie centrale de cette
face orale, dont la saillie interne, visible par transparence (fig. 3 *end.*),
devient ainsi bientôt de plus en plus forte, et forme l'endoderme de la
gastrula (fig. 4 *end*). En pénétrant ainsi à l'intérieur de l'œuf, la partie
centrale *end* de la face orale entraîne en dedans les parties plus externes
qui pénètrent à sa suite de plus en plus en dedans ; ainsi s'effectue graduellement et à mesure que progresse l'invagination, un changement de
place des différentes parties qui va en s'accroissant du stade fig. 3 au stade

fig. 6, et qui aboutit à la disposition indiquée schématiquement dans
la fig. B, des gravures ci-contre ; la partie périphérique *s.* de la
face orale est venue occuper l'espace abandonné par la partie centrale *end.* Les cellules radiaires *c.* sont venues à leur tour succéder
à la partie périphérique *s,* enfin elles se trouvent à leur tour remplacées
par le bord antérieur de la face aborale, qui se renflera en ce point
en un épais bourrelet *sph.* La comparaison des figures schématiques
A et B placées ci-contre, et qui correspondent aux stades fig. 3 et 6 de la
planche, feront mieux que toute explication, comprendre la chose.

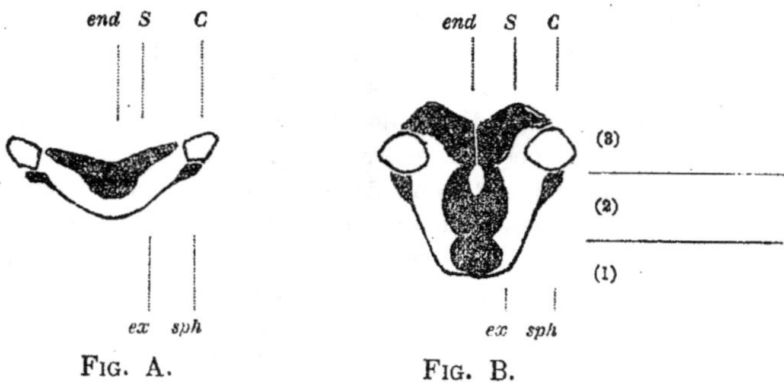

FIG. A.   FIG. B.

Cet espèce d'enroulement général de dehors en dedans détermine à
son tour un changement de forme de l'embryon tout entier : ce dernier
se rétrécit, et s'allonge vers le bas de manière à changer graduellement
son aspect aplati contre une forme arrondie et renflée vers le bas
(fig. 4, 5 et 6).

En même temps que, par suite du processus d'enroulement de dehors
et dedans, les diverses divisions de la peau de l'embryon sont venues
occuper leur place définitive, elles commencent à s'isoler les unes des
autres par des étranglements ; la portion centrale (endoderme) de la face
orale, d'abord continue (fig 3 et fig. A du Schéma), avec sa portion
périphérique, dont elle n'est séparée par aucune ligne de démarcation,
commence à s'en séparer par un étranglement de plus en plus prononcé

(fig. 5 et 6), qui divise l'ancienne face plane, en face orale proprement
dite *s*. ou peau du vestibule (partie périphérique non invaginée de la face
plane) et en intestin pédonculé *end* visible par transparence à travers
l'exoderme sous forme d'une masse opaque arrondie ; en même temps
on voit également la couronne, dans laquelle les limites des cellules
radiaires ne sont plus visibles, se séparer de la portion antérieure de la
face aborale par un sillon bien marqué (fig. 6) tandis que le bord de la
face aborale située au-dessous de ce sillon. se renfle en une large bande
contractile *sph*. qui acquiert de bonne heure la propriété de se refermer
en sphincter au-dessus de la couronne. C'est le sillon de séparation de la
couronne et du sphincter qui produit dans la face orale, l'aspect de
ronds concentriques visibles (fig. 6), avant l'apparition des cils vibratiles
et que Kowalesky avait signalé dans son premier stade.

3. CHANGEMENT DE FORME DE LA CAVITÉ DU CORPS, FORMATION DU
MESODERME. — A. *Incurvation.* — Au début, l'embryon possède une forme
radiaire tout-à-fait parfaite, mais cette symétrie ne tarde pas à s'altérer,
on voit en effet, à mesure que s'effectuent les changements que nous
venons de décrire, l'embryon s'incurver graduellement d'un côté de
manière à prendre dans les vues de profil la forme de la fig. 16, déjà
produite au stade fig. 6. — La fig. 15 représente dans une vue de trois
quarts le commencement de l'incurvation. qui commence à se produire
à peu près à partir du stade, fig. 5, et pendant la durée du processus
d'enroulement. Par suite de cette incurvation on arrive bientôt à pouvoir
distinguer, outre les deux pôles oral et aboral, une face antérieure (fig. 8,
9, 12, 13, 14 etc), une face postérieure (fig. 7, 10, 11, etc), et des faces
latérales (fig. 16 à 21).

Tandis que la peau entière de l'embryon subit l'incurvation dont je
viens de parler, l'endoderme demeure immobile et conserve au contraire
sa position primitive, aussi ne tarde-t-on pas à voir se changer sa situa-
tion par rapport à la peau : au lieu d'occuper le centre de l'embryon, et
d'être en tous les points à égale distance de l'exoderme (fig. 3 et 4), il se
trouve au contraire beaucoup plus rapproché d'un côté que de l'autre

et se trouve appliqué d'une manière directe contre la partie postérieure (fig. 16), qui s'est avancée à sa rencontre, tandis qu'au contraire, il est fort écarté de la paroi antérieure qui s'en est éloignée dans une mesure égale. La cavité du corps, au lieu de former entre les deux feuillets primitifs de l'embryon, un cercle continu, est par suite, supprimée, ou du moins, réduite à une simple fente sur toute la portion postérieure du corps, tandis qu'elle se trouve renflée en avant en une spacieuse cavité semi-circulaire qui occupe toute la portion antérieure (fig. 16 : *ms, mi*). Cette différence dans l'écartement du tube digestif, des différents points de la paroi du corps, cause également entre les vues des faces antérieure et postérieure, une différence d'aspect qui persiste ensuite pendant toute la durée de l'embryogénie ; tandis que du côté postérieur (fig. 10 et 11), l'intestin avec les divisions qu'il présente plus tard, demeure toujours visible. Il est au contraire presque impossible de l'apercevoir par la face antérieure (fig. 8, 9, 12) où il est de plus caché par le feuillet moyen.

B. *Pincement du tube digestif.* — Un autre processus très-important par lui-même, et qui, secondairement n'a pas moins d'influence sur la forme générale de la cavité du corps que l'incurvation que nous venons de décrire, et le pincement du tube digestif, qui divise la masse endodermique jusqu'ici continue, en deux branches distinctes qui donneront naissance aux deux branches de l'intestin; comme on a pu le remarquer d'après mes figures, la cavité digestive, ou d'invagination est extrêmement petite chez le Loxosoma, aussi dès le début, l'endoderme se présente sous forme d'une masse obscure dans laquelle on ne distingue en général à l'observation directe, par transparence, aucune trace de cavité Au stade fig. 5, on voit en regardant l'embryon de profil (fig 15), à l'époque où commence aussi l'incurvation, que cette masse jusqu'alors complètement indivise, s'est partagée par une fente S, visible sous forme d'une tache plus claire au milieu de la masse opaque constituée par l'endoderme, en deux parties distinctes qui figurent l'œsophage œ et le rectum R futurs. Cette fente est toute entière située derrière l'œsophage, ce dernier conserve seul des relations avec l'ouverture de la gastrula. Dès ce stade, le tube digestif a pris sa forme définitive et se compose (fig. 15) d'un œsophage *œ*, d'un rectum R et d'un estomac *est*. Seul l'anus paraît ne pas encore exister; l'ouverture buccale définitive est formée par l'ouverture de la gastrula.

La fente de séparation des deux branches de l'intestin, s'agrandit beaucoup dans les stades qui suivent, et, devient un espace assez considérable (fig. 16). Cet espace constitue une seconde portion *ms* de cavité du corps située toute entière derrière l'œsophage et qui, réunie à la première *ms, mi*, constitue une grande cavité semi-circulaire qui entoure sur toute sa portion antéro-supérieure, le tube digestif de l'embryon, comme le montrent les fig. 16 et 17.

C. *Formation du mesoderme*. — Avant même que la cavité du corps, ait par suite de ces différents changements, acquis sa disposition caractéristique en fer à cheval disposé du côté antéro-supérieur, elle se trouve occupée d'une manière complète par un tissu mésodermique qui la remplit en entier ; ce tissu est plus pâle que l'enveloppe externe, et est par suite fort difficile à voir à travers l'exoderme encore très-opaque, je n'ai pu me rendre compte de son origine, mais il est certain qu'il se forme de bonne heure, et très-probablement dès le stade fig. 3. Quoiqu'il en soit, il est de fait, qu'à partir des stades (fig. 6, 16), il se trouve déjà complètement formé et que l'embryon possède dès lors un feuillet moyen formé d'une épaisse bande antéro-postérieure, recourbée en fer à cheval, au-dessus et au-devant du tube digestif, et qui semble remplir la portion restée libre, de cavité de corps.

A mesure que se sont effectués les divers changements qui viennent d'être retracés, les cellules issues des sphères de segmentation ont commencé à se différencier et à prendre l'aspect d'un épithelium, à limites de cellules assez peu visibles ; en même temps les granules opaques qui les remplissaient se sont resorbés d'une manière graduelle, de sorte que l'embryon commence vers la fin de cette période à prendre un aspect beaucoup plus transparent, qui facilite l'étude et le fait ressembler davantage à la larve libre.

2. Période larvaire. — Arrivé au stade de la fig. 16, l'embryon possède déjà dans tout ce qu'ils ont d'essentiels, les grands traits d'organisation de l'organisme larvaire et il n'a plus guère pour arriver à l'état complet qu'à subir de simples perfectionnements de détail ; son corps consiste en un sac formé en entier par la face aborale et dont le bord antérieur renflé en sphincter *sph*, jouit de la propriété de se resserrer ou de se dilater à volonté afin de recouvrir d'une manière complète, ou de laisser saillir plus ou moins à l'extérieur, la face opposée (face orale, et dans l'occlusion, paroi du vestibule), avec la couronne ciliaire encore dépourvue de cils, qui la borde. Les seuls phénomènes nécessaires pour passer de cet état à la larve complète sont l'apparition des cils de la couronne; et le développement des organes accessoires.

1. Cils. — L'état le plus fréquent sous lequel on observe ordinairement les embryons est l'état de demi-extension, dans lequel les bords seuls de la face orale, c'est-à-dire, la portion occupée par la couronne font saillie au dehors, entourant l'ouverture du vestibule *ov*, tandis que la face orale proprement dite continue à former la paroi du vestibule , sur cette couronne ainsi saillante au dehors, on voit, au stade qui suit immédiatement le stade fig. 6, des cils faire leur apparation en se propageant du centre à la périphérie; la fig. 7 les montre seulement sur les bords de l'ouverture du vestibule, mais ensuite ils s'étendent sur toute la couronne, et occupent dans tous les stades qui suivent (fig. 8, etc.), tout l'espace compris jusqu'au sphincter *sph*. En même temps qu'on voit apparaître les cils, ce sphincter, encore assez mince au stade fig. 6, se renfle rapidement d'une manière considérable (fig. 7); il devient bientôt tellement épais (fig. 8 et 9 etc.), qu'il arrive à cacher en partie la couronne, qui n'est plus visible à l'extérieur que par ses cils qui font saillie au-dessus du sphincter; et paraît constituer une partie plus importante qu'elle. Il arrive souvent que l'anneau constitué par le sphincter paraît échancré à une des extrémités (fig. 8, 9, 10, 12), comme Busch en a déjà fait la remarque pour le cyclopelma, mais je crois que ce n'est là qu'une illusion d'optique due à ce que l'anneau ainsi constitué est un

peu incurvé en avant et en arrière, comme l'indiquent les **fig.** 17 et 18, et ne peut être aperçu à la fois dans toute sa longueur; l'extrémité que ne peut atteindre le rayon visuel paraît alors échancrée. Ce qui prouve qu'il en est réellement ainsi, c'est que, en observant successivement l'embryon par ses deux faces, (fig. 9, 10, 11) on voit toujours la bande qui constitue le sphincter, terminée par une extrémité parfaitement entière.

2. ORGANES ACCESSOIRES. — C'est dans le développement des organes accessoires, intimement lié à l'évolution du feuillet moyen, que réside la série des phénomènes essentiels de cette seconde partie de l'embryogénie; le feuillet moyen qui, à l'origine, nous paraissait continu (fig. 16), ne tarde pas à devenir plus net, et à présenter une division en trois parties distinctes *mbl, mo, mi,* qui deviennent les rudiments de trois organes spéciaux et dont l'existence se manifeste bientôt à l'extérieur par les changements de formes auxquels ils donnent lieu ; la première *mbl,* de ces trois divisions est située entre les deux branches de l'intestin, la seconde *mo,* à la partie antérieure et la troisième *mi* à la partie terminale de l'embryon ; chacune d'elle acquiert au bout de peu de temps une structure musculaire, et suit pour le reste de son évolution, une marche spéciale que nous allons tacher de retracer ici pour chacune en quelques mots.

La masse terminale *mi* se délimite de mieux en mieux en une petite masse de forme conique qui se distingue de plus en plus facilement des parties avoisinantes, à mesure qu'elle acquiert la structure musculaire ; elle entre en relations avec l'épiderme à la portion terminale du corps qui d'arrondie qu'elle était d'abord, (fig. 16), s'effile bientôt en se moulant sur cette masse interne et finit par former une portion pointue (fig. 17 à 20) entièrement solide, au bout de cette extrémité acuminée du corps se développe ensuite au point où la masse musculaire interne est venue se souder à l'épiderme qui la recouvre, une petite touffe de poils raides susceptible, d'être rétactée ou de faire saillie à volonté, et à laquelle la masse muscu-laire *mi* paraît servir d'appareil de mouvement et de soutien ; par son extrémité opposée, cette même masse musculaire paraît être adhérente à la portion postérieure de la paroi de l'estomac.

Le développement de la masse *mbl* est beaucoup plus complexe, on la voit d'abord s'accroître beaucoup, de manière à refouler l'œsophage et l'ouverture buccale de la portion centrale vers l'extrémité antérieure, de sorte que la bouche située d'abord au centre de la face orale se trouve par suite refoulée tout-à-fait sur le bord, où elle finit par demeurer exactement comprise entre les masses musculaires *mbl* et *mo*, bientôt après cet accroissement, on constate au milieu de la substance de la masse *mbl* l'apparition d'une cavité (fig. 18, 19, 21), située à son centre et constituée par une fente transverse semi-circulaire qui la sépare en deux moitiés distinctes reliées par leur base, l'une antérieure *l*, l'autre postérieure *b*, cette fente vient ensuite faire éruption au dehors, en s'ouvrant à la surface de la face orale, et en même temps, on voit l'épiderme qui constitue cette face s'affaisser sur les deux masses *b, l*, et se mettre en relation intime avec elles, en même temps que sur les parois de la fente *f* se forme sur place un épithélium qui prolonge l'épiderme de la face orale; les deux masses *b* et *l* deviennent ainsi l'origine de deux organes coniques qui font saillie dans la cavité du vestibule, et dont l'antérieur situé immédiatement derrière la bouche, se revêt ensuite de longs poils raides. Dans l'extension (fig. 21), ces deux organes se présentent sous la forme de deux lobes opposés, le postérieur surtout très-volumineux et entourant comme d'un demi-cercle, l'antérieur plus petit et en forme de languette. Ce développement est difficile à suivre chez le Loxosoma, où toutes ces parties se trouvent cachées par la volumineuse bande sphinctérienne, on peut l'étudier d'une manière plus complète chez la Pédicelline où nous renverrons ceux de nos lecteurs qui désireraient avoir des renseignements plus complets sur le sujet, l'essentiel est de montrer que les choses se passent bien ici d'une manière identique à ce que nous décrirons chez ce second type.

C'est pendant le développement de ces deux singuliers organes *b* et *l*, que se forme l'anus, on voit en effet le rectum terminé en cul de sac dans les fig. 16 et 17, venir s'appliquer contre la surface postérieure de la masse *mb*, (fig. 18, 19, 20), et, lorsque l'embryon arrive à s'étaler, on constate (fig. 21), qu'il est venu s'ouvrir au sommet de l'organe *b* précédemment décrit, de manière à former l'ouverture anale.

Le développement de la troisième portion (la plus volumineuse) du feuillet moyen, est en somme très-simple; la masse mésodermique *mo*, occasionne en venant se mettre en relations avec l'épiderme, un épais renflement en forme de demi-cercle dont les extrémités se trouvent dirigées en arrière et un peu vers le haut (fig. 17, 18 et 19) puis, on voit ensuite ces extrémités s'incurver graduellement l'une vers l'autre, de manière à venir confluer l'une vers l'autre (fig. 11, 13), sur la ligne médiane (fig. 14), où elles finissent par se réunir de manière à transformer le renflement annulaire en forme de demi-cercle, en un espèce d'écusson échancré en haut, arrondi en bas et dont les bords sont renflés en un bourrelet quelquefois légèrement cilié. Cet écusson acquiert ensuite à l'aide d'invaginations locales de l'épiderme, deux petites fossettes d'aspect réfringent susceptibles de s'ouvrir ou de se fermer à volonté et qui contiennent chacune une touffe de cils entremêlés de longs poils raides, tandis que sur leurs bords se trouve placé un point oculiforme d'une couleur carmin (fig. 14); ces deux fossettes latérales ne constituent en somme que des organes comparables à celui muni d'une touffe de poils raides que nous avons décrit à l'extrémité *vt* de l'embryon, et résultent comme lui de ce que la peau vient en ces points contracter, avec la masse musculaire *mo*, des relations plus intimes; néanmoins, la structure est ici plus complexe par suite de la présence des deux taches pigmentaires et du bourrelet en forme d'écusson; quoiqu'il en soit nous voyons que cet organe *va* ne constitue en somme qu'un organe analogue à l'organe *vt*. Cette dernière conclusion, qui résulte naturellement de la connaissance de l'ensemble de l'embryogénie aussi bien que de l'étude directe des embryons de profil (fig. 16 à 20), n'est pas celle à laquelle on se sent porté quand, comme cela arrive le plus souvent, on n'examine que des embryons vus par les faces antérieures et postérieures (fig. 7 à 14), le grand développement de l'organe *va* occasionne en effet une série d'aspects extrêmement trompeurs et qui nous

porteraient à l'interpréter d'une manière tout autre si nous n'avions
devant les yeux l'ensemble tout entier de l'embryogénie ; le soulèvement
semi-circulaire que nous avons vu se former peu à peu du côté antérieur
paraît en effet quand on le voit de face (fig. 8 et 9), constituer une partie
tellement importante qu'on serait tenté comme je l'avais été au début,
d'en faire avec l'épais bourrelet sphinctérien, le point de départ d'une
nouvelle division de l'organisme entier; au moment ou le soulèvement semi-
circulaire a acquis son maximum de développement, sans que ses extrémités aient encore commencé à s'incurver l'une vers l'autre, ce renflement
apparaît (fig. 9), sous forme d'un fort bourrelet annulaire qui détermine à ce niveau un soulèvement de toute la partie postérieure de l'embryon (fig. 10 et 11), et apparaît par suite sous forme d'une zone continue qui occupe toute la portion moyenne de l'embryon, le bourrelet
sphinctérien *sph* constitue de même dans la région antérieure un renflement considérable, aussi se laisse-t-on aisément entraîner à considérer
la larve comme formée de segments disposés à la suite et dont le bourrelet sphinctérien et le soulèvement de l'organe *va*, constituent les deux principaux; on arrive ainsi à baser sur ces apparences, une nouvelle division
de l'embryon entier, en trois segments (sphincter, bourrelet *va*, et renflement terminal *vt*), comparable à celle des larves de Brachiopodes et
opposée à la division précédemment établie, en face orale *s* et face aborale *i*, séparées par la couronne *c*, le bourrelet *va* représenterait le segment thoracique des larves de Brachiopodes, le bourrelet *sph*, le segment
céphalique, susceptible de porter comme chez les Brachiopodes une
couronne ciliaire, enfin, la portion *vt*, le segment caudal, servant comme
lui à la fixation. Telle est la conception à laquelle nous conduit le
développement exagéré de la bande sphinctérienne, et de l'organe *va*
chez les larves de Loxosoma, tant chacune de ces deux parties paraît par
son volume l'emporter en importance sur la couronne C, qui constitue
d'après moi la seule partie réellement importante qui mérite de servir de
base à une division du corps en segments; c'est pour m'être moi-même
trompé au début que j'ai pris le soin de prémunir ici les observateurs contre
une telle erreur : tout l'ensemble du développement nous montre claire-

rement que la division en deux.faces opposées séparées par la couronne apparaît dès le début de l'embryogénie (fig. 3), et que c'est encore elle qu'on retrouve comme constituant les grands traits de structure chez la larve libre (fig. 21), la division apparente produite par les bourrelets de l'organe *va* et de sphincter *sph*, est au contraire essentiellement transitoire, et nous voyons de plus par l'embryogénie qu'elle se rattache à des faits d'un ordre accessoire, aussi n'est-il pas possible d'hésiter un instant entre ces deux divisions.

Chez la larve libre (fig. 19 à 22), la division apparente de la face aborale en trois segments distincts a disparu par suite de la concentration du bourrelet *va* en écusson qui porte les points oculiformes, pendant l'occlusion, l'ensemble du corps constitue un sac qui a, un peu près, de profil, la forme d'un sabot (fig. 19); sa portion antérieure est beaucoup plus courte que la postérieure, et c'est cette dernière qui dans les mouvements d'extension ou de retrait, doit fournir la plus longue course (fig. 19, 20); pendant l'extension (fig. 21), on voit l'épaisse couronne fortement ciliée, faire saillie sur tout le pourtour de la partie supérieure, au dehors de l'espace qu'elle circonscrit on voit sortir sous forme de deux lobes opposés, les deux organes *b* et *l*, dont nous avons parlé, le premier plus volumineux et portant l'anus, le second plus grêle et muni de long poils, ils sont réunis à la couronne par la peau du vestibule (face orale), qui tapisse le sillon situé entre ces organes et la couronne, et au fond duquel est logée en avant l'ouverture buccale *o*. Cette larve peut se fixer par l'organe *vt* qui ressemble beaucoup par son rôle et par son aspect, aux ventouses qui existent chez beaucoup de rotiféres (Rotifer vulgaris etc.), elle peut se renverser et ramper sur la face orale comme je l'ai représenté dans la fig. 22; on la voit alors s'étaler davantage, en même temps que le sac formé par la face aborale s'affaisse vers le bas sur les organes internes de manière à causer un aplatissement général; c'est l'état qui correspond au maximum d'extension.

Si on cherche à comparer ces descriptions avec celles données par mes prédécesseurs, il paraîtra peut-être au premier abord assez difficile de les rapprocher ; l'accord s'établit cependant d'une manière très-naturelle et nous montre qu'il n'y a en somme entre elles qu'une différence dans la manière de considérer l'organisme larvaire ; nous retrouvons en effet, à part des différences de détail très-légères, toutes les parties que je viens de décrire dans la description de Cyclopelma de Busch ; la tête de cet auteur correspond exactement à ma face aborale, la bosse qu'il y signale, est l'ensemble du sac constitué par cette face et son organe quadrilobé n'est autre chose que mon écusson ; de même, toute sa partie postérieure me paraît correspondre à mon organe b et sa languette rétractile à mon organe l ; sa description porte même l'indication d'une partie qui m'a échappé, ce sont les trois mamelons situés sur l'une des faces de son disque ciliaire, et qui, probablement doivent être situés sur la face orale et de chaque côté des organes b et l ; néanmoins on doit reprocher à Busch de n'avoir pas bien saisi la structure générale, et d'avoir confondu de simples appendices va (tête) et l (queue), avec les parties essentielles du corps qu'il n'a pas su reconnaître. Busch ne mentionne pas non plus l'organe vt.

L'accord serait certes plus difficile à établir avec les descriptions de Kowalesky, qui, en bien des points, sont restées un peu vagues, mais il est facilité par les descriptions précédentes de Busch, avec lesquelles celles de l'auteur russe paraissent avoir un certain rapport ; les régions céphalique et caudale de Kowalesky correspondent sans aucun doute aux portions du même nom indiquées par Busch et par conséquent, à mon écusson (1), et à mon organe b ; il commet donc une méprise complète, en les supposant comme produits, le premier par la moitié orale, le second par la moitié aborale du stade fig. 6, qu'il a figuré d'une manière exacte. La description de Kowalesky doit, je crois, être considérée comme une répétition de l'erreur de Busch, aggravée par cette circonstance, que l'au-

---

(1) Kowalesky signale même la présence de points réfringents (fossettes ?), et de poils raides sur cette partie.

teur ne distingue ni la division de sa tête en bosse et organe quadrilobé,
ni la languette l; il faut d'ailleurs convenir que la larve de Loxosoma
par la forme particulière de la face aborale, renflée en sabot dans le voisinage de l'écusson (fig. 21), et prolongée vers la partie postérieure, en
pente douce parallèle à la direction de l'organe b se prêtait tout à fait à
l'erreur commise par ces deux auteurs, aussi ne pouvons-nous leur en
faire un bien grave reproche.

II

PEDICELLINA

---

1. HISTORIQUE {
Reid, 1845* et Gosse 1853**
Van Beneden, 1845.***
Uljanin, 1870.****
Hinks, 1873.*****

1. REID ET GOSSE. — Les premiers auteurs qui décrivirent les embryons de Pedicellines furent Reid en 1845 et Gosse en 1853; tous les deux les indiquent et les figurent comme constitués par une simple cellule conique ou pyriforme et portant à son extrémité renflée une touffe de trois ou quatre cils deux fois aussi longs que tout le reste du corps; Gosse indique en outre un petit mamelon placé sur la partie renflée de la cellule et qui porterait la touffe de cils, tandis que Reid signale la présence d'embryons portant à leur extrémité effilée deux ou trois petites cellules accessoires. Bien que d'après leur place dans le corps de l'adulte, ces corps paraissent bien devoir se rapporter à des embryons,

---

(*) Reid et Chandos. Annals and magazine of natural history. Vol. 16, page 385 pl. 1.
(**) Gosse. A naturalists rambles on the Devonshire coast, page 210.
(***) Van Beneden. Mêm. Acad. Belgique. Vol 19.
(****) Uljanin. Bulletins de la société des naturalistes de Moscou 1870, n° 2.
(*****) Hinks. Quarterly journal of microscopical science, 1873, page 16.

il est néanmoins extrêmement difficile de rien reconnaître de commun
entre eux et les véritables larves décrites par les auteurs, aussi ne me
paraît il pas très improbable que les corps décrits par ces deux auteurs
ne soient en réalité que des zoospores d'algues parasites avec lesquels ils
offrent certainement une grande ressemblance.

2. Van Beneden 1846. — (Pedicellina Belgica). Il nous fournit des
renseignements beaucoup plus complets : « Après la morula, dit cet au-
» teur, l'embryon reprend sa forme arrondie et on ne tarde pas à voir
» une, puis deux, échancrures, vers le milieu : ces échancrures le divisent
» bientôt en deux parties, une moitié antérieure, et une postérieure ; des
» cils vibratiles apparaissent sur la première qui s'élargit et prend la
» forme d'entonnoir, tandis que le jeune larve. éclot et commence à
» nager. Plus tard, on voit apparaître sur cet entonnoir les mamelons
» tentaculaires qui se substituent peu à peu aux cils vibratiles. A un âge
» plus avancé, l'extrémité inférieure s'allonge en forme de pédoncule
» pour former la tige dont le rudiment commence à l'intérieur sous
» forme d'une cellule située au-dessous de l'intestin. » En somme, l'embryogénie consiste, d'après cet auteur, dans le développement direct de
la jeune Pédicellina avec tous ses organes, par différenciation directe de
la morula avec apparition d'une ceinture ciliaire séparant l'extrémité
antérieure plate (calice futur) de la partie postérieure (corps et pédoncule), Van Beneden paraît de plus avoir observé la division de l'embryon en trois parties qui plus tard se ramènent seulement à deux.

3. Uljanin. — (Pédicellina Echinata), ses observations ne nous apprennent rien de bien instructif sur les premières phases du développement, la
morula se creuse d'une cavité centrale, et donne bientôt naissance à une
larve complète. La larve toute formée consiste en une cloche chitineuse
entièrement symétrique (calice) et qui contient dans son intérieur le
corps proprement dit en forme de sac adhérent à la cloche seulement
par les bords; ce sac contient un tube digestif analogue à celui de la
pédicellina adulte, avec œsophage, estomac et rectum, sa paroi est for-

mée d'un épithelium bien net, et peut se dévaginer en partie en dehors
du calice, de manière à former au dehors une épaisse saillie recouverte
d'un manteau de cils vibratiles, et qui joue le rôle de *Velum*. La paroi
du calice est percée en avant et à l'extrémité postérieure de deux trous,
par chacun desquels fait saillie un organe caractéristique muni de poils
raides et consistant en deux petites masses (ganglions?) réunies entre elles
par des commissures, et dont l'inférieure paraît correspondre au rudiment
de tige de Van Beneden.

De même que l'auteur belge, Uljanin croit au passage direct de la
larve ainsi constituée, à l'animal adulte; au fond du vase qui contenait
ses embryons, se trouvaient fréquemment des corps immobiles qu'il
décrit comme des larves en voie de se transformer; elles ressemblent en
tous points à des larves dont la coque chitineuse serait tombée en entraînant avec elle les deux masses gonglionnaires, et dont l'épiderme
aurait secrété une nouvelle cuticule (ectocyste) adhérente sur toute la
surface du corps, à la partie postérieure se voit un pédoncule encore
rudimentaire, et il ne reste plus pour arriver à l'étude que l'apparition
des tentacules et l'allongement de ce pédoncule.

4. HINKS 1873. — (Ped. Belgica). Le corps de la larve a une forme
conique et se trouve couvert de forts plis transverses, il s'élargit de l'extrêmité postérieure acuminée à l'extrêmité supérieure, où il est entouré
d'un bourrelet circulaire couvert de cils vibratiles : ce bourrelet constitue un espèce de manteau contractile qui peut être soit étendu et replié
au-dessus de la surface antérieure du corps, soit étalé au dehors de
manière à former une ceinture ciliaire au moyen de laquelle s'effectue la
natation. A la partie supérieure du corps et pouvant faire saillie au-
dessus de la couronne, ou être recouvert par elle quand elle se contracte
se trouve un *organe formé de deux lobes opposés*, l'un plus gros, cilié et
portant l'anus, l'autre plus grêle et couvert de longs prolongements séti-
formes. A la partie postérieure acuminée du corps, se trouve une
saillie couverte de cils au moyen de laquelle la larve peut se fixer.
Hinks n'a étudié ni les organes internes, ni la transformation en animal

adulte; il penche néanmoins pour expliquer cette dernière par simple disparition de l'organe antérieur à deux lobes opposés, graduellement remplacé par les tentacules.

A la suite de ces observations, Hinks déclare ne pouvoir raccorder la larve ainsi constituée avec celle décrite par Van Beneden. L'embryogénie donnée par Uljanin semble plus concordante, cependant Hinks déclare n'avoir vu ni la coupe chitineuse, ni les organes gangliomorphes, et d'un autre côté, on ne trouve rien dans la description de l'auteur Russe, qui puisse se rapporter à l'organe formé de deux lobes opposés.

---

2. EMBRYOGÉNIE DE LA PEDICELLINA ECHINATA (PL. 2)

1° DÉVELOPPEMENT DE LA LARVE.

Les deux espèces de pédicellines que j'ai observées (Echinata et Belgica) sont en reproduction depuis la fin d'avril jusqu'à la fin de juillet; mais c'est au mois de juin qu'elles se prêtent le mieux à l'observation : j'ai pu m'assurer que chez ces deux espèces, l'embryogénie était identique, mais mes observations ont porté d'une manière plus spéciale sur la Pédicellina Echinata que je prendrai ici pour type de ma description.

Les œufs de Pédicelline sont enfermés au début dans une membrane vitelline, effilée à une de ses extrémités et qui se trouve fixée à la paroi de la cavité incubatrice juste à la sortie de l'oviducte, comme l'a très-bien décrit Uljanin ; c'est là que les œufs subissent la segmentation et se développent en embryons ; ces embryons éclosent et demeurent ensuite dans la cavité incubatrice. jusqu'à la transformation en larves complètes : nous allons décrire successivement ces différentes parties de l'embryogénie, en divisant notre étude en deux périodes, correspondant au développement de l'embryon et de la larve, nous passerons ensuite à l'étude de la transformation en adulte ou de la métamorphose.

I. **Période embryonnaire.** — A l'opposé de ce que nous avons vu pour le Loxosoma, chez lequel l'œuf n'a pas à éprouver, pendant la durée de son évolution, de variation de taille bien sensible, l'œuf nous présente d'abord chez la Pédicelline, des dimensions très-faibles, et atteint à à peine, avant la segmentation, le cinquième du volume de la larve adulte, aussi a-t-il à éprouver dans le cours du développement embryonnaire un accroissement de taille considérable. Joint aux autres difficultés que nous présentait déjà le Loxosoma, et qui sont les mêmes chez la Pédicelline, cette petitesse de l'œuf rend fort difficile l'étude des premiers phénomènes d'embryogénie, aussi n'ai-je pas été très-heureux dans l'étude détaillée de la segmentation : la disposition des cellules dans les morulas, qui succèdent aux stades 2. 4 etc. de la segmentation totale et régulière, déjà indiquée par Van Beneden et Uljanin, est presque impossible à suivre pas à pas, jusqu'à la gastrula ; j'ai réussi seulement à observer (1er stade) une fois (fig. 1 pl. 2) une disposition assez régulière des différentes cellules : l'œuf, encore à un stade fort peu avancé, ne se composait guère que de quarante à soixante sphères de segmentation, il présentait une forme légèrement aplatie, avec quatre cellules en croix (fig. 1) à chacun des pôles, et huit cellules très-grosses occupant l'équateur ; ces dernières correspondaient deux à deux, à chacune des quatre cellules disposées aux pôles : — entre cette couronne de huit grosses cellules et les quatre cellules en croix de chaque pôle, se trouvait un nombre variant de 12 à 20, de cellules alternantes disposées d'une manière plus ou moins régulière. — La fig. 1 représente une des deux moitiés de cette morula ; je n'ai malheureusement pu éclaircir au juste sa signification, par l'étude des stades qui suivent immédiatement chez la Pédicelline, seulement, il est juste de remarquer en passant, la grande analogie de cette disposition avec les deux stades fig. 1 et 3 pl. 1 du Loxosoma, les quatre cellules en croix disposées à chaque pole rappellent encore, en

effet, la disposition des huit sphères de segmentation du stade fig. 1, d'un
autre côté, nous avons vu que le stade fig. 3 du Loxosoma était comme
le stade fig. 1 de la Pedicelline, composé de deux faces séparées par une
couronne de grosses cellules rayonnantes; l'état de la fig. 1 de la Pedicelline paraît donc correspondre d'une manière complète, à un état intermédiaire entre nos deux premiers stades du Loxosoma ; ce rapprochement augmentera du reste beaucoup en valeur, quand nous aurons
montré les frappantes analogies qui unissent le développement de ces
deux genres curieux.

2e Stade. — Le premier stade que j'ai pu observer avec netteté après
l'état dessiné dans la fig. 1 correspondait déjà à un stade beaucoup plus
avancé, et analogue à celui des fig. 5-15 du Loxosoma. L'embryon
(fig. 2 et 3) possédait encore une forme parfaitement radiaire, et offrait
dans son ensemble, l'aspect d'un gastrula, mais il était facile, en l'examinant avec attention, de voir qu'il présentait déjà toute une série d'importants caractères qui le placent à un niveau beaucoup plus élevé
parmi les différents états de l'embryon : son étude vers la région supérieure, montre qu'il n'est déjà plus possible de reconnaître en ce point,
le passage l'un à l'autre, des deux feuillets primitifs, mais que tous deux
se trouvent séparés par un épaississement ms qui occupe tout le tour de
l'ouverture buccale, et qui détermine le renflement de toute cette partie
supérieure de l'embryon. — Cet épaississement, qui semble correspondre aux lèvres de la gastrula, extrêmement épaissies, porte suspendu à
son extrémité inférieure, le sac endodermique, qui apparaît par transparence à travers l'exoderme, sous forme d'une simple masse directement
suspendue à l'épaississement labial $m\ s$. — Vers le bas, cette masse
obscure endodermique paraît se prolonger d'une manière confuse
jusqu'au fond du sac formé par l'exoderme (fig. 2, 3) et ainsi se trouve
formé sous la région postérieure, un second épaississement mi situé au-
dessous de la masse endodermique; l'embryon contient ainsi trois masses
distinctes : 1° l'épaississement labial ms, 2° la masse endodermique end,
3° l'épaississement inférieur $m\ i$.

Joint à l'épaisissement labial de la région antérieure, l'épaisissement inférieur constitue tout l'ensemble du feuillet moyen , déjà formé dès ce stade de l'embryogénie. L'épaisissement $m\ s$ dérive évidemment d'un simple renflement des lèvres de la gastrula , l'origine du second $m\ i$ est beaucoup plus douteuse , et je ne puis dire d'une manière certaine s'il se forme par simple scission de la partie postérieure de l'exoderme , ou par une simple prolifération de chacun des deux feuillets primitifs venant se rejoindre vers le point $m\ i$ pour former ainsi une masse commune , à la formation de laquelle tous deux ont pris part. — En règle générale, il m'a paru constitué un stade fig. 2, 3, par une masse diffuse , encore mal circonscrite , de cellules situées entre les deux feuillets, ce qui vient à l'appui de la seconde opinion , mais d'un autre côté , les aspects beaucoup plus nets du stade suivant (fig. 4) , la présentent toujours sous forme d'une masse obscure nettement circonscrite et en continuité directe et certaine avec l'endoderme , dont il semble ainsi être dérivé par un simple pincement ; la question est importante en ce sens que la constatation de ce second mode , montrerait un rapprochement vers l'Entérocœle , mais je suis forcé de laisser pour le moment la question indécise, en attendant de nouvelles observations.

En cherchant à reconnaître les relations exactes de la masse endodermique avec la large ouverture buccale (fig. 2 et 3) dont elle est séparée par toute l'épaisseur de l'épaisissement labial , je suis arrivé d'une manière constante à distinguer près du point d'insertion de cette masse obscure, une cavité claire, cette dernière que je pris au premier abord pour la cavité interne de cette masse, *cavité digestive,* constitue en réalité la fente, qui, ainsi que nous l'avons vu chez le Loxosoma, (fig. 15) donne naissance aux deux branches du tube digestif : le processus se fait ici d'une manière tout-à-fait identique, et transforme bientôt la masse endodermique, eu un tube digestif, avec ses trois divisions (estomac, œsophage et rectum) ; seulement, tandis que chez le Loxsoma, nous avions constaté la présence de la communication d'une de ces deux branches avec l'ouverture de la Gastrula, nous voyons qu'ici toutes deux viennent aboutir de la même façon dans la masse cellulaire compacte, qui forme l'épaisissement labial : la grande opacité de cette épaisissement nous a empêché de suivre leur marche ultérieure jusqu'à la rencontre de l'ouverture buccale, il est d'ailleurs à remarquer, que, contrairement au Loxosoma, les deux branches de l'intestin ne présentent, aux stades 2 et 3 dans leur partie visible, aucune différence qui puisse les faire distinguer l'une de l'autre ; chez le Loxosoma, il semble y avoir simple séparation de la partie essentielle du tube digestif, restant en communication avec la bouche, d'une partie latérale, terminée en cœcum, et qui vient se mettre plus tard en relation avec l'extérieur ; chez la Pédicellina, il y a au contraire, scission directe du pédoncule de la masse endodermique, en deux parties égales, semblablement disposées, et adhérentes toutes deux de la même façon à l'épaississement labial. (1)

3ᵉ Stade. — Au stade qui suit celui dont je viens de parler, les trois grandes divisions internes de l'Embryon (épaississement labial *m s*, intestin *end*, et épaississement inférieur *m i*) augmentent en netteté et se concentrent de plus en plus à l'état des parties distinctes, en même temps l'exoderme primitivement en forme de sac continu, s'affaisse et vient se mouler sur les organes internes ; la division en trois masses successives exprimée d'abord sur les organes internes, devient, par suite de ce processus, visible à l'extérieur, et l'embryon paraît partagé en trois segments (fig. 4). Ainsi se trouve reproduite une division générale du corps ressemblant, bien que n'ayant pas de rapport avec elle, avec celle déjà exprimée chez le Loxosoma, et que nous avons comparée à celle qui existe chez les Brachiopodes (Segments Céphalique, Thoracique et Caudal); cette comparaison n'a, comme on le verra par la suite du développement pas plus de valeur que celle du Loxosoma : les trois divisions disparaissent en effet d'une manière rapide, pour faire également place à la division plus importante, exprimée par la couronne, qui seule continue toujours à jouer le rôle fondamental.

____

(1) Je suis assez porté à croire que dans ce dernier cas, la formation des deux branches du tube digestif se trouve liée au processus de fermeture de la gastrula, et se fait de la même façon que celle décrite à la fin de ce mémoire pour la formation du polypide chez l'alcyonidium ; du moins il me semble presque certain, que la fente qui sépare le rectum et l'œsophage, se forme pendant ce processus même de fermeture de la gastrula, au niveau de l'épaississement labial, car sitôt après la fin de ce processus, c'est-à-dire aux stades fig. 2, je l'ai toujours trouvé complètement formée.

Ce partage du corps en trois segments distincts, ainsi que leur caractère essentiellement transitoire paraissent avoir été entrevus par Van
Beneden, cela semble du moins résulter du passage suivant : « Après la
segmentation, l'œuf reprend sa forme arrondie, et l'on ne tarde pas à
voir se produire une, puis deux échancrures vers le milieu. Ces échancrures le divisent bientôt en deux parties, une antérieure, une postérieure,
dont la première acquiert des cils vibratiles. » Néanmoins son attention
ne paraît pas avoir été attirée par ce phénomène auquel il ne fait du reste
allusion que par ces seuls mots. A la même époque, on peut constater
d'une manière très-nette, la continuité des trois parties internes, et en
particulier de l'estomac et de la masse inférieure concentrée en une masse
sphérique volumineuse, nous voyons de plus vers la partie antérieure,
que les parois des deux branches de l'intestin, jusqu'ici simplement
adhérentes à l'épaississement labial, se prolongent sur les côtes le long
de cet épaississement, de manière à se glisser entre lui et l'exoderme
(fig. 4) presque jusqu'à la rencontre de l'ouverture buccale. L'épaississement labial, jusqu'ici intimement adhérent à la peau, et situé tout entier
au-dessus de l'intestin, se trouve par suite graduellement détaché de la
première, et arrive bientôt à être compris entre les deux branches du
tube digestif, dans la fente qui sépare ces deux branches l'une de l'autre.

Cet état est le dernier de la période embryonnaire : immédiatement
après, l'embryon perce la membrane vitelline dans laquelle il s'était développé jusqu'ici, et n'y demeure plus adhérent que par son extrémité postérieure ; en même temps, les cellules qui composent les feuillets perdent
les caractères de simples sphères vitellines qu'elles possédaient jusqu'alors, et se différencient en éléments définitifs (fig. 5), celles de la
peau deviennent de belles cellules épithéliales qui secrètent sur toute
leur surface externe une cuticule transparente (fig 5 *cut*) qui représente
le calice chitineux d'Uljanin : Je ne puis comprendre pourquoi cet auteur représente cette cuticule sous forme d'une espèce de coque rigide
(calice) auquel l'animal, entièrement mou, ne serait attaché que par les
bords : je l'ai toujours, en effet, trouvée extrêmement flexible et entièrement adhérente à toute l'étendue du feuillet sous-jacent, dont elle suit

exactement toutes les ondulations, bien que, comme l'a déjà très bien remarqué Hinks, ce dernier se trouve toujours fortement plissé (fig. 5 à 11). Par suite de ces phénomènes de différenciation histologique, le corps de l'embryon s'éclaircit tout-à-coup d'une manière considérable, et il devient beaucoup plus facile d'étudier l'ensemble des organes internes ; c'est aussi à cette époque qu'on constate l'apparition à la périphérie du segment antérieur d'une rangée complète de forts cils vibratiles (comparez fig. 4 et 8). Enfin, aussitôt que la contractilité des tissus est devenue suffisante pour permettre à l'embryon d'exercer des mouvements propres, on le voit rétracter brusquement à l'intérieur, tout le segment supérieur (1) en même temps que le bord antérieur du segment moyen (fig. 4, 5, *sph*), se contracte au-dessus à la manière d'un sphincter. — Par suite de ce refoulement brusque du segment antérieur à l'intérieur du corps, le segment moyen qui s'est refermé au-dessus éprouve une distension très-considérable, et se change en un gros sac de forme irrégulière (fig. 5) vis-à-vis duquel le segment postérieur n'offre plus l'aspect que d'un simple appendice. Dans les stades suivants, cette différence de taille entre les deux derniers segments s'accentue davantage, le premier (moyen) se renflant de plus en plus en un gros sac irrégulier qui contient l'ensemble des organes internes (fig. 6 et 7) tandis que le postérieur s'amoindrit à vue-d'œil, et finit par ne plus se distinguer du tout du segment moyen avec lequel il arrive a être entièrement confondu (fig. 8-11).

Nous voyons, en somme, s'effectuer brusquement, à la suite des phénomènes de différenciation histologique qui accompagnent la rupture de la

---

(1) Ce retrait qui transforme brusquement le segment antérieur, ou face orale en vesbule doit-être considéré comme correspondant au renflement du sphincter en épaisse bande saillante, que nous avons décrit chez le Loxosoma. plutôt qu'au processus d'enroulement de ce dernier, processus qui se retrouve aussi à peu de choses près chez la Pedicellina lors de la fermeture de l'ouverture de la gastrula ; de part et d'autre, nous avons à distinguer deux degrés successifs : 1° le processus d'enroulement ou fermeture de la gastrula par suite duquel la face orale vient occuper la place où se trouvait l'endoderme non invaginé. 2° le développement du sphincter, qui fait passer la face orale à l'état de vestibule.

membrane vitelline, trois faits très-importants : 1° l'apparition de la couronne ciliaire, sur tout le pourtour du segment supérieur ; 2° le retrait brusque de ce dernier à l'intérieur du corps ; 3° le renflement qu'il dé-termine du segment moyen en un vaste sac avec lequel se confond entièrement le segment postérieur, et dont le bord antérieur acquiert la propriété de se contracter en sphincter.

Ces trois faits nous ramènent d'une manière très-nette à notre division déjà constatée chez le Loxosoma en face orale *s* (segment supérieur) susceptible d'être étalée au dehors, ou rétractée au dedans, et face aborale *i* (réunion des deux segments postérieurs confondus en un sac (fig. 6, 7, 8, 11) susceptible de se refermer au-dessus de l'ensemble des organes internes), séparées l'une de l'autre par la couronne ciliaire *c*. — Toutes les divisions précédemment indiquées chez le Loxosoma (face aborale, couronne, sphincter, etc.), se retrouvent ici d'une manière complète, seu-lement le sphincter, au lieu de se renfler en bourrelet épais, demeure ici à l'état de simple bande contractile qui n'est guère perceptible que par suite de sa contractilité.

En même temps que se développent les cils de la couronne, apparaît aussi à l'extrémité de la masse *mi* une touffe de poils raides rétractiles, mis en mouvement par la masse *mi* différenciée en muscles, et que l'on reconnaît dès lors comme l'homologue de la masse *mi* du Loxosoma, ce qui confirme encore son interprétation, comme simple appendice de la face aborale.

Toutes ces grandes divisions que nous voyons, du stade 4 au stade 5, venir brusquement occuper leur place définitive, existaient cependant déjà toutes formées aux stades antérieurs, ainsi rien ne nous empêche plus maintenant de reconnaître dans la région renflée occupée par l'épaisisse-ment labial du stade fig. 2 et 3, l'ensemble de la couronne et de la face orale, le point de réunion *sph* de cette partie renflée avec la portion plus mince de l'exoderme (face aborale), sera la portion qui devient le sphincter. La couronne est plus difficile à retrouver, néanmoins la pré-sence à l'équateur de l'œuf au stade fig. 1, d'une bande de 8 grosses sphères de segmentation, ne laisse pas de doutes sur la précocité de son apparition, aussi me paraît-il légitime de conclure que notre grande division, permanente chez la larve, en faces orale et aborale séparées par la couronne, apparaît aussi chez la pedicelline, bien avant la division en trois segments du stade fig. 4 et se trouve indiquée dès les premiers temps de la segmentation, au stade 1.

Les stades 2, 3, 4 correspondent pour la couronne à un état mixte, trop avancé pour qu'on puisse encore la distinguer, au moyen des grosses cellules, qui se sont segmentées en éléments plus petits, à limites moins visibles, pas assez pour se laisser encore reconnaître à l'aide des cils vibratiles qui n'apparaissent que plus tard ; elle n'en existe cependant pas moins, bien que d'une façon indistincte à la périphérie de la face orale (fig. 2, 3, 4, c), et on doit la regarder comme toujours présente. Nous avons vu, d'ailleurs, que le Loxosoma nous présentait de même entre la couronne à grosses cellules (fig. 2, 3, *pl.* 1) et la couronne ciliaire (*pl.* 1, fig. 7, 8, etc.) un état de passage dans lequel elle devient aussi un moment indistincte ; nous pouvons donc admettre que chez la Pedicelline comme chez le Loxosoma, la couronne est d'apparition extrêmement précoce, et précède même la Gastrula.

2. Période larvaire. — L'état de retrait que nous avons vu se produire brusquement, sitôt que l'embryon a commencé à acquérir la faculté de se contracter, ne doit pas être considéré comme un état permanent : l'embryon demeure libre, soit de conserver cette disposition, soit de s'étaler de manière à faire saillir de nouveau toute sa face orale, il est même presque certain que c'est en demeurant à l'état d'extension que l'embryon poursuit son développement dans la poche incubatrice, car on voit toujours quand on laisse séjourner une Pedicelline sous le microscope, les jeunes embryons librement étalés, et faisant saillie au-dessus de la cavité incubatrice, où ils font mouvoir leur couronne ciliaire, tout en restant fixés par leur extrémité postérieure, aux débris de l'ancienne membrane Vitelline (1). L'état d'extension pré-

(1) Il est assez probable que le grand développement de l'organe *vt* (segment postérieur) qu'on remarque au stade (fig. 5), résulte du rôle actif qu'il a à jouer comme ventouse pendant cette partie du développement.

sente l'avantage d'être plus facilement comparable au stade de la fig. 4, néanmoins, comme, pendant la dilacération nécessaire pour faire sortir les œufs de la cavité incubatrice, les embryons se rétractent toujours, et n'arrivent jamais sous le microscope qu'à l'état d'occlusion, comme d'ailleurs, cet état est plus commode pour l'observation, je continuerai à décrire le reste du développement sur des embryons à l'état de retrait (fig. 5, 6, 7, 9, 11) me bornant à donner seulement pour quelques cas (fig. 8 et 9) l'aspect qu'il présente pendant l'extension ; ces derniers faciliteront au lecteur la comparaison des stades fig. 5, 6, 7, aux stades antérieurs (fig. 4).

Examiné immédiatement après les phénomènes de différenciation des tissus (fig. 5) l'embryon nous présente même malgré les changements généraux de position, causés par le retrait, une concordance frappante avec l'état de la fig. 4, dont il ne diffère en rien d'essentiel : l'ancien segment moyen se trouve renflé en un sac irrégulier muni à son extrémité inférieure d'une touffe de poils raides un peu renflés à leur base, et contracté à sa partie supérieure, en sphincter *sph*. Ce dernier circonscrit l'ouverture du vestibule (fig. 5, *o v*) bordée en dedans par la couronne ciliaire *c* et dont la paroi se trouve formée par la face orale rentrée en dedans; au-dessous de cette dernière se trouve comme précédemment l'intestin bifurqué à sa partie supérieure, avec l'épaississement labial compris entre ses deux branches : le changement le plus important relatif à ce stade consiste en ce que le renflement labial qui, maintenant a pris la consistance et la transparence du tissu musculaire, s'est concentré en une masse ovoïde très-nettement circonscrite, adhérente à la partie inférieure de la face orale, et qui, au lieu de rester entièrement comprise entre les deux divisions du tube digestif, a débordé vers la droite au delà de l'œsophage, de manière à ne plus se trouver comprise qu'en partie entre ces deux divisions. La portion qui s'est ainsi avancée au dehors se trouve dirigée du côté antérieur de l'embryon, et est venue, en déplaçant légèrement l'œsophage vers la gauche, se souder sur la ligne médiane à la peau qui revêt la face antérieure (fig. 5) en un point où ne tarde pas à se développer une touffe de cils raides rétractiles (fig. 8, 10,

11, 12) complètement semblables à ceux situés sur la masse *mi*, et qui dans le retrait, se logent dans une fossette (fig. 5, 6, 7) pratiquée au-dedans de la masse. En se concentrant en une masse ovale à contours bien nets, l'épaississement labial s'est séparé d'une manière plus précise que par le passé, de la paroi des deux divisions du tube digestif, ces dernières, que nous avions vu, au stade précédent, se prolonger vaguement et se perdre peu à peu sur les côtés (fig. 4) de l'épaississement labial situé entre-elles, sans pouvoir réussir à les suivre d'une manière certaine jusqu'à la rencontre de la face supérieure, se montrent maintenant extrémement nettes, et nous apparaissent sous forme de deux tubes parfaitement circonscrits, et à parois propres, qu'il est aisé de suivre jusqu'à la rencontre de la face orale : l'un de ces deux tubes (œsophage) est cilié à son intérieur, et se trouve maintenant en continuité avec l'ouverture buccale primitive, l'autre (rectum) vient aboutir du côté opposé de la masse labiale *ms* où il a déjà percé la peau du vestibule pour former l'anus, nous ne pouvons dire, à cause du peu de transparence du stade précédent, si la communication actuellement visible, entre l'ouverture de la gastrula *o* et l'œsophage, résulte comme chez le Loxosoma de la persistance de la communication primitive, ou si au contraire, elle ne s'établit ici que plus tard avec l'une des deux branches, à la suite de la perte des connections primitives, nous avons déja indiqué plus haut notre pensée à ce sujet; quelle que soit du reste celle des deux opinions, de la perte ou de la conservation des connections primitives, qui doive prévaloir, ce qu'il y a de certain, c'est que tôt ou tard, elles réapparaissent, et que l'ouverture de la gastrula devient l'ouverture buccale définitive, en communication directe avec l'œsophage.

Dans les stades qui suivent, on voit graduellement cette ouverture buccale primitivement centrale être par le développement de la portion *mbl* de la masse labiale restée entre les deux branches *R* et *œ* refoulée de plus en plus vers la périphérie de la face orale ; elle finit (fig. 8, 10, 12) par venir se placer tout contre la couronne, du côté antérieur, à une place identique à celle que nous lui avons vu occuper chez la larve du Loxosoma. — Le tube digestif, qui ne nous était encore apparu dans ce qui précède, que comme une masse obscure, sans cavité centrale nettement visible, présente au stade de la fig. 5 une cavité très-nette, limitée par une paroi propre entièrement distincte, munie dans l'œsophage, de cils vibratiles. — L'intestin possède, comme précédemment ses trois divisions (œsophage, intestin, rectum) distinctes par leur volume différent, mais non encore séparées les unes des autres, par des lignes de démarcation précises. La fig. 8 dans laquelle les différentes parties, bien que plus avancées, présentent cependant encore à peu près les mêmes rapports de position que dans la fig. 5 aidera à faire disparaitre les difficultés qui pourraient résulter de l'état de retrait de la fig. 5 pour la comparaison avec la fig. 4.

ÉVOLUTION DE LA MASSE LABIALE. — Les quatre stades qui suivent celui que nous venons de décrire sont surtout relatifs au développement de la masse labiale *ms*: nous avons vu qu'au stade de la fig, 5, s'est formée au point où cette masse est venue se mettre en relations avec la peau externe, une touffe de poils raides (fig. 11 et 12 *va*) identique à celle de l'extrémité inférieure *mi* : au stade fig. 6, on constate de plus au milieu de la partie de gauche (encore située entre les deux branches de l'intestin) de la masse labiale, l'apparition d'une cavité interne *f* en forme de fente semi-circulaire, comme je l'ai représenté fig. 8 et 10 : cette fente s'élargit et s'accroit rapidement, en même temps que le tissu de la masse *ms* se différencie sur tout son pourtour, en épithélium identique à celui qui tapisse le vestibule; au stade fig. 7, on constate que cette fente est venue s'ouvrir dans le vestibule, en perçant la face orale (fig. 8) suivant une ouverture semi-circulaire, en même temps, on constate que la masse *ms* jusqu'alors indivise, commence à se scinder, derrière l'œsophage, en deux parties distinctes : la première, *mo* formée par la portion que nous avons vu déborder l'œsophage pour aller se mettre en relation en avant avec la peau externe, la seconde plus volumineuse, qui reste comprise entre les deux branches de l'intestin, et qui se trouve divisée par la fente *f*, en deux parties distinctes *mb* et *ml* reliées par la base. Au stade suivant (fig. 8) la séparation se montre tout-à-fait complète : l'épaississement *ms* s'est subdivisé en deux masses distinctes, *mbl*, *mo* situées, l'une toute entière entre les deux branches de l'intestin, l'autre tout entière au devant de l'œsophage qui, rejeté légèrement vers la droite par suite de l'extension vers la partie antérieure, de la masse *ms* venant se souder en *va* à la peau externe, vient reprendre après la scission de cette masse en deux parties, sa position normale sur la ligne médiane, juste entre les deux divisions *mbl* et *mo* de la masse *ms*.

Des deux nouvelles masses qui résultent de ce processus de division, la première *mo*, qui porte dès le stade fig. 5, une touffe de poils raides, (fig. 8, 10, 11, 12) occupe tout-à-fait la même position, et se trouve évidemment tout-à-fait comparable à l'organe en écusson du Loxosoma : la masse *mbl* se montre de même complètement homologue de l'organe *mbl* du Loxosoma, nous voyons que ces deux organes proviennent très-nettement chez la Pédicelline, d'un rudiment commun formé par l'épaississement de la face orale : l'épaississement labial.

L'apparition au milieu de la masse *mbl* de la fente semi-circulaire bordée sur son pourtour, d'une couche épidermique, et qui vient déboucher dans le vestibule (fig. 7) ou autrement dit, à la surface de la face orale (fig. 8.) correspond à la formation du sillon de séparation des deux lobes *b* et *l* de la fig. 12, mais il ne suffit pas pour déterminer leur apparition : la fig. 8 en effet, nous présente un aspect dans lequel, bien que cette fente soit déjà ouverte à l'extérieur, la face orale n'en est pas moins demeurée une et indivise, constituant un simple renflement arrondi bordé par la couronne ; un second processus, un affaissement général de la peau du vestibule sur les masses musculaires *mb* et *ml* est encore nécessaire pour donner naissance aux lobes *b* et *l*, ce processus peut se suivre aussi bien dans l'état d'extension que dans l'état de retrait : toute la portion centrale de la face orale, demeure située, par suite de la présence de la masse *mbl* qui lui sert de soutien, à un niveau supérieur, tandis que toute la portion périphérique (située entre *mbl* et la couronne), de face orale, s'abaisse graduellement (fig. 10) jusqu'à arriver à ne pouvoir plus faire saillie au-dessus de la couronne et à former au contraire un simple sillon situé entre cette dernière et l'organe central, et au fond duquel se trouve la bouche o.placée comme dans le Loxosoma, à la partie antérieure (fig. 12). La masse musculaire *l* et la masse *b* avec le rectum qui s'applique contre elle se trouvent bientôt par ce processus complètement entourées d'un épithélium en continuité avec celui du vestibule, et forment dès lors un gros lobe saillant qui proémine au-dessus du reste de la face orale, qui s'est abaissée tout autour par suite du mouvement d'affaissement général. A la suite de la traction qui s'opère pendant ce mouvement d'affaissement de la peau, la fente *f* arrive à s'ouvrir graduellement (fig. 7, 9 et 11) et on voit les deux lobes *b* et *l* qui la limitaient se recourber chacun d'une manière graduelle, dans un sens opposé (fig. 10, 12) de sorte qu'à l'époque où les parties périphériques de la face orale, sont arrivées à ne plus former qu'un simple sillon, l'organe central apparaît divisé en deux lobes distincts et fortement écartés, le lobe *b* est plus gros et semble entourer l'autre ; le lobe *l* est plus grèle, en forme de languette et muni vers le haut de plusieurs longues soies (fig. 11, 12) il est de plus immédiatement snperposé à l'ouverture buccale, dont il forme ponr ainsi dire la lèvre supérieure, et n'est pas séparé du tube de l'œsophage, avec la paroi duquel il se trouve au contraire en continuité directe (fig. 11) ; à l'intérieur du corps, la masse *mbl* parait adhérer d'une manière constante, aux trois grandes divisions *œ*, *R* et *est* du tube digestif, ce sont les fig. 8, 10, 12 qui montrent le mieux l'affaissement général de la face orale, néanmoins les fig. 7 9, 11 nous présentent aussi le même processus; on y voit en effet que la paroi du vestibule, disposée en un simple sac dans les fig. 5, 6, 7 se montre au contraire dans les fig. 9 et 11, reployée à gauche, au-dessous de la masse constituée par l'organe *mb* et le rectum.

Pendant que s'effectuaient ces importants changements dans la masse labiale, les autres parties de l'embryon se sont aussi différenciées : l'estomac s'est renflé (fig. 3, 9, 11) et séparé des deux autres divisions de l'intestin d'une manière très-nette, un dépôt de pigment brun jaunâtre, tout-à-fait comparable aux concrétions hépatiques qui remplissent

6

toujours l'estomac chez l'adulte, s'est de plus effectué (fig. 9 et 11) dans sa partie supérieure, enfin, on peut souvent constater aussi, dans la dernière branche de l'intestin, une apparence de division en rectum proprement dit (fig. 9, 11, 12), de forme ovoïde, et en partie plus large, ciliée chez l'adulte et qui le réunit à l'estomac comme on le voit surtout bien dans la fig. 12. Le tube digestif présente à cet état avec celui de l'adulte, une ressemblance frappante qui se retrouve jusque dans les moindres détails : des deux côtés, nous avons un œsophage évasé, infundibuliforme, et un court rectum de forme oblongue, avec un estomac coloré en brun, muni, dans le voisinage du rectum, d'une portion triangulaire, ciliée chez l'adulte, et qui, ainsi que nous le voyons chez la larve, provient également de la branche ascendante qui donne naissance au rectum.

Deux derniers changements qui accompagnent les précédents, sont relatifs à la diminution de l'organe *vt* et au renflement du sac cutané qui enveloppe le corps : la première se fait d'une manière graduelle et paraît résulter principalement d'un arrêt dans l'accroissement de la masse musculaire *mi* dont la taille reste stationnaire pendant que tout le reste du corps subit un accroissement très-considérable. L'organe *mi*, qui au stade fig. 5 formait une des parties les plus volumineuses de l'embryon, arrive ainsi à ne plus former qu'un organe appendiculaire, presque insignifiant (fig. 11) dont les relations restent d'ailleurs les mêmes.

Le sac constitué par l'enveloppe du corps (face aborale) est, dans les premiers temps du retrait de la face orale (fig. 5) fortement distendu, par les organes internes qu'il est à peine suffisant pour contenir; mais bientôt, à mesure que l'embryon grossit dans tout son ensemble, on constate que ce sac s'accroît très-rapidement, et arrive à s'écarter des organes internes (fig. 6, 7, 9) pour former bientôt un vaste sac plissé (fig. 11) qui contient sans peine tous les viscères, et laisse subsister entre sa paroi et l'intestin, une spacieuse cavité du corps, qui de l'état de simple fente auquel elle s'est trouvé un instant réduite, (fig. 5) s'est de nouveau accrue en une spacieuse cavité. Les fig. 11 et 12 représentent la larve libre, on voit qu'elle est formée d'une manière générale, de deux faces opposées séparées par la couronne, (fig. 12) et contient un tube digestif recourbé identique à celui de la Pédicelline adulte; la face orale porte un organe formé de deux lobes opposés *b* et *l*, le premier présentant l'anus à son sommet, le second, situé immédiatement derrière l'ouverture buccale, et auquel sert de soutien une masse musculaire commune *mbl*. La face aborale porte de même deux organes spéciaux *va* et *vt*, l'un antérieur, l'autre terminal, et formant deux touffes rétractiles de poils raides portées chacune par des masses musculaires spéciales *mo* et *mi*. Ces deux dernières masses correspondent aux organes gangliomorphes d'Uljanin. Je n'ai jamais pu observer les deux commissures qui les réunisent d'après cet auteur : la face aborale forme pendant l'occlusion, un vaste sac plissé d'une manière irrégulière (fig. 11) et qui enveloppe l'ensemble des organes internes. La larve libre peut de même que celle du Loxosoma, se fixer par l'organe de l'extrémité postérieure, ou se renverser pour ramper sur la face orale, comme l'a du reste très-bien indiqué Hinks.

Nous avons vu précédemment d'après les conclusions de la partie historique, qu'il n'y a guère d'accord complet à établir entre les diverses observations jusqu'ici connues sur l'embryogénie de la Pédicelline : le dernier observateur qui se soit occupé du sujet : Hinks, concluait même à une différence fondamentale de structure entre ses embryons et ceux de Van Beneden. Mes observations me permettent d'arriver à une autre conclusion : en exceptant celle de Reid et de Gosse qui ne peuvent guère être mentionnées, il n'est aucune des embryogénies actuellement existantes, sur laquelle je n'aie pu reconnaître d'une manière très-nette, les différents aspects observés sur la nature : les différences apparentes entre les auteurs, tiennent à ce que aucun d'eux n'a décrit les phénomènes d'une manière complète, mais ont eu en général leur attention attirée par des points différents de la structure de la larve : Uljanin nous fait connaître d'une manière exacte la structure de l'embryon environ au stade fig. 6 ; mais comme il n'a jamais obtenu de larves libres, l'organe *bl* et sa masse musculaire lui sont restés inconnus, et la seule partie qu'il voit faire saillie pendant l'extension, est une masse arrondie recouverte de cils, et qui correspond vraisemblablement à la face orale encore indi-

vise (fig. 8). Tout au contraire, Hinks ne nous fournit rien sur les
organes internes ; mais il nous décrit avec exactitude l'organe *bl* formé
de deux lobes opposés. De même, les premiers stades du développement,
que nous fait connaître Van Beneden, s'accordent tout-à-fait, jusqu'à
l'apparition des rudiments de tentacules, avec les divers stades que j'ai
décrits dans ce qui précède : le stade qu'il dessine comme animal adulte
n'est sans aucun doute, qu'une larve complète à l'état de retrait : son
erreur s'explique du reste aisément par la grande ressemblance qui
paraît exister entre le corps entier de la larve rétractée et le calice de la
Pédicelline adulte ; Van Beneden figure même la masse musculaire de
l'organe *vt* en la désignant comme cellule initiale du rudiment de pédoncule ; restent les rudiments de couronne tentaculaire, à ce propos, il
n'est pas inutile de rappeler le fait, que chez beaucoup d'autres larves
de bryozoaires, des observateurs, très-consciencieux du reste, ont aussi
cru voir, et ont décrit des rudiments de tentacules, dont l'absence a été
dans la suite constatée d'une manière tout-à-fait certaine : il est d'autant
plus permis de croire qu'il en est de même chez la Pédicelline, que nous
voyons l'auteur Belge tomber dans la même erreur à propos de l'Halo-
dactyle, où les tentacules n'exitent certes pas.

2. — MÉTAMORPHOSE.

Bien que variant encore sur des points de détail les opinions des trois
auteurs précités sur le passage de la larve à l'adulte, sont jusqu'ici d'accord en un point essentiel : le passage *direct* de la larve à l'adulte : pour
tous, la larve libre représente déjà une Pédicelline qui n'a pour arriver à
l'état complet, qu'à allonger son extrémité inférieure en forme de pédoncule, et qu'à acquérir sa couronne de tentacules ; — Van Beneden, qui
ainsi que nous l'avons vu, confond l'organisme larvaire avec l'adulte tout
formé, n'a naturellement pas eu à rechercher le passage de la première
à la seconde forme ; tout pour lui se réduit à un développement direct,
depuis les premiers stades de l'œuf jusqu'à l'adulte. Hinks n'a pas observé le passage, mais il croit qu'il consiste d'une manière générale, dans

le simple allongement de la partie postérieure, avec atrophie de l'organe formé de deux lobes opposés, graduellement remplacé par la couronne tentaculaire. — Uljanin est l'auteur qui semble avoir étudié avec le plus de soin cette transformation ; voici brièvement ce qu'il dit à ce sujet :

« Bien que la cavité incubatrice des Pédicellines que j'observais, fut
» toujours remplie d'embryons bien développés, je n'ai *jamais pu trouver*
» *une seule larve à l'état de natation libre*, par contre, il m'est arrivé
» plusieurs fois de trouver au fond du vase, des larves qui avaient dé-
» passé cet état, et étaient dejà devenues propres à la fixation : ces lar-
» ves chez lesquelles la cavité incubatrice était déjà bien visible, ne se
» distinguaient des larves libres, que par le remplacement du calice
» rigide par une couche chitineuse adhérente à la peau, par la dispari-
» tion des organes gangliomorphes, et par la perte de la faculté de
» dévaginer toute leur portion antérieure; elles possédaient déjà un ru-
» diment très-court déjà couvert d'épines, du pédoncule futur, et ne se
» distinguaient de l'animal adulte que par l'absence de tentacules ; je
» crois ce stade simplement produit par la chute du calice entrainant
» avec lui les organes gangliomorphes. »

Je dois avouer n'avoir jamais pu, dans le passage de la larve à l'animal adulte, observer de stade qui ressemblât le moins du monde à celui que décrit ainsi l'auteur russe mais j'ai eu l'occasion de faire une remarque qui peut-être serait propre à expliquer la chose : les différents cormus qu'on conserve dans les bocaux, ne demeurent généralement pas intacts au-delà de quinze jours; au bout de ce temps on les voit généralement dépérir sans cause apparente : les calices se séparent de leurs pédoncules, et tombent au fond du vase où ils demeurent quelquefois pendant assez longtemps à un état maladif avant de périr et de se décomposer; les tiges vivent aussi pendant assez longtemps après la séparation du calice qu'elles portaient, de sorte qu'au bout de deux ou trois semaines, on ne voit plus guère des cormus que les tiges dé-pourvues de portion terminale, mais encore mobiles, et s'agitant comme dans l'état normal ; si à cette époque on regarde au fond du vase, on

constate que ce dernier est parsemé de petits corps blancs, dont
les uns ne présentent déjà plus que la paroi chitineuse qui a résisté à la
décomposition, tandis que les autres représentent des calices vivants,
encore intacts, ou a un état de dégénérescence plus ou moins avancé,
et dans ce dernier cas, c'est ordinairement la couronne tentaculaire qui
se détruit tout d'abord. Ces états me paraissent ressembler tout-à-fait à
ce que nous indique la description d'Uljanin et je suis pour ma part très-
porté à croire que cet auteur n'a eu à faire qu'à des têtes de Pédicellines
ainsi détachées de leur pédoncule : Uljanin ne nous dit du reste en aucune
façon avoir jamais trouvé de ces individus, fixés et adhérents par leur
extrémité inférieure, mais simplement avoir recueilli des corps trouvés
au fond du vase.

La véritable transformation en animal adulte, que j'ai pu observer
d'une manière directe, ne s'effectue en aucune façon de la manière simple admise jusqu'à ce jour. Plus heureux qu'Uljanin, j'ai pu obtenir en
laissant séjourner au mois de *Juin,* des cormus dans des vases remplis
d'eau de mer, une grande quantité de larves libres, qui nageaient librement à la surface du liquide. — La durée de cette période de natation
libre m'a paru très-variable, et semble soumise, comme pour la plupart
des larves de Bryozoaires, à des conditions atmosphériques qu'il est difficile de déterminer ; il m'est arrivé de conserver pendant des semaines
des larves à l'état libre, sans pouvoir obtenir une seule fixation, tandis
qu'en d'autres jours plus favorables, elles se fixaient en masse sur tous
les objets, — Cette irrégularité dans le moment de la fixation rend fort
difficile l'étude du phénomène, aussi n'ai-je pas encore la prétention
d'en donner aujourd'hui une description détaillée ; je dois me borner
pour le moment à décrire trois états extrèmement nets, obtenus par fixation directe de mes larves mobiles, et qui suffisent pour donner une idée
générale de la manière dont se fait la métamorphose.

Dans le premier stade (fig. 13) pris un peu plus d'un jour après la
fixation, toute l'organisation si complexe de la larve était déjà disparue
d'une manière complète : la peau toute entière s'était transformée en
un simple sac irrégulier, fermé de toutes parts en forme de massue, et

fixé sur une base élargie qui s'étalait sur tout son pourtour, en une zone transparente de structure anhiste (fig. 13, *z*) tout l'ensemble des organes internes se trouvait réduit à une masse obscure *g* située à la partie supérieure du sac, et qui m'a paru présenter en son milieu une tâche plus claire *pol*, à la base du sac, vers la partie fixée, la paroi se trouvait également obscurcie par un dépôt assez abondant d'éléments granulograisseux.

Au stade suivant (fig. 14) toute la masse obscure de la partie supérieure était disparue, et à sa place, on pouvait déjà distinguer un jeune polypide à tentacules rudimentaires, mais sans que la paroi du sac ne parut encore percée vers le haut pour les laisser sortir. Toute la portion inférieure de la cavité du sac se trouvait remplie, sous le polypide, d'une espèce de parenchyme connectif assez serré *ped* formé par les cellules connectives indiquées par Nitche (cellules contractiles de Uljanin) assemblées en masse compacte qui représente le rudiment de pédoncule futur; autour de ces deux parties, la peau se trouvait toujours étendue en forme de sac recourbé au sommet, mais ne présentait pas encore de traces de division en pédoncule mince, et en calice renflé, sa structure, moins nette au stade précédent (fig. 13) se montrait de nouveau très-nettement composée d'une couche épithéliale *end* et couche cuticulaire *cut* tout-à-fait semblables à celles de la larve. A la base se trouvait toujours la zone anhiste, *z*, au-dessus de laquelle, à la place précédemment occupée par les globules-graisseux *gi*, se trouvait une couche de cellules plus hautes, peut-être formées par simple accroissement plus rapide de l'épithélium général de la paroi, mais peut-être aussi par des cellules spéciales ; peut-être pourrait-on trouver dans son étude plus attentive, quelque chose qui rappelât la glande du pied de Loxosoma ?

La fig. 15 représente l'animal complet issu de la fixation d'une larve libre : il est encore simple, et ne porte aucune trace de stolon : sa structure est, pour le reste, tout-à-fait complète et identique à celle des Pedicellines ordinaires, elle s'en distingue cependant par la présence de la zone anhiste *z* visible sous forme d'un large disque transparent qui entoure sa base, et au centre duquel s'insère le pédoncule par un léger

épatement discoïde qui dérive de l'épaisissement basilaire *gi :* je n'ai pu
voir comment, de cet individu primitif dérive ensuite toute la colonie.

Tout incomplet qu'il soit, ce développement suffit néanmoins pour
montrer qu'on s'était trompé jusqu'ici en admettant un passage direct de
la larve à l'adulte; nous voyons au contraire que la Pedicelline suit sous
ce rapport la règle générale établie pour les autres Bryozoaires et qu'il y a
de suite après la fixation, apparition d'un état de développement rétrograde, dans lequel la structure de la larve est presque entièrement disparue et aux dépens duquel se reforme ensuite un nouvel organisme.

Van Beneden et Uljanin ont donc été trop loin dans leur comparaison de la larve à l'adulte quand ils ont admis le passage direct, néanmoins le fait fondamental qui, très-probablement a entraîné cette erreur :
la grande ressemblance entre les deux formes, n'en conserve pas moins
une haute signification : il y a aux organes appendiculaires près, identité complète de structure entre les deux formes, et sous ce rapport nous
reconnaissons parfaitement que leurs descriptions n'ont rien d'exagéré : il
répugne d'admettre que de telles ressemblances soient uniquement l'effet
du hazard, et ne résultent pas d'un lien génétique, au moins primitif entre
ces différentes parties, aussi tout en affirmant que le passage n'est pas
direct comme on l'avait cru, ne voyons-nous cependant rien qui empêche
pour celà de continuer à admettre l'homologie implicitement reconnue
par tous les auteurs, entre le tube digestif, le vestibule (face orale), et la
peau (face aborale), de la larve, avec le tube digestif, le calice, et la chambre tentaculaire de l'adulte ; nous devons admettre qu'il y a eu ici dans
la métamorphose, une abbréviation qui masque et obscurcit les relations entre les deux formes, mais sans les supprimer.

Les mêmes remarques s'appliquent au Loxosoma, qui possède, comme
nous l'avons vu une structure identique.

A côté de cette première conclusion qui en ressort tout d'abord, la transformation que nous venons de décrire, nous conduit encore à un autre
résultat dont il nous reste ici à dire quelques mots. La formation de la
loge primitive de la Pédicelline s'écarte des autres jusqu'ici connues, par
la présence constante de la masse *Ped :* l'amas de substance granulo-

graisseuse qui, dans les autres groupes de Bryozoaires, semble ne donner naissance qu'au polypide, paraît se différencier directement ici en deux masses superposées : le polypide *pol* et la masse de parenchyme à cellules fusiformes *ped* : je n'ai pu malheureusement suivre, par l'étude de la Cormogénèse quel sera le rôle futur de cette masse *ped*, mais j'ai observé chez un genre tout différent, chez l'*Eucratée*, des faits qui sont propres à jeter une grande lumière sur la signification de cette étrange partie : le mode de bourgeonnement de l'Eucratea Chelata parait s'écarter d'une manière sensible du bourgeonnement ordinaire du groupe des Chilostomes : les extrémités des branches du cormus au lieu de se composer comme dans le cas ordinaire, d'une seule couche (endocyste) dont dérive le polypide futur, se compose toujours de deux feuillets distincts : l'externe (endocyste) formé d'un épithélium mince à petites cellules plates et très-transparentes, qui borde intimement l'ectocyste chitineux, l'interne formé de grosses cellules opaques, chargées d'abondants matériaux granuleux, et formant aussi un véritable tube épithélial, contenu dans le tube formé par l'endocyste. — Si l'on suit l'évolution de ces extrémités, on voit le sac interne (à grosses cellules sombres) se diviser bientôt en deux parties superposées, qui suivent ensuite chacune un développement tout-à-fait différent : la supérieure conserve sa structure épithéliale : elle forme une vésicule entièrement analogue à celle que produit l'endocyste épaissi dans le cas ordinaire du bourgeonnement, et se façonne de même en polypide complet ; c'est d'elle que naîtra bien avant sa différenciation complète, le tube épithélial interne du bourgeon futur, inséré dans la suite sur la région pylorique du polypide complet. La portion inférieure (que tout porte à reconnaître comme homologue de la masse *ped* de la Pédicelline) ne conserve pas de même sa structure primitive, mais on voit ses cellules s'écarter les unes des autres, perdre leur disposition épithéliale, et s'allonger de plus en cellules fusiformes : il se produit un état complètement identique à celui de la masse *ped* de la Pedicelline ; on les voit ensuite se réunir de nouveau en longues traînées plus ou moins régulières, au milieu desquelles on distingue un cordon plus fort, réunissant le cœcum stomacal du polypide à la région pylo-

rique du polypide précédent et qu'on peut reconnaître comme le *funicule* ;
autour de ce cordon plus volumineux se trouve un réseau plus ou moins
régulier qui n'est autre que le système nerveux colonial. Nous voyons,
qu'ici, le feuillet interne se segmente comme chez les Pédicellines, en
deux parties distinctes, l'une qui donnera naissance au polypide, l'autre
homologue de la masse *ped*, et qui formera le système nerveux colonial et le funicule.

Bien que le rôle et l'importance de ce parenchyme à cellules fusiformes
de la Pédicelline paraisse jusqu'ici avoir échappé à tous les auteurs, Uljanin a néanmoins déjà reconnu, que l'extrémité des stolons y était de même
constituée par une masse centrale de parenchyme, revêtue d'un tube formé
par l'endocyste, et aux dépens de laquelle se *formait le polypide*, les complications de structure du stolon et de la tige (fibres élastiques, éléments musculaires,, etc.), et ne se produisant que plus tard. Il est donc plus que probable que la masse *ped* de nos figures ne représente ici comme chez
l'Eucratée, qu'un véritable *feuillet interne du stolon* destiné à s'accroître
en même temps que l'endocyste pour fournir le tube central (endoderme) du
stolon dont l'endocyste formera le revêtement externe (exoderme). (1)

Ce nouveau mode d'accroissement de la colonie qui ramène le bourgeonnement chez les Bryozoaires, au même mode que chez les Hydrairès
et les Ascidies (accroissement simultané de deux feuillets emboîtés :
(endoderme et exoderme) porte une atteinte sérieuse à la théorie du cys-
tade et à celle d'Hœckel (cormus considéré comme un individu métamé-
risé) appuyées en partie, sur le fait que le cystide (exoderme) est le seul
actif dans le bourgeonnement ; elles nous révèlent de plus d'une manière
fort nette la signification morphologique exacte du système nerveux colonial et du funicule, qui ne sont que des restes de la partie inférieure du
tube endodermique.

(1) Le même mode de bourgeonnement, par accroissement simultané de deux feuillets
distincts parait du reste exister aussi chez l'Anguinaire d'après les descriptions de Smitt,
et il est possible qu'il s'étende encore si on faisait à ce sujet de nouvelles recherches ; il
apparaît surtout de la manière la plus frappante chez le *Rhabdoplema* ; le cordon interne
qui parcourt les tiges chez ce genre curieux n'est certes autre chose que le représentant de
l'endoderme, et l'homologue du funicule et système nerveux colonial des autres Bryozoaires.

RÉSUMÉ

1. — De tout ce qui précède, résulte clairement, que les Loxosoma et Pédicellina possèdent des larves tout-à-fait identiques, qui représentent la *larve du groupe des Entoproctes* et constituent notre *première forme larvaire* : cette forme (fig. 21 *pl* 1 et 12 *pl* 2) est composée de deux faces inégales séparées l'une de l'autre par la couronne ciliaire, la première susceptible de s'invaginer en forme de vestibule, porte à son centre un organe complexe *bl* formé de deux lobes opposés soutenus par une masse musculaire spéciale ; la seconde, susceptible de se refermer en forme de sac au-dessus de la première, porte également deux organes spéciaux soutenus par deux masses musculaires spéciales, et placés l'un en avant *va* l'autre au bout *vt* du corps. Comme particularité caractéristique du Loxosoma, on peut citer l'incurvation en avant de la face aborale qui prend dans son ensemble la forme d'un sabot (fig. 19, 20, 21, 22, *pl* 1) et la complexité de l'organe *va* qui se développe en un écusson muni de deux points oculiformes rouges. Chez la Pédicelline, la face aborale au lieu de s'incurver, se renfle en un vaste sac irrégulièrement plissé (fig. 11 *pl* 2) et l'organe *va* a la même structure que l'organe *vt*.

2. — Le mode de formation de cette larve importante s'effectue d'une manière presque identique pour le fond, entre ces deux formes si voisines l'une de l'autre ; et nous pouvons même en nous basant sur ce fait, retracer rapidement un développement idéal en nous aidant simultanément des faits observés chez chacun des deux genres : le mode général d'embryogénie de notre première forme larvaire consistera ainsi dans les stades suivants :

A. — Segmentation s'effectuant suivant un mode régulier, et sans prédominence d'une moitié de l'œuf sur l'autre (stade fig. 1 *pl* 1).

B. — Apparition de la cavité centrale pour former une blastula aplatie, caractérisée par la présence entre les deux pôles (occupés par les cellules en croix) d'une couronne composée de huit grosses cellules qui sépare la blastula en deux moitiés (faces orale et aborale) également renflées et semblables entre elles (*pl* 2 fig. 1).

C.—Renflement de l'une de ces deux moitiés (face aborale) en une portion convexe amincie et aplatissement de l'autre (face orale) qui se renfle et s'invagine au centre pour former la gastrula (*pl* 1 fig. 3) (1).

D. — Approfondissement de l'invagination de la gastrula, et pénétration à l'intérieur, pour passer de l'état fig. A (Schemas page 13), à l'état fig. B, ce processus étant accompagné de la formation des deux branches de l'intestin et de celle du mésoderme. Chez le Loxosoma, il paraît y avoir simple enfoncement de la masse endodermique, dont une partie latérale se sépare pour former le rectum tandis que la portion centrale pédonculée, reste en communication directe avec l'ouverture de la gastrula pour former l'œsophage ; mais chez la Pédicelline, le processus de formation des deux branches de l'intestin paraît être lié à une fermeture de l'ouverture de la gastrula, qui se ferait de la même façon que dans la formation du polypide chez l'alcyonidium (voir la fin du mémoire) ou dans la fermeture des bords du blastoderme, chez la Clepsine et chez l'Euaxes.

La formation du mésoderme n'est pas facile à suivre chez le Loxosoma ; mais on voit qu'il consiste chez la Pédicelline, en deux parties essentielles ; l'épaississement labial (Schemas A, B, *s*) formé par la partie externe d'abord continue (Schema A) avec l'endoderme, de l'épaisisse-

---

(1) Dans une note précédente (comptes rendus de l'Académie de Paris, 15 novembre 1875) j'avais décrit la gastrula des Entoproctes comme se rapprochant de l'Epibolie ; je considérais alors les deux faces orale et aborale de la fig. 3 *pl* 1 comme dérivant chacune (comme je crois encore) des deux moitiés séparées par le plan équatorial du stade huit (fig. 1 *pl* 1) et je ramenais le développement à l'Epibolie à cause du développement plus rapide de la moitié inférieure (aborale) qui tend à envelopper l'autre de plus en plus ; toutes réflexions faites, il vaut mieux ramener la chose à l'archigastrula, comme je le fais ici, attendu que cet état est précédé d'un état de développement égal de 2 faces (blastula fig. 1 *pl* 3) et que d'ailleurs, ce développement plus rapide de la face aborale n'a pas de rapport direct avec la formation de l'endoderme, qui naît par invagination du milieu de la face orale.

ment de la face orale, et le mésoderme aboral *mi* formé peut-être par prolifération des 2 feuillets primitifs, peut-être par scission directe de la partie postérieure de l'endoderme (Enterocœle ?)

E. — Développement du sphincter, transformant définitivement la face orale en vestibule, et visible chez le Loxosoma, par la formation de l'épais bourrelet *sph* (fig. 7, 8, 9 *pl* 1) qui proémine au-dessus de la face orale, tandis qu'au contraire, il se manifeste chez la Pédicelline, par un retrait brusque de la face orale (segment antérieur fig. 4, 5 *pl* 2). Le reste du développement est occupé par la scission du mésoderme labial *ms* en deux rudiments distincts : *mbl* et *mo* ce qui porte à trois le nombre des rudiments du mésoderme ; le premier : *mi* se met en relations avec la peau de l'extrémité postérieure pour former une espèce de ventouse à poils raides, le second *mo* quitte sa position primitive entre les 2 branches de l'intestin pour venir former en avant un organe semblable (développé en écusson chez le Loxosoma) le troisième *mbl* entre en relations avec la peau du vestibule pour former un organe complèxe à deux lobes opposés.

3. — Pour passer à l'état adulte, la larve libre ainsi construite suit le cycle ordinaire découvert par Grant chez les Chilostomes, et éprouve un développement rétrograde à la suite duquel apparaissent des phéno-mènes de néoformation qui donnent enfin naissance à la Pédicelline adulte. Ce processus, contraire à tout ce qu'on admettait jusqu'ici, peut être considéré comme une métamorphose abrégée qui obscurcit, mais n'empêche pas, les relations entre l'organisme larvaire et celui de l'adulte, aussi ne devons-nous pas encore sacrifier les homologies jusqu'ici admises contre les deux formes, et que semble rendre probable leur ressemblance d'aspect (vestibule, peau, et tube digestif de la larve, homologues à la chambre tentaculaire, au calice, et au tube digestif de l'adulte).

4. — En ce qui concerne le bourgeonnement, nous voyons, que chez la Pédicelline, il y a accroissement simultané de deux feuillets distincts :

(endoderme et exoderme), la masse granulo-graisseuse du stade rétrograde forme non-seulement le polypide, mais encore une masse de parenchyme à cellules fusiformes *ped* qui représente le *tube endodermique,*
tandis que l'endocyste représente le tube exodermique ; chez l'Eucratée
nous voyons un tube endodermique analogue, d'abord entièrement épithélial, sa partie postérieure au lieu de rester à l'état de cellules fusiformes
s'y différencie en système nerveux colonial et en funicule, nous montrant
ainsi, que ces deux parties ne représentent morphologiquement parlant,
que la partie inférieure de l'endoderme de chaque individu. — Dans ce
mode de bourgeonnement (entièrement comparable à celui des hydraires
et des ascidies) le cormus ne peut plus être considéré comme formé
d'une *série de cystides* produisant *seulement plus tard* par bourgeonnement interne, des polypides, dès lors envisagés comme animaux de seconde génération, mais il y a production immédiate d'nne série d'animaux complets à polypides et cystides représentant l'endoderme et l'exoderme.

AFFINITÉS DES LARVES D'ENTOPROCTES.

Avant d'abandonner cette première forme larvaire, il importe de dire
quelques mots de ses affinités générales avec les autres larves des groupes voisins : Kowalewski a déjà comparé à diverses reprises, les larves
d'Entoproctes, à celles des annélides avec lesquelles elles présentent d'a-
près lui une grande ressemblance, mais ce rapprochement extrêmement
naturel tant que l'on considère avec cet auteur la larve comme formée
d'une portion céphalique (notre face aborale avec l'organe *va*) et d'une
portion caudale (notre organe *b*) n'est plus soutenable d'après notre manière d'envisager la structure : la division générale en face orale rétractile, bordée par la couronne, et face aborale, constituant la peau, n'existe
de cette façon que chez les Rotifères ; ces derniers possèdent tout–à-fait
la même disposition générale que les larves des Entoproctes, et s'en rapprochent aussi d'un autre côté, par leurs nombreux organes appendiculaires
souvent très-analogues à ceux des Entoproctes, et jouant aussi le rôle de

— 54 —

ventouses ; bien qu'il ne soit pas encore possible aujourd'hui de prouver
d'une manière tout-à-fait rigoureuse (1) les affinités des rotifères et de ces
larves, tous deux néanmoins me semblent se rapprocher par leur aspect
général d'une manière réellement excessivement frappante, et je ne doute
pas que leurs relations soient certainement plus intimes que celles pourtant tant de fois mises en relief, des mêmes rotifères avec les larves de
gastéropodes.

---

(1) On peut comparer très-naturellement les organes *va* et *vi* des larves d'Entoproctes
aux ventouses antérieure et postérieure du Rotifer vulgaris, chez lequel elles ont la même
structure de saillies couvertes de poils raides rétractiles ; on pourrait pousser plus loin la
comparaison en comparant l'organe *bl* dont les relations avec la bouche (par l'organe *l*)
sont très-intimes comme nous l'avons vu, au mastax embryonnaire des rotifères qui paraît
aussi avoir comme premier rudiment (Salensky Entw de Brachionus, Zeitschrift füs wissool
1872) un organe conique assez comparable (sauf la position ?) à l'organe *l*, c'est encore là
l'hypothèse la plus vraisemblable qu'on puisse faire dans les homologies du singulier
organe *bl*, car je préfère encore le comparer au mastax qu'au pied des lamellibranches
comme Allmann l'a fait pour l'épistome. — Malheureusement les bases embryogéniques
nous manquent chez les rotifères pour pouvoir juger en connaissance de cause, des chances
de vérité de cette homologie ; le développement donné par Salensky est très-impropre à la
comparaison, à cause de la marche très-différente du développement chez cette espèce ; il
faudrait avant tout s'assurer si les rotifères ne possèdent pas un mode de développement
moins abrégé que celui du Brachion, et qui serait au développement du Brachion, ce que
le développement de la Trochosphère chez les mollusques est à celui de la Cayptrée ; la
découverte d'un tel mode de développement chez les rotifères, les rendrait seule réellement
comparables aux larves d'Entoproctes, et c'est surtout dans sa recherche qu'il faut placer
la solution de la question des affinités de ces deux formes, et de l'homologie de l'organe *bl*
avec le mastax.

II

CYCLOSTOMES

HISTORIQUE
{ 1 Couch, 1844.[*]
{ 2 Smitt, 1863.[**]
{ 3 Metschnikoff, 1869.[***]

1. COUCH 1844 (Crisia). — Il décrit les embryons comme ne consistant qu'en une *sphère ciliée* issue de la masse sarcodique qui remplit l'ovicelle, et destinée à donner naissance à une colonie.

2. SMITT 1863-65. — Suit l'embryogénie de deux espèces de cyclostomes : la *Crista eburnea* type (om hals : bryoz : utv :) et variété aculeata (Bidrag till : Kannedom) et le *Tubulipora serpens* : l'embryogénie est, chez ces deux types, parfaitement concordante : la morula donne naissance en s'aplatissant, à une larve formée d'une face convexe et d'une face plane : cette dernière présente deux zones obscures concentriques, la première (périphérique) formée d'un épais bourrelet annulaire, la seconde, (centrale) produite par un organe interne formé d'un renflement arrondi de la peau creusée d'une cavité. Ces deux organes correspondent.

---

[*] COUCH. = A Cornish fauna part 3, p. 92.

[**] SMITT. { Bidrag till Konnedomen. — (Upsala univ. arskrift 1863).
{ Om hals. bryoz : utvkling och fettkroppar (ofvers. Af K. vet. akad
{ forh. 1865).

[***] METSCHNIKOFF. — Nachrichten des Gottingen universitat 1869 n° 12.

d'une manière générale, aux zones concentriques également visibles sur l'une des deux faces des embryons de Chilostomes : (1, zone des grosses cellules, (couronne ciliaire). 2, organe en fer à cheval. 3, masse obscure centrale) et correspondent comme elles, d'après l'auteur suédois, à un *organe adhésif*, et à un *rudiment de couronne tentaculaire* — Les larves de cyclostomes ressemblent en somme beaucoup, d'après cette description à celles des Chilostomes, et rentrent comme elles dans le plan général d'organisation proposé par cet auteur pour les larves de Bryozoaires. — En ce qui concerne la structure intime, les larves se composent d'une couche périphérique et d'une masse interne, issues de différenciation directe de la morula et consistant, la première, en épithélium bien net, revêtu sur toute sa surface, de cils vibratiles, la seconde, d'une masse sarcodique contenant des granules et vésicules.

3. Metschnikoff 1869. — Il les place dans la catégorie des larves possédant comme le Cyphonautes un organe en *forme de pied*, et un sac interne, mais ne parle pas du bouton terminal qu'il semble distinguer dans toutes les autres formes.

Je n'ai jamais rencontré sur les côtes de la Manche, que trois espèces communes du groupe des cyclostomes, toutes trois sont fréquentes à Saint-Waast et à Roskoff, où j'ai pu, entre les mois d'avril et d'août, suivre leurs principaux phénomènes de développement ; l'espèce qui m'a donné les meilleurs résultats, et sur laquelle j'ai pu suivre l'ensemble de l'embryogénie de la manière la plus complète, est la Phalangella flabellaris (fabr.) c'est elle que je prendrai comme type de ma description. — Après avoir retracé son évolution, je dirai quelque mots de deux autres espèces qui présentent du reste avec elle, la plus grande ressemblance.

EMBRYOGÉNIE DE LA PHALANGELLA FLABELLARIS (Pl. 3 et 4)

La phalangella (tubulipora) flabellaris est très-commune à Roskoff et à Saint-Vaast, où elle se rencontre sous forme de petites expansions en éventail disséminées sur les pierres et sur les algues, et qu'il est facile de recueillir à Roskoff à toutes les marées. La plupart des cormus contiennent des embryons aux mois de mai, juin, juillet ; on distingue aisément ceux qui en sont pourvus par leur couleur jaunâtre d'autant plus intense que les jeunes embryons y sont plus développés. Ma méthode ordinaire pour observer ces derniers était, soit la simple rupture du cormus quand je voulais les étudier vivants, soit la dilacération, après en avoir fait dissoudre comme l'a déjà fait Smitt, l'enveloppe calcaire dans un mélange d'acide acétique et azotique, en proportions égales : ce mélange n'altère pas la structure des embryons, et fait apparaître leurs éléments cellulaires avec une grande netteté ; on peut voir, en employant cette seconde méthode que les ovicelles constituent chez cette espèce, des sacs volumineux, irrégulièrement ramifiés et qui s'étalent entre les zœciums qui composent le cormus ; les sacs se trouvent toujours remplis d'embryons à différents degrés de développement, et en s'adressant successivement à des ovicelles plus ou moins âgés, on arrive à retrouver la succession complète des différents stades du développement.

Nous avons toujours, dans toutes les autres classes de bryozoaires, abordé immédiatement l'étude du développement, sans nous préoccuper de savoir d'abord à quel mode de génération devaient se rapporter les phémènes que nous étudions : c'est qu'en effet la présence de la génération sexuée se trouve démontrée aujourd'hui avec une assez grande certitude pour les Entoproctes, les Chilostomes et les Cténostomes ; mais il n'en est pas de même chez les Cyclostomes (1) : nous ne possédons en ce qui

(1) On sait en effet que c'est seulement depuis les observations de Huxley (quarterly journal of micr science. Vol. IV, 1856, p. 191) Smitt (om hals bryoz utveckling och fettkroppar.— Dans ofversigt af K. vet akad forhandlingar 1865 page 5 et Bidrag till Kannedomen om hals bryoz utveckling. — Dans upsala univers arsskrift 1865) Nitsche (zeitschrift für wiss zoo. 1869) et Claparède (zeitsch für wiss zool 1870) que l'existence de la génération sexuée est admise chez les Bryozoaires. Ce mode important de génération, bien établi aujourd'hui pour les Entoproctes, les Lophopodes, les Chilostomes et les Cténostomes, est encore douteux pour les Cyclostomes où on n'a pas encore pu constater la présence de produits génitaux soit mâles soit femelles. Les embryons sont décrits par Smitt, comme se formant par différenciation d'une masse sarcodique ; je n'ai pour ma part encore réussi qu'à suivre les morulas jusqu'à des stades composés d'un nombre d'éléments de moins en moins

concerne cette classe, aucune observation qui nous autorise à croire que le développement de la larve libre provienne également d'un œuf fécondé ; les seules recherches qui aient encore été faites, celles de Smitt, tendent même à une conclusion tout-à-fait opposée : d'après Smitt, le développement prend pour point de départ une masse sarcodique qui remplit l'ovicelle au début de sa formation, et tient en suspension des granules et des vésicules disséminés. Ces derniers, d'abord peu nombreux, ne tardent pas à se multiplier d'une manière rapide, et se réunissent ensuite graduellement en amas distincts de mieux en mieux circonscrits. La substance sarcodique qui remplissait l'ovicelle se différencie ainsi en un certain nombre de morulas, dont chacune doit donner naissance à une larve libre.

Bien que mes observations ne m'aient encore conduit à rien de décisif sur cette question, j'ai cependant réussi à observer quelques faits qui me portent à douter de la réalité du mode de formation décrit par Smitt : parmi les nombreux ovicelles à tous les degrés de développement que j'ai examinés, je n'en ai jamais rencontré un seul dont la subtance interne fut uniquement composée d'une matière sarcodique à granules disséminés ; de plus en cherchant à suivre les morulas, jusqu'à leur origine, je ne les ai jamais vues devenir graduellement de plus en plus diffuses, jusqu'à se confondre en une masse commune, comme on doit s'y attendre d'après la description de Smitt, mais elles ne m'ont présenté au contraire que des dégradations très-sensibles de taille, devenant de plus en plus petites (fig. 6, 5, 4, 3) en même temps que leurs éléments diminuent en nombre. — Les fig. 1 à 17, pl. 3, dans lesquelles les dimensions relatives des différents stades ont été conservées, montrent de suite la réduction énorme qu'on rencontre chez cette espèce ainsi que chez tous les autres Cyclostomes que j'ai observés en remontant dans la série des phénomènes embryonnaires : je n'ai malheureusement jamais pu réussir à suivre

---

nombreux et plus volumineux, sans réussir encore à constater d'une manière bien certaine la présence de l'œuf. Il est néanmoins extrêmement probable que les Cyclostomes ne s'écartent pas des autres Bryozoaires, et que si l'on n'est pas encore arrivé à découvrir leurs produits génitaux, cela tient à ce que l'on n'a pas observé le cormus dans la saison voulue.

la réduction d'une manière certaine au-delà de l'état représenté fig. 3, néanmoins, en dilacérant un ovicelle jeune après l'avoir traité par le mélange d'acide azotique et acétique, j'ai une fois trouvé, encore adhérents, à l'endocyste, quelques corps de dimensions un peu près moitié moindres que la morula fig. 1, et qui pourraient très-bien être considérés comme des œufs; ces corps se distinguent nettement par leur volume, des autres éléments cellulaires de l'endocyste (comparer fig. 1 et 1 '), et contiennent un noyau et un nucléole extrêmement nets; j'ai même rencontré un de ces corps segmenté en deux (fig. 2) et contenant aussi un noyau avec nucléole dans chacune de ses deux moitiés, ces corps sont-ils des œufs, ou ne sont-ils au contraire que des éléments particuliers de l'endocyste analogues aux grosses cellules arrondies que Nitsche (1) a décrites dans la couche épithéliale externe de l'endocyste de l'alcyonelle ? C'est ce que des observations ultérieures permettront seules de décider avec certitude : les dégradations de taille de la morula rendent très-vraisemblable sa provenance de l'œuf de la fig. 1, néanmoins il me semble inutile de rien conclure avant qu'on n'ait réussi à trouver des ovicelles encore remplis de semblables corps, ce à quoi je n'ai pu encore arriver, peut-être à cause de la saison déjà trop avancée ? Quoiqu'il en soit, nous voyons d'après les dégradations de taille de la morula, que cette dernière ne semble nullement dériver de la différenciation d'une masse sarcodique comme le dit Smitt, mais qu'elle offre au contraire tous les caractères d'une masse produite par la segmentation d'un œuf très-petit; aussi malgré l'absence de constatation certaine de produits génitaux, soit mâles, soit femelles, devons-nous renoncer moins que jamais à ramener les Cyclostomes au cas ordinaire de la génération sexuée.

Ces points préliminaires une fois bien établis, nous pouvons reprendre l'étude proprement dite du développement, nous étudierons comme pour la Pédicelline, la formation de la larve, puis sa métamorphose.

---

(1) Nitsche (Britrage zur anat und ent. des Phylact, susswasserbryoz (mullers achiv 1868).

1. FORMATION DE LA LARVE.

1. *Blastula.*— Quelle que soit celle des deux opinions qu'on adopte sur l'origine de la larve, il est de fait, que le premier stade que nous rencontrons est celui d'une morula bien formée, extrêmement petite, et composée d'un nombre déjà grand, de sphères vitellines assez volumineuses (fig. 3). Cette morula n'offre encore aucune trace de cavité centrale, et se raccorde encore très-facilement aux grosses cellules arrondies (œufs ?) précédemment décrites (fig. 1 et 2). Au stade suivant (fig. 4) la morula s'est déjà légèrement accrue, et on constate de plus que les sphères vitellines s'y sont segmentées en éléments plus petits et plus nombreux. Un peu plus tard (fig. 5) on commence à voir une légère apparence de cavité centrale, en même temps que les différentes sphères vitellines commencent à montrer d'une manière distincte leur arrangement radiaire autour du centre de l'œuf. La figure suivante (fig. 6) nous montre l'accroissement progressif de l'œuf, avec augmentation de la cavité centrale, autour de laquelle les cellules radiaires commencent à former un feuillet encore épais ; en même temps, on constate que l'embryon s'est allongé et a pris une forme ovale. Immédiatement après (fig. 7), on arrive au stade *Blastula* bien formé ; la cavité centrale est devenue spacieuse et les cellules allongées qui la limitent de toutes parts constituent maintenant un feuillet des plus nets formé de cellules régulièrement disposées. A partir de ce stade, de forme à peu près ovale, l'œuf resté jusque-là (fig. 1 à 6) à une très-petite taille, commence à acquérir des dimensions plus grandes, et dans la fig. 7, il ne montre déjà plus l'extrême petitesse des stades précédents : cet accroissement continue à s'accentuer, et donne bientôt naissance à des embryons qui ne contrastent plus par leurs dimensions (fig. 8, etc.) avec la taille ordinaire des embryons de Bryozoaires.

2. *Gastrula.* — Ce dernier stade (fig. 8) nous montre déjà le commencement d'invagination de la gastrula : cette invagination se fait ici suivant le mode le plus typique : c'est-à-dire que nous avons d'abord enfoncement

de toute une partie de la blastula au dedans de l'autre partie, puis rapprochement des bords de la dépression ainsi formée : les fig. 8, 9, 10, 11 représentent le premier processus, les fig. 12, 13, 14, le second ; seulement, ces deux processus sont accompagnés ici de quelques petites particularités que nous signalerons : l'enfoncement de toute une partie de la blastula dans l'autre partie ne se fait pas, comme cela arrive souvent, d'une manière rapide, réduisant brusquement la cavité du corps à une simple fente, mais s'effectue au contraire d'une manière fort lente (fig. 8 et 9 et ne va guère que jusqu'à mettre en contact l'extrémité inférieure de la partie invaginée avec le fond de l'exoderme, sans que cette partie s'y applique sur toute son étendue, c'est surtout pendant le processus de rapprochement des bords de l'ouverture d'invagination, qu'on voit s'effectuer la grande réduction de cavité du corps qui finit par arriver à l'état de simple fente (fig. 12 et 13), située entre les deux feuillets primitifs. C'est à ce même processus lent d'invagination qui me paraît lier le passage graduel à la forme allongée que nous avons vu se produire à partir du stade 6 : c'est en effet vers la fin du processus d'invagination que cette forme allongée paraît être la plus accusée (fig. 11) : Pendant la fermeture, elle disparaît peu à peu, et l'œuf revient graduellement à la forme arrondie ; la fig. 13 qui représente la gastrula du stade fig. 12 vue de face, nous la montre déjà beaucoup moins allongée : au stade fig. 14 elle a repris sa forme arrondie d'une manière complète, les fig. 8, 9, 10 nous montrent les aspects successifs de la face invaginée, d'abord plate (fig. 8) puis concave (fig. 9) et enfin, pénétrant à l'intérieur de l'œuf (fig, 10). — La fig. 12 nous montre la gastrula toute formée, résultant du rapprochement des bords de la dépression ; les fig. 11 et 13 sont des vues de face des stades 10 et 12.

Les dernières figures (12 et 13) nous montrent déjà *l'archigastrula* trèsbien constituée, néanmoins, ce n'est qu'au stade suivant (fig. 14) que prennent fin d'une manière tout-à-fait complète, les deux processus de resserrement de l'ouverture d'invagination, qui devient la bouche et de rétrécissement de la cavité du corps à une simple fente, mais à ce stade, nous constatons en outre d'autres changements d'une grande importance ;

la surface commence déjà à se couvrir d'un revêtement général de fins cils vibratiles, et de plus, on constate que l'embryon s'est renflé un peu près au niveau de sa partie moyenne, de manière à présenter à ce niveau, une ligne c de largeur maximum; la gastrula prend alors la forme d'une toupie, et permet de distinguer dans le sac exodermique primitivement uniforme (fig. 12) deux faces distinctes séparées l'une de l'autre par le renflement moyen c, et qui sont les faces orales s et aborale i. Ce renflement est plus rapproché du pôle oral, de sorte que la face opposée à la bouche possède une étendue plus grande que l'autre (fig. 14).

Le stade fig. 15 nous montre un autre changement également important, nous voyons que le revêtement ciliaire, d'abord irrégulièrement disséminé sur toute la surface, commence à se concentrer seulement sur la face orale, tandis qu'au contraire, la face aborale en devient dé-pourvue; en même temps, au niveau du renflement médian, on voit l'exoderme s'écarter du feuillet interne qu'il tapissait jusqu'alors, de manière à donner naissance à une espèce de repli formé d'un épais bourrelet annulaire c. — Ce bourrelet se développe plus rapidement vers le pôle aboral que vers le pôle oral, ce qui réduit bientôt les deux faces opposées d'abord inégales (fig. 14) aux mêmes dimensions.

Par suite du soulèvement en forme de bourrelet de toute la partie moyenne d'abord seulement renflée, la cavité du corps de l'état de simple fente, commence bientôt à s'accroître à ce niveau (fig. 15 cc), mais en même temps qu'a lieu cet accroissement local, elle paraît disparaître dans une autre région; toute la partie de la peau qui forme la face aborale commence en effet à partir de cette époque, à présenter déjà de vagues traces de soudure avec la partie inférieure de l'endoderme (fig. 15 $m\,i$) et la cavité du corps renflée en cc paraît à mesure qu'elle augmente sur les parties latérales, se rétrécir et disparaître d'une manière graduelle de la base de l'embryon.

La fig. 16 nous montre les mêmes modifications beaucoup plus accusées : le bourrelet annulaire c s'est développé de manière à former la partie la plus volumineuse de l'embryon tout entier, et a quitté sa position exactement intermédiaire, pour se rapprocher de plus en plus du pôle

aboral, dont il est maintenant plus voisin que du pôle oral ; la face qui
porte la bouche, de plus petite qu'elle était d'abord, est par suite devenue
la plus grande des deux parties de l'embryon. --- Dans son soulèvement
progressif vers le dehors, le repli annulaire qui constitue le bourrelet a
entraîné avec lui la peau toute entière, qui se trouve par suite fortement
écartée de l'exoderme, excepté au niveau de la face aborale entièrement
soudée avec l'endoderme : la cavité du corps, primitivement continue se
trouve ainsi réduite à sa portion supérieure, qui s'est fort élargie, et
s'est de plus divisée en deux portions distinctes, la portion qui borde la
face orale *cc* et qui forme la *cavité générale proprement dite*, et la partie
comprise dans le bourrelet, *cm*, qui formera plus tard la *cavité du manteau* : sous la face aborale, elle n'est plus visible que sous forme d'une
fente à peine perceptible qui délimite encore d'une manière confuse,
l'exoderme de la portion inférieure de l'endoderme ; sur toute l'étendue
de cette même face, on constate que les deux feuillets primitifs se sont
épaissis en donnant naissance à une épaisse masse *mi* de tissu blanchâtre à structure histologique difficile à déterminer, et qui semble les
maintenir unis l'un à l'autre ; c'est au milieu de cette masse que se distingue le reste de cavité du corps, mais la fente légère qui en révèle
encore l'existence n'existe déjà plus que comme une simple trace qui disparaît bientôt d'une manière complète. Dès le stade fig. 16 ; on constate,
que, par suite de la formation de cette masse *mi*, qui représente le feuillet moyen, toute la partie inférieure du sac endodermique est devenue
aplatie, et semble même souvent faire une légère saillie à l'intérieur
de la cavité digestive, comme je l'ai représenté dans la fig. 16.

Nous avons vu, que depuis son apparition, le renflement moyen *c*, ou
plus tard, le bourrelet, d'abord situé plus près du pole oral, se rappro-
chait ensuite de l'extrémité opposée, et finissait par se trouver plus près
du pôle aboral : au stade fig. 17 ce processus qui a encore continué à
s'effectuer, a enfin atteint son extrême limite, et le bourrelet qui est venu
se placer juste au niveau de l'extrémité de la face aborale, devra nécessairement par la continuation du même processus, arriver à déborder
cette face et à s'étaler, au-dessus en forme de manteau, comme nous le

voyons dans les stades qui suivent; la position du bourrelet dans la fig. 17 à l'extrémité postérieure de l'embryon, modifie beaucoup son aspect général ; il ne se trouve plus composé comme précédemment, de deux faces équivalentes séparées par le bourrelet, mais a pris dans son ensemble la forme d'un chapeau (fig. 17) dont le corps serait constitué par la face orale, tandis que les bords seraient occupés par la face aborale entourée de toutes parts par le bourrelet moyen qui fait autour d'elle une forte saillie. — L'embryon a alors, à peu près, la structure décrite par Smitt pour les embryons de Tubulipora serpens et de Crisia, et se compose très-bien comme le dit cet auteur : « d'un embryon en forme de chapeau plat à larges bords, analogue pour la forme, aux embryons d'alcyonidium décrits par Hinks : (1) il est composé d'une face convèxe et d'une face plane, la dernière entourée d'un bourrelet saillant, et laissant voir par transparence, au centre, un organe interne formé d'un renflement arrondi de la peau, qui parait percé au centre d'une cavité. » — Ces deux organes que Smitt indique comme les rudiments de couronne tentaculaire et d'organe adhésif, sont à n'en pas douter, le bourrelet annulaire, dont nous venons de décrire l'évolution, et le tube digestif, faussement décrit comme appartenant à la face aborale par l'auteur suédois auquel l'ouverture buccale paraît avoir échappée; c'est le seul stade de l'embryogénie qui puisse être comparé aux descriptions de Smitt : il est fort probable que Smitt n'a jamais eu l'occasion d'observer des larves libres, et qu'il s'est borné à faire l'étude d'embryons extraits des ovicelles, et qui se sont trouvés au stade fig. 17, qui paraît du reste un des plus fréquents.

Au même stade fig. 17, l'épaisissement de toute la face aborale (masse *mi*) se trouve de plus en plus nettement accusé, et de plus, il commence à devenir difficile d'y distinguer encore des traces même faibles, de la fente qui rappelle sa division première en deux parties issues des deux feuillets primitifs. L'ouverture buccale *o* située au milieu et au sommet de

---

(1) Hinks : Cycloum papillosum : 1851 : Annals and mag of nat. hist. vol VIII, page 361.

la face orale, est toujours aussi nette ; toute cette face se trouve, ainsi que la paroi supérieure du bourrelet, munie d'un revêtement continu de longs cils ; la cavité du bourrelet *cm* et la cavité située sous la face orale (cavité générale *cc*) sont encore en communication assez large, comme au stade précédent.

Tout le reste du développement consiste principalement dans un rétrécissement général de l'embryon ainsi formé, avec allongement vers la partie inférieure, du bourrelet que nous voyons dès la fig. 17, s'apprêter à faire saillie au-dessus de la face aborale aplatie : par suite du rétrécissement général qui s'effectue rapidement, on voit l'embryon passer trés-vite, de la forme discoïde de la fig. 17 à la forme allongée de la fig. 20, en même temps que ses divers organes subissent des modifications de forme correspondantes : la face aborale solide un moment presque plate (fig. 17) commence à faire dès lors vers le bas une saillie de plus en plus considérable à mesure que progresse le rétrécissement, et se transforme bientôt en une masse arrondie (fig. 18, 19, 20 *mi*) considérable, mais tandis qu'elle se renfle de cette façon, le bourrelet annulaire qui s'accroît vers le bas la recouvre de plus en plus, comme une espèce de manteau (fig. 18) et finit, à l'époque où elle a pris la forme d'une masse arrondie, par l'envelopper d'une manière complète, en ne laissant de libre, qu'une simple ouverture qui constitue l'orifice de communication à l'extérieur, de la cavité circonscrite par le manteau ; les fig. 18 et 20 montrent ces phénomènes sur des coupes optiques, la fig. 19 montre, au contraire, l'aspect général que présente l'embryon du stade fig. 18 : on voit vers le bas la masse aborale déjà partiellement recouverte par le manteau *mt* au-dedans duquel, on peut l'observer sous forme d'une épaisse saillie arrondie. — Ce renflement de toute la face aborale en saillie arrondie, est naturellement accompagné par un écartement des deux feuillets primitifs plus considérable que cela n'était au stade fig. 17 : le tissu mésodermique qui occupe l'espace compris entre eux s'accroît en même temps d'une manière assez rapide pour remplir toujours l'espace qui les sépare en faisant disparaître d'une manière définitive toute dernière trace de la cavité du corps ;

aux stades fig. 18, 19, 20, la saillie que nous voyons, formée par la face
aborale, constitue donc une masse complètement solide contenant dans son
intérieur la masse mésodermique *mi* qui la relie vers le haut, au fond de
l'intestin. — Ce dernier, CD, constitue avec la masse mésodermique de la
région aborale les deux grosses masses viscérales du corps de l'embryon,
celui-ci demeure plus renflé à leur niveau, tandis qu'il s'étrangle au
contraire dans sa partie moyenne, ce qui lui donne la forme de la fig. 20.
— Les fig. 18, 20 montrent également la division plus accentuée des
parties latérales de cavité du corps des stades 16 et 17, en cavité générale *cc* qui reste située entre la peau de la face orale et l'intestin, et cavité du manteau *cm* formée de la portion de cavité du corps qui se trouvait comprise à l'intérieur du bourrelet, et qui, à cette époque, sépare l'un
de l'autre les deux feuillets du manteau; ces deux portions *cc* et *cm* de
cavité du corps se sont de nouveau, par suite du rétrécissement général
de l'embryon, réduites chez la larve à l'état de simples fentes, de plus elles
ne sont plus comme au stade fig. 17 en large communication l'une avec
l'autre, mais viennent toutes deux aboutir sans communiquer d'une manière directe, à la partie moyenne étranglée du corps (fig. 20).

Chez la larve libre, qui correspond à l'état que je viens de citer (fig. 21)
l'embryon présente une forme allongée, avec extrémité postérieure plus
volumineuse occupée par la masse mésodermique recouverte par
le manteau, et partie antérieure un peu moins renflée, contenant l'intestin, et séparées l'une de l'autre par la portion rétrécie dont nous avons
parlé. Bien que l'étude complète des relations de divers organes entre-
eux, ne soit pas facile chez les larves toutes formées, on ne peut cependant manquer de découvrir de suite ces deux masses viscérales, visibles
par transparence au premier coup d'œil sous forme de deux tâches sombres (fig. 21 et 22) à chacune des extrémités de la larve libre ; on voit de
plus lorsqu'on regarde cette dernière par les pôles que chacun d'eux se
trouve occupé par une ouverture : la première située au pôle supérieur
(fig. 23) est comme nous l'avons vu, l'ouverture buccale, elle est susceptible, chez la larve libre, de se contracter de manière à se réduire à un
simple point (fig. 23) et devient alors parfois si peu distincte, qu'on se-

rait tenté de croire à son absence ; dans ce dernier cas ; on remarque presque toujours, dans la partie de la peau, qui recouvre l'intestin, (fig. 23) des stries radiaires, qui ressemblent à celles que nous décrirons sur les ventouses des larves d'Escharines, mais que je suis porté à rapporter ici à un plissement régulier produit par la contraction. — Au pôle opposé, on voit de même une seconde ouverture (fig. 24) susceptible de s'ouvrir aussi ou de se resserrer à volonté, et au fond de laquelle on peut apercevoir la masse aborale logée à l'intérieur du manteau. De même qu'au pôle opposé, on voit d'habitude sur la portion du manteau qui recouvre cette partie (fig. 24) des stries rayonnantes, mais plus fines et plus rapprochées que dans le cas précédent ; je les crois également produites par un simple plissement résultant de la contraction. — Nous voyons dans la coupe optique de la fig. 20. que toute la peau externe, susceptible de se refermer entièrement à chaque pôle, au niveau des ouvertures, est formée seulement par la face orale, plus la moitié supérieure du bourrelet annulaire *c* ; elle est complètement recouverte de longs cils vibratiles et peut présenter en outre d'autres différenciations locales, ainsi, on y remarque chez l'espèce qui nous occupe, des bandes pigmentaires blanches caractéristiques, et qui tranchent sur la couleur jaune de la larve libre ; l'une de ces bandes est située au milieu du corps, deux autres sont situées aux deux extrémités : elles présentent, toutes chez cette espèce, une disposition festonnée et circonscrivent, la première, les bords du manteau, la seconde l'ouverture buccale. — La structure des téguments demeure, comme l'indique Smitt, nettement épithéliale jusqu'au stade fig. 17, 18, mais ensuite, les limites des cellules deviennent moins distinctes, et elles tendent, visiblement à se fusionner en feuillets sarcodiques pourvues de granules et de noyaux, et comparables à celle qui forment les feuillets de l'embryon chez les larves d'annélides.

Crisia Eburnea. — *Diastopora Patina.*

Indépendamment de l'espèce dont je viens de décrire l'embryogénie, j'ai aussi eu l'occasion d'étudier, en détail, les larves des deux autres espè-

ces communes sur nos côtes : celles de Crisia Eburnea et de Diastopora patina : leur embryogénie m'a semblé tellement identique à celle qui précède,
que je n'aurais guère pour en rendre compte, qu'à répéter de point en
point tout ce qui vient d'être dit : les larves libres elles-mêmes me semblent douées d'une uniformité de structure tout-à-fait remarquable, et
qui surpasse de beaucoup celle que nous rencontrons par exemple entre
les larves des différentes espèces de la famille des Escharines; il est même
réellement difficile ici de trouver entre les larves de différentes espèces, et
même des différents genres de cyclostomes, des caractères distinctifs,
ainsi, je n'ai pu, malgré l'examen le plus minutieux, rencontrer entre les
larves de Crisia et de Tubulipora, qui pourtant correspondent à deux types
bien tranchés, qu'une seule différence, consistant dans l'absence chez la
première des deux bandes pigmentaires blanches décrites à chacune des
extrémités de la larve de Phalangella flabellata (comparez fig. 21 et 22). —
La larve de Diastopora Patina ne m'a pas non plus offert de caractères
qui puissent la différencier d'une manière plus complète des deux précédentes.

Indépendamment de ces trois espèces, que j'ai pu étudier vivantes au
bord de la mer avec tout le soin et le détail désirables, j'ai eu aussi l'occasion d'examiner, bien que plus grossièrement, des embryons d'Hornères, et, bien qu'il ne m'ait pas été possible, sur les échantillons conservés dans l'alcool que j'ai eus entre les mains, de constater l'analogie
d'une manière aussi complète que j'avais pu le faire pour les espèces
précédentes, j'ai pu néanmoins me convaincre d'après les quelques embryons bien conservés que j'ai obtenus, que la larve de ce genre ne devait
s'écarter en rien d'essentiel de celle des trois autres formes que j'avais observées. — Les Crisies, les Diastopores, Tubulipores et Hornères, constituent
sur sept, les quatre premières familles distinguées par Smitt dans le sous-
ordre des Cyclostomes, le mode de développement précédemment indiqué
s'applique donc d'après mes observations, à plus de la moitié de ce groupe
important : il y a peu de chances que la cinquième famille, celle des
Lichénoporides, s'écarte à ce sujet, des Tubuliporides, puisqu'elle ne constitue avec eux, les Diastopores et les Hornères qu'une seule grande divi-

sion, celle des Empatés ; enfin, il est à remarquer que les deux dernières familles, formant la division des Fasciculinés, ne s'écartent pas plus des Tubuliporiens, que les Crisia, qui appartenaient de même à une division distincte, celle des Radicellés. Nous voyons que, malgré cette distance entre les formes adultes, l'identité entre les larves de Crisies et celle de Tubulipores, est poussée à un point tel qu'il devient même difficile de trouver entre-elles des caractères distinctifs ; comment donc supposer, que les fasciculinés puissent s'écarter beaucoup des mêmes Tubulipores ? — Je crois qu'il est permis sans commettre d'imprudence, d'étendre les résultats acquis par l'étude de la Phalangelle, et confirmés ensuite chez les Diastopores et chez les Crisies, au groupe tout entier des cyclostomes, dont le mode d'embryogénie me semble plus constant encore que les importantes particularités anatomiques qui en ont fait jusqu'ici, le groupe le plus naturel et le mieux circonscrit de la classe entière des Bryozoaires.

2. — MÉTAMORPHOSE DE LA PHALANGELLE.

Les larves de cyclostomes paraissent se fixer comme celles des Entoproctes, avec assez de difficulté, beaucoup moins aisément que celles des Chilostomes, et seulement en masses, à certains jours plus favorables. — Je n'ai jamais réussi à assister au phénomène da la fixation et à la perte graduelle de l'organisation complexe de la larve, seulement, il m'est arrivé à divers reprises, de trouver les vases où j'avais placé des cormus de Phalangelle, emcombrés de jeunes loges en voie de formation : en examinant ces différents stades, je suis arrivé à pouvoir suivre sans trop de lacunes, la transformation complète de la larve, jusqu'à encroutement calcaire tout-à-fait complet (fig. 29) et il m'a été facile, à partir de ce dernier état, de me procurer les autres modes de développement qui se trouvent en assez grande abondance au mois de juin fixés sur les algues dans les endroits ou abondent les cormus adultes de Phalangelle.

Le stade le moins âgé que j'aie rencontré fixé dans mes bocaux, était composé d'une masse interne (*pol*) et d'une couche externe (*end*) séparées l'une de l'autre par une couche graisseuse *g*, la première constituant une masse pyriforme, la seconde molle et transparente, étalée sur les côtés en zone anhiste périphérique *z*. — La forme générale de l'embryon tout entier semblait déterminée par la masse interne, sur laquelle la couche externe avec les globules-graisseux qui en tapissaient toute la face interne, semblait se mouler d'une manière exacte, l'embryon avait par suite, pris un aspect pyriforme, et ne présentait encore dans son intérieur, aucune cavité, mais semblait former une masse aplatie complètement solide, et formée dans son ensemble de trois couches concentriques *end, g, pol*, encore directement appliquées l'une contre l'autre.

Au stade suivant (fig, 26) la couche externe s'est renflée en une loge arrondie qui s'est séparée de la masse interne, et forme maintenant une plaque discoïde (fig. 26) : nous constatons de plus, que sa paroi, primitivement formée d'une membrane transparente complètement uniforme, s'est maintenant différenciée en trois parties distinctes : la partie que nous avons vue s'étaler au stade précédent, en forme d'expansion périphérique, s'est différenciée en une zone anhiste *z* de forme circulaire, et qui fait le tour du disque tout entier : à l'intérieur se trouve la partie essentielle de la couche externe, qui a conservé en ce point ses caractères primitifs, et constitue au stade (fig. 26) un feuillet assez épais, de structure vaguement cellulaire, et qui forme l'endocyste *(end)*. — Entre cet endocyste et la zone anhiste *z* se trouve déjà formé un dépôt calcaire visible sous forme d'un anneau opaque etc., qui forme l'ectocyste, *(ect)*.

La cavité du corps, située entre cette couche externe *end* et la masse interne *pol* et d'abord réduite (fig. 25) à de faibles dimensions, se trouve, par suite du renflement de la couche externe en sac arrondi, amenée à un volume excessivement spacieux ; les globules graisseux, qui jusqu'ici étaient adhérents à la couche externe, commencent en même temps pour la plupart, à s'en détacher pour tomber dans cette spacieuse cavité du corps, enfin, la masse interne *pol*, qui a conservé son aspect pyriforme, commence à la même époque, à montrer vers sa partie renflée, de petits mamelons qui ne sont autre chose que les rudiments de tentacules, et on peut dès cet instant, conclure avec certitude, que cette masse pyriforme n'est autre chose que le rudiment de polypide, dont la partie renflée donne naissance aux tentacules avec leur gaine, tandis que la partie effilée forme le rectum et l'intestin. (1)

La différenciation de la paroi du zœcium, se fait ainsi que les divers autres processus de la différenciation, d'une manière extrèmement graduelle, et ne sont au stade fig. 26 encore exprimées que d'une manière assez vague; ils apparaissent au contraire avec toute netteté au stade fig. 27 dans lequel on constate la séparation tout-à-fait tranchée des différentes parties précédemment indiquées : nous voyons, le rudiment du polyde, nettement divisé en disque tentaculaire (*tent*) et rudiment de l'intestin, de plus, les globules-graisseux, se sont définitivement séparés de la peau externe, pour former une masse graisseuse colorée en jaune, et irrégulièrement disséminée dans la cavité du corps : un autre phénomène important que nous voyons se produire à la même époque, est l'apparition un peu en avant du centre, et juste à la partie antérieure du polypide, d'un renflement arrondi de l'endocyste (fig. 27) D qui présente dès le début des zones concentriques obscures résultant d'un enfoncement graduel de sa partie centrale, s'affaissant à l'intérieur pour se mettre en relation avec la gaine tentaculaire, et constituer en se perçant, l'ouverture de la loge. — Ce disque apparaît d'abord sous forme d'un renflement arrondi complètement *sessile*, de la paroi du corps, mais il ne tarde pas à être élevé au-dessus de son niveau, par un soulèvement circulaire de l'endocyste, qui s'effectue rapidement sur tout son pourtour, (fig. 27) et donne bientôt naissance à un conduit tubulaire T terminé en haut par le disque D. — Ce soulèvement ne s'effectue pas d'une manière uniforme sur tout le pourtour, mais s'accroît d'une manière- beaucoup plus rapide en avant qu'en arrière, de sorte que le disque D qui occu-

---

(1) Le volume considérable du rudiment *pol* dès le début de son apparition, et son influence sur la forme générale du corps, qu'il détermine d'abord (fig. 25) d'une manière complète, sont des faits qui éloignent les premiers états de la métamorphose des Cyclostomes de celles des Chilostomes ; peut-être pourrait-on plutôt espérer chez les Cyclostomes trouver des relations directes entre l'épaisse masse pyriforme *pol* et les organes internes de l'organisme Larvaire.

pait d'abord une position horizontale, et se trouvait parfaitement parallèle à la face supérieure de l'endocyste, se trouve graduellement refoulé par le développement inégal des deux côtés du tube dans une position oblique (fig. 27) puis verticale (fig. 28, 29).

Ce soulèvement tubulaire terminé par le disque au centre duquel se forme l'ouverture de la loge au dehors, est d'abord très-grêle, et ne représente comme je l'ai dessiné dans la fig. 27, qu'un appendice très-faible de la face entière, mais bientôt, il se renfle, tout en s'accroissant vers le haut, de sorte, qu'à mesure que le disque terminal se perce d'une ouverture, et passe de la position horizontale à la position verticale, on le voit en même temps augmenter en largeur, et arriver rapidement à nous présenter des dimensions considérables (fig. 28); à ce dernier stade, il constitue déjà une portion volumineuse, mais encore entièrement membraneuse, et présentant d'une manière très-nette la structure cellulaire visible au stade fig. 26 pour tout l'endocyste : le disque terminal y est déjà percé et présente une position oblique déjà plus voisine de la verticale; à la même époque, on constate que le polypide s'est accru d'une manière sensible, et qu'il nous présente une couronne tentaculaire déjà bien formée, ainsi qu'un rectum et un estomac distincts l'un de l'autre; il occupe tout l'espace compris entre le tube T dans lequel se prolonge la gaine tentaculaire et le fond de la loge, et paraît diviser ainsi la cavité de cette dernière en deux parties symétriques dans chacune desquelles les globules-graisseux commencent à se réunir en masses plus cohérentes gr. — L'endocyste est encore visible, mais il commence à devenir moins net par suite de l'épaississement déjà considérable qu'acquiert insensiblement l'ectocyste calcaire, qui n'existe cependant encore que sur la plaque basilaire Pl de la jeune loge.

Aux stades suivants (fig. 29 et 30) le disque terminal D a acquis d'une manière tout-à-fait complète, son ouverture terminale, et a achevé de se percer au centre, pour donner naissance à l'ouverture de la loge : on constate en outre, que tout le tube T qui s'est un peu allongé, s'est revêtu, sans changer sensiblement ses dimensions en largeur, d'une épaisse couche calcaire ect continue avec celle de la plaque basilaire pl

dont elle est arrivée rapidement à égaler l'épaisseur, bien que cette dernière se soit en même temps épaissie d'une manière de plus en plus considérable qui empêche de distinguer plus longtemps l'endocyste, et ne permet même de distinguer le polypide que d'une manière confuse : la zone anhiste z qui entourait jusqu'ici la plaque basilaire, commence de plus, au stade fig. 29, à se flétrir, et bientôt (fig. 30) elle disparaît d'une manière complète. — Le stade fig. 29 nous montre également la continuation de l'accroissement du polypide, dont les tentacules commencent à s'allonger dans l'intérieur du tube tentaculaire T et qui commence à perdre sa forme régulière. — Les deux masses symétriques de globules-graisseux, gr, que nous avions vues au stade précédent fig. 28) se rassembler à droite et à gauche du polypide, se sont condensées au stade fig. 29, en deux masses compactes beaucoup plus petites gr placées à droite et à gauche du polypide, et qui maintenant sont nettement circonscrites. — Nous voyons que la masse des globules-graisseux, d'abord disséminée, se condense de même que chez les Chilostomes, en masses compactes qui viennent se placer à peu de distance du jeune polypide, seulement, ici il y a deux de ces masses au lieu d'une seule, comme c'est le cas ordinaire pour les Chilostomes ; je n'ai pas pu suivre leur développement ultérieur, car, le stade suivant que j'ai obtenu (fig. 30) possédait déjà un polypide complètement formé avec estomac pigmenté ; dans ce dernier stade, on constatait en outre un changement important : c'était l'apparition, aux dépens, et à la partie supérieure du tube tentaculaire, d'un bourgeon qui déborde de chaque côté de ce tube comme le montrent les fig. 30, 31 : ce bourgeon se forme par simple renflement des deux couches (endocyste et ectocyste) qui composent la paroi ; je ne puis croire en effet en aucune façon que la couche calcaire doive être regardée comme constituant une partie tout à fait morte et inerte, mais je la considère, malgré son épaisseur, comme susceptible de suivre les phénomènes d'accroissement de l'endocyste tant que la couche vivante est en contact avec elle. Le même fait a, je crois, été démontré à propos des membranes cellulaires des végétaux, qui, bien que susceptibles de s'encrouter aussi par le dépôt abondant de substances inertes, n'en conservent pas moins la propriété tant qu'elles restent au contact avec le protoplasme de la cellule, de continuer à s'accroître dans toutes les dimensions; nous voyons d'après celà qu'il n'est pas nécessaire pour expliquer le bourgeonnement d'admettre comme le fait Schneider, pour le membranipore, une rupture préalable de l'ectocyste, c'est là du reste un résultat direct de l'observation, qui nous montre clairement, pendant toute la suite, les loges croître en volume malgré leur épais revêtement calcaire, comme on le voit par exemple d'une manière frappante dans l'allongement du tube tentaculaire, qui, malgré l'épaisseur de l'ectocyste au stade fig. 30 n'en continue pas moins à s'accroître comme par le passé, jusqu'à ce qu'il ait acquis sa taille définitive (fig. 31, 32).

Le stade fig. 30 est le dernier que j'aie pu obtenir par transformation directe de la larve libre : la loge primitive s'y trouve toute formée et n'a plus, pour acquérir son aspect définitif, qu'à éprouver un accroissement en longueur du tube tentaculaire T déjà volumineux. Tous les états suivants ont été observés sur des individus ramassés sur la plage où on les trouve fixés en assez grande abondance; l'état le plus jeune que j'aie pu observer de cette façon (fig. 31) rappelait encore d'une manière assez grande les derniers états obtenus dans mes vases, mais il s'en distinguait par la longueur plus grande du tube tentaculaire, arrivé à son aspect définitif, et dont la taille dépasse celle de la plaque basilaire aux dépens de laquelle nous l'avons vu naître (1) et qui l'avait jusqu'alors surpassée en dimensions; la plaque basilaire est destinée à loger l'intestin proprement dit, tandis que le tube tentaculaire renferme les tentacules avec leur gaine (fig. 31), à droite et à gauche se voit le bourgeon formé par renflement du tube tentaculaire, et qui déborde toujours des deux côtés : il s'est depuis le stade fig. 30, légèrement accru.

La fig. 32 nous montre la loge primitive complètement achevée : on voit que le tube tentaculaire paraît en former la partie essentielle, tandis

---

(1) Il n'est pas sans intérêt de remarquer que l'ouverture de la loge, toujours terminale chez les Cyclostomes, commence, d'après la fig. 27 par être situé à la surface comme dans les chilostomes ; c'est le contraire de ce qui arrive chez les Bugula, où l'ouverture d'abord terminale est ensuite refoulée sur la face supérieure.

qu'au contraire, la plaque basilaire, ne paraît plus former qu'une expension basilaire, destinée simplement à en assurer l'adhérence ; il contraste
maintenant par sa forme irrégulièrement incurvée, avec la forme droite et
généralement régulière qu'il possédait jusqu'alors, le revêtement calcaire
a à cette époque une épaisseur telle qu'il n'est plus possible de distinguer
aucun des organes internes. — La fig. 32 représente ce stade vu de
dessous, pour montrer dans son ensemble le bourgeon primitif qui s'est
encore accru, et s'est déjà séparé de la loge primitive par une cloison
horizontale (parallèle au plan de fixation).

3e BOURGEONNEMENT DE LA PHALANGELLE.

L'étude du bourgeonnement chez les Cyclostomes présente un intérêt
tout particulier à cause des nombreuses complications qui y interviennent : les colonies au lieu d'être disposées comme partout ailleurs, en
séries linéaires, ou en lames étalées, paraissent susceptibles d'éprouver en
même temps un accroissement en épaisseur de manière à donner naissance à des masses compactes ; nous savons, il est vrai, depuis les belles
recherches de Smitt (1) que beaucoup de ces formes complexes passent
pendant leur jeunesse par un état plus simple composé de loges disposées
en séries (stade Alecto) et qui ne diffère pas d'une manière sensible des
cas ordinaires du bourgeonnement simple, mais cette découverte, malgré
son importance, laisse encore subsister de nombreuses lacunes : Smitt
ne nous décrit pour aucune espèce (sauf pour le cas plus simple des
Crisies) le passage de cet état simple du stade Alecto, à l'état complexe
dans lequel le cormus le trouve composé de plusieurs systèmes de loges
superposées, et il décrit en outre l'accroissement général comme résultant de la présence d'un bourgeon composé (loges foraminées de d'Orbigny) qui occupe toujours la périphérie du cormus, et de la partie postérieure duquel on voit graduellement les bourgeons se dérouler de
manière à donner naissance à des loges saillantes (loges tubulinées de

---

(1) Ofvers af K. vet akad forhand 1865 page 115 et 1866 page 395.

d'Orbigny), tandis qu'à l'extrémité libre du bourgeon se forment incessamment de nouvelles loges, par *scission des cloisons interloculaires*.

Ce mode de formation des nouvelles loges, par scission des cloisons, ne me semble acceptable en aucune façon : j'ai toujours observé, comme on peut le voir dans le bourgeonnement de la loge primitive précédemment décrit, fig. 30, 31, 32) que les nouvelles loges se formaient par simple renflement, suivi du cloisonnement, de la loge précédente ; la chose m'a paru se passer de même pour tous les bourgeonnements successifs, aussi bien chez les Phalangelles que chez les Crisies, et tous les autres cas que j'ai pu observer ; je n'hésite donc en aucune façon à ramener le processus essentiel du bourgeonnement chez les Cyclostomes, au cas ordinaire : chez tous les autres Bryozoaires, le bourgeonnement s'effectue toujours par renflement et cloisonnement d'une loge mère, il en est de même chez les Cyclostomes, où ce processus ne présente d'autre particularité que celle qui résulte de la position terminale de l'ouverture de la loge, les nouveaux bourgeons étant dès le début, en communication avec l'extérieur, au lieu d'être fermés comme chez les Chilostomes. — Les deux autres parties qu'il nous reste à revoir : *la nature des prétendus bourgeons composés* de Smitt, *et les rapports des cormus à disposition compacte, avec les cas les plus simples*, dépendent de l'étude directe de la formation des cormus, à l'étude de laquelle nous passons maintenant.

Le renflement inférieur de la loge primitive, que nous avons vu se former au stade fig. 30, aboutit après l'achèvement complet de cette dernière, à la formation d'une loge distincte de structure uniforme, plus simple que celle de la loge primitive, et séparée d'elle par une cloison horizontale (fig. 32) : elle s'insère un peu au-dessus du disque basilaire. et se termine à la même hauteur que la loge primitive. Pendant les deux stades qui suivent, rien ne se trouve changé dans ces relations générales, seulement, nous constatons que le bourgeon primitif 1. s'est dédoublé par une cloison longitudinale, en deux loges distinctes juxtaposées (fig. 33, 34, 35) qui, bientôt après se sont de nouveaux divisées à leur tour par une nouvelle cloison horizontale. en deux loges superposées 1. et 2. Dans l'échantillon représenté fig. 36. 37 une seule des loges 1. a suivi cette division, de sorte que le cormus ne se compose encore que de quatre loges au lieu de cinq : ce développement, plus rapide d'un côté que de l'autre, et que nous retrouvons aussi au stade 40, 41 où une loge analogue (3) manque aussi d'un côté, n'est qu'accidentelle et n'obscurcit en rien la marche régulière qui se reconnait sans difficulté malgré ces petites irrégularités : les loges 2 ont par rapport aux loges 1. dont elles dérivent la même position que les loges 1. par rapport à la loge primitive 0. c'est-à-dire, quelles commencent, comme on le voit dans la fig. 39, un peu au-dessus du point d'insertion de la loge 1. pour se terminer cependant à la même hauteur.

Jusqu'ici, aucune des loges nouvellement formées n'a encore dépassé en hauteur la loge primitive, toutes se terminent encore au même niveau, de manière à produire par la juxtaposition de leurs cinq ouvertures (quatre dans les fig. 36, 37), l'aspect désigné par Smitt comme constituant le *bourgeon composé* (disposition foraminée) (fig. 37). — Au stade qui vient ensuite (fig. 38. 39), on constate que les quatre loges 1. 2, 1. 2, se sont simultanément allongées au-dessus de la loge primitive *o* qui se trouve ainsi séparée du bourgeon composé, et paraît par conséquent, suivant l'expression de Smitt, s'être relevée en un tube saillant (loge tubulinée) fig. 38; en même temps les loges 2. 2. se sont de nouveau divisées par une troisième cloison horizontale, en deux nouvelles loges 3, 3 : ces dernières sont situées comme celles qui les précèdent, un peu au-dessus du point d'insertion de leur loge mère, de sorte que les quatre loges 0. 1. 2. 3. (fig. 39), au lieu d'être en *stratification directe*, se trouvent *échelonnées sur une certaine étendue*; à la même époque, on constate entre les deux loges 1. 1. et un peu au-dessus, la formation d'un nouveau bourgeon 4, produit par le bourgeonnement latéral d'une des deux loges 1. Ce stade (fig. 38) est remarquable par la disposition des loges en deux séries régulières de loges superposées, absolument comme dans les Idmonées; jusqu'à ce stade la Phalangelle présente réellement les caractères de ce genre, mais elle les perd ensuite comme nous allons le voir.

A partir du stade de la fig. 39, les deux bourgeons 1, qui sont parvenus à la même longueur que la loge primitive, cessent de s'allonger, et les loges 2. 3. 4. continuent seules à s'accroître; les bourgeons 1 sont alors à leur tour exclus du bourgeon composé pour passer de la disposition foraminée à la disposition tubulinée; au même stade, on constate, en outre, que les loges 2. 2. ont donné naissance, par bourgeonnement latéral, aux deux bourgeons 5. 5. situés entre elles et les loges 4; on voit de plus, en examinant le jeune cormus par la face inférieure, que derrière la rangée constituée par les loges 2. 5. 4. 5. 2., se sont formés de nombreux bourgeons insérés plus haut que les précédents; l'étude attentive de leur disposition montre au milieu deux bourgeons 6. 6. dérivés probablement du cloisonnement par un plan horizontal, de la loge 4, suivi bientôt après d'un cloisonnement longitudinal du nouveau bourgeon en deux juxtaposés 6. 6. — A gauche se trouvent de même deux loges 7. 7. vraisemblablement produites de la même manière aux dépens de la loge 5; à droite, ces deux loges 7. 7. se trouvent remplacées en partie par la loge 5 très-renflée, mais non encore cloisonnée, et en partie par la loge 7 issue du cloisonnement dans le sens horizontal de la loge 2. Toutes ces loges 7. 7, 7. 7, 6. 6, sont placées à peu près sur le même plan que les loges 3 ; toutes sont généralement insérées plus haut que le système des loges 2. 5. 4. qui font partie d'un plan immédiatement supérieur (voyez fig. 41).

Ces faits nous apprennent une chose importante : Le passage de la disposition foraminée (bourgeon composé de Smitt), à la disposition tubulinée, ne se fait pas comme l'a dit Smitt, par un espèce de relèvement des loges supérieures (plus âgées), mais par un accroissement des loges inférieures (plus jeunes), qui, d'abord beaucoup plus petites que la loge qui leur a donné naissance tendent à s'accroître afin d'acquérir leur longueur définitive; le passage de la disposition foraminée à la disposition tubulinée ne consiste donc en aucune façon dans le passage de la stratification directe à une stratification simplement imbriquée des différentes loges les unes sur les autres, mais c'est cette dernière, comme nous le voyons dans la fig. 39 qui est la première et la seule existante; l'aspect foraminé ne résulte en aucune façon du mode de stratification, mais de la longueur régulièrement décroissante des loges les plus jeunes, et cesse à mesure que ces loges acquièrent leurs dimensions normales.

Ce fait qu'il n'y a jamais stratification directe des différentes loges chez les Cyclostomes, mais simplement un empiétement de *loges successives* les unes sur les autres, nous permet de rattacher d'une manière immédiate au bourgeonnement ordinaire des bryozoaires, les dispositions les plus complexes des cormus de Cyclostomes, même de ceux qui ne présentent à aucune période, le stade Alecto découvert par Smitt; il suffit d'admettre (ce qui se trouve démontré par la disposition échelonnée primitive), que les différents plans superposés de loges, comme ceux indiqués chez la Phalangelle, représentent en réalité des séries *transverses de loges successives*, le stade, fig. 40 de la Phalangelle se réduirait ainsi d'une manière immédiate à la disposition du schema ci-dessous, qui

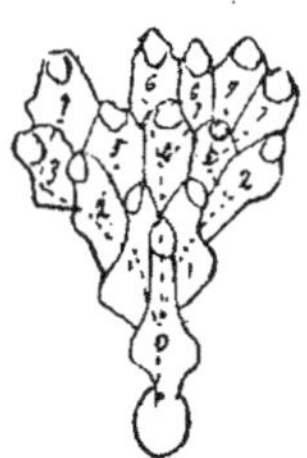

ne diffère, comme on peut le voir, absolument en rien d'un cormus ordinaire étalé en croute de Lepralien; nous voyons de suite en jetant les yeux sur cette figure, dans laquelle j'ai indiqué par des lignes, la suite du bourgeonnement, que ce dernier se réduit en somme à *une marche dichotomique*; les cormus dans le genre de ceux des Phalangelles ne sont donc que des cormus à accroissement dichotomique (étalés en lames), dans lesquels les différents zœciums empiètent légèrement les uns sur les autres, absolument de la même manière que les cormus dans le genre de ceux des Alecto, ne sont que des cormus à accroissement apical (disposition linéaire), dans lesquels se produit le même empiétement, le stade fig. 32, 33, peut lui-même être considéré comme résultant d'un simple *bourgeonnement apical* de la loge primitive, et se trouve en somme parfaitement comparable aux stades de la même époque des Bugula et des Escharines, chez lesquels nous voyons de même la loge primitive, commencer par émettre un bourgeon apical au-dessus de la partie inférieure duquel elle empiéte d'abord aussi d'une manière notable, fig. 1, pl. 7, et 16, pl. 10.

Le fait qui obscurcit ces relations si simples consiste en ce que, chez les Cyclostomes, chaque nouveau bourgeon, au lieu de commencer immédiatement, après sa séparation de la loge mère, à s'accroître pour acquérir sa taille définitive, reste d'abord stationnaire pendant un long temps, et peut même arriver à donner naissance à un, deux ou même trois nouveaux bourgeons, avant d'avoir seulement commencé à s'accroître au-delà de la loge qui lui a donné naissance; il en résulte, qu'au lieu de se trouver terminés simplement par une seule loge rudimentaire qui ne commence à émettre un nouveau bourgeon qu'après avoir atteint un certain volume, comme c'est le cas chez les Chilostomes, les cormus du groupe des Cyclostomes, se trouvent toujours bordés par une masse de bourgeons incomplètement développés, et qui, par suite de la terminaison de leurs ouvertures, toutes au même niveau, paraissent disposés en stratification directe; c'est là ce qui constitue le bourgeon composé.

L'étude de bourgeonnement des formes plus inférieures, qui passent encore par l'état d'Alecto, comme la Crisia Eburnea, nous fournit des renseignements extrêmement utiles sur le mode de formation et sur l'origine de ce bourgeon composé : chez les Crisies la disposition caractéristique du cormus, se trouve déterminée, comme chez tous les autres Cyclostomes, par le processus d'empiètement dont nous avons parlé, mais comme le bourgeonnement au lieu d'être apical comme chez les Alecto, est ici exclusivement latéral, et alternativement à droite et à gauche, le processus général de rapprochement (empiètement) des zœciums, au lieu de produire comme dans le cas ordinaire (Alecto) une superposition directe des différentes loges, ne produira ici qu'un *empilement latéral*, toutes les loges d'un côté venant se superposer latéralement les unes aux autres ; il n'y a là rien qui diffère d'une manière réelle de ce que nous avons partout ailleurs dans le groupe, et les Crisies sont par conséquent aussi bonnes que tout autre type (que les Alecto par exemple) pour étudier l'origine du bourgeon composé.

Si nous prenons une Crisie correspondant au stade *Alecto* de Smitt, c'est-à-dire à un état dans lequel l'empilement des différentes loges n'est pas encore produit (forme Geniculata) nous voyons qu'il n'y a encore dans ce cas aucune espèce de trace de bourgeon composé, (1) et que le bourgeonnement s'effectue en tout, comme dans les cas les plus simples du bourgeonnement des Chilostomes: (par exemple l'Eucratée ou la Paludicelle, etc.) Chacune des loges rudimentaires, commence par s'accroître d'une manière notable avant d'éprouver son nouveau cloisonnement, et ce n'est que lorsqu'elle a atteint à peu de choses près, sa longueur normale, qu'elle commence à donner naissance à un nouveau bourgeon : les fig. *1 a*, *1 b*, des quelques dessins donnés dans la gravure ci-dessous, nous

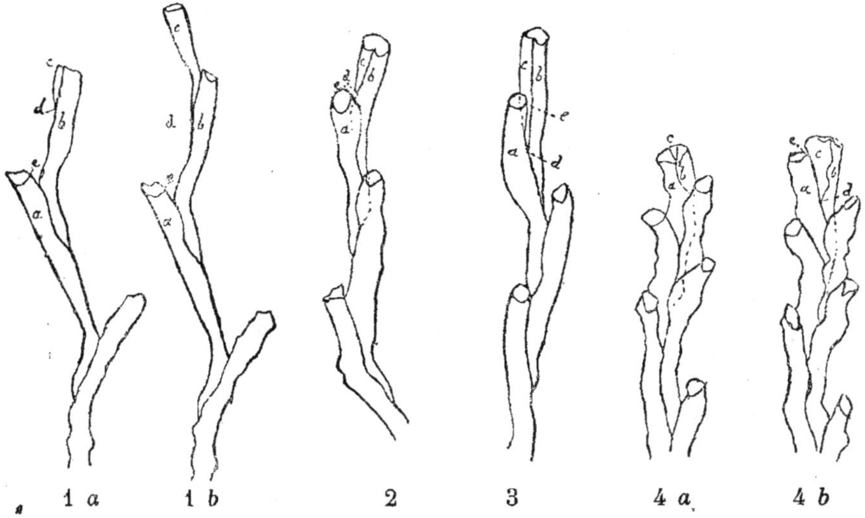

1 a   1 b   2   3   4 a   4 b

(1) Il faudrait se garder de prendre pour tels, les cas fréquents chez la forme Genicu-

représentent ce mode de bourgeonnement ; la fig. *1 a* nous montre un bourgeon *b* qui possède déjà à peu de choses près la taille d'une loge complètement formée, néanmoins, il vient seulement de donner naissance à un nouveau bourgeon *c*. — Dans la fig. suivante *1 b* qui représente la même branche plus développée, nous voyons que le bourgeon *c* s'est déjà accru, d'une manière assez considérable, mais sans présenter encore de traces de cloisonnement ; ce n'est que lorsqu'il aura acquis la taille du bourgeon *b* de la figure précédente qu'il produira à son tour un nouveau bourgeon ; en résumé il y a ici succession complète, et alternance régulière des deux processus de formation et d'accroissement.

A mesure qu'on voit la disposition grêle et déliée de la Crisia geniculata (fig. 1) faire place graduellement par le processus de rapprochement (empiétement des différents zœciums) à la disposition plus compacte (fig. 2, 3, 4) de la forme Eburnea (fig. 4), on voit en même temps le processus de cloisonnement des nouveaux bourgeons, tendre à se faire d'une manière de plus en plus rapide, et apparaître bien avant que ces derniers aient acquis leur taille définitive, comme c'était le cas pour la forme geniculata (fig. 1).

Par suite de ces deux processus de rapprochement des loges et de formation plus rapide des nouveaux bourgeons (apparaissant lorsque leur loge mère n'a encore qu'une faible longueur) on voit rapidement la distance *d e* d'abord considérable, qui séparait la partie supérieure de la loge *a*, de la partie inférieure du bourgeon *c*, diminuer en étendue, et dans la fig. 2 elle n'a plus qu'une longueur extrêmement restreinte. — Dans la fig. 3, le point *d*, a atteint, et même dépassé le point *e*, de sorte que les trois loges *a*, *b*, *c* commencent à avoir une partie commune *de* qui augmente toujours, jusqu'à ce que la partie supérieure du bourgeon *c* soit venue se mettre au même niveau que la partie supérieure *e* de la loge *a* (fig. 4 *a*) nous avons dès lors un *bourgeon composé :* si nous suivons la marche du bourgeonnement à partir du stade de la fig.

---

lata, où le bourgeonnement latéral se fait à la fois à droite et à gauche, et qui, à l'époque où le cloisonnement vient de se produire, nous offrent trois ouvertures disposées au même niveau.

4 *a*, nous voyons (4 *b*,) que les deux loges *b*, *c*, commencent à s'accroître simultanément de manière à s'élever au-dessus de la portion terminale *c* de la loge *a* ; la tige ne se termine plus alors que par deux loges terminales, mais avant que ces deux dernières *b*, *c*, aient le temps de le séparer, une troisième (non indiquée sur la figure) se forme entre elles par cloisonnement de la partie droite de la loge *c*, et nous en sommes ainsi ramenés à l'état de la fig. 4 *a*. — Dans l'état de la fig. 1 (Crisia geniculata) les branches s'accroissaient *par une seule loge terminale* (fig. 1 *b*) et ne se terminaient par deux ouvertures contigües (fig. 1 *a*) qu'immédiatement après un nouveau cloisonnement ; dans les états 2. 3, il en est encore de même, quoique la chose soit devenue moins accentuée, mais à partir de l'état de la fig. 4 il n'en est plus ainsi : les branches s'accroissent par *deux loges terminales* comme on le voit dans la fig. 4 *b* ; chaque nouveau cloisonnement donnant naissance pour un instant à trois loges contigües (fig. 4 *a*).

De même que nous voyons l'accroissement au moyen d'une *seule loge terminale*, passer graduellement à l'accroissement par *deux loges terminales*, de même nous pourrions voir ce dernier mode passer à l'accroissement par *trois loges terminales*, puis par quatre, cinq, et enfin, six loges terminales, état qui parait n'être jamais dépassé chez la Crisia.

C'est cet accroissement par plusieurs loges terminales au lieu d'une seule, qui donne naissance à l'aspect de *bourgeon composé* (ou loges foraminées). De même que nous voyons, dans la disposition en séries (Alecto, Crisie), le *bourgeon simple* passer au *bourgeon composé*, de même nous verrions dans la disposition en plaques (Phalangelle) le *bord d'accroissement simple* passer à un *bord d'accroissement composé*. Les cormus de Phalangelles et de Diastopores ne sont pas des cormus dans le genre de ceux des fig. 16 et 17 pl. 9 à *bord d'accroissement composé*.

Nous avons vu que la disposition foraminée ordinaire, celle que l'on rencontre dans les bourgeons composés, n'était pas due à une stratification directe ; cela ne veut pas dire, que l'aspect foraminé dû à la stratification directe, n'existe en aucun cas, mais seulement qu'on ne le trouve que beaucoup plus tard, et seulement chez les types très-différenciés (Discopores, Fasciculinés) chez lesquels le processus d'empiètement des différentes loges est arrivé à sa limite tout-à-fait extrême; nous arrivons dans ce cas à avoir des cormus à disposition entièrement foraminée. Ces derniers sont produits par la combinaison des deux systèmes et non pas la prédominance exclusive d'un seul (1).

Ce dernier fait n'empêche en rien d'admettre, qu'il y a entre l'augmentation du bourgeon composé et celle de la stratification, une dépendance intime, et il me semble même difficile à contester, que la dernière soit autre chose que la suite de la première ; c'est la formation du bourgeon composé qui détermine l'apparition du processus d'empiètement avec tout ce qui en est la suite; nous venons de voir que ce bourgeon ne résultait que d'une abréviation dans le bourgeonnement ; — la disposition stratifiée des loges, et par suite les dispositions les plus complexes que nous venons de passer en revue ne sont donc elles-mêmes que des suites d'une abréviation du développement.

RÉSUMÉ.

Pour terminer cette étude sur les Cyclostomes, il nous reste à résumer ici en quelques mots, l'ensemble des résultats acquis dans chacune des trois parties suivantes : 1º Formation de la larve, 2º Métamorphose, 3º Bourgeonnement.

1. FORMATION DE LA LARVE.

Les morula (fig. 1 à 5), d'abord très-petites, et difficiles à suivre jusqu'à l'œuf, donnent bientôt naissance en s'accroissant beaucoup, à des blastula (fig. 6, 7), qui s'invaginent (fig. 8, 9, 10, 11), pour former des gastrula (fig. 12, 13). Ces dernières présentent bientôt tout autour de la face orale S, un bourrelet annulaire C (couronne) (fig. 14), qui se rapproche ensuite graduellement de la face opposée (fig. 15, 16), pour finir par la déborder (fig. 17), en s'incurvant au-dessus en forme de

____

(1) Smitt les considérait comme résultant de l'extension du bourgeon composé sur tout le cormus.

manteau. Le mésoderme consiste en une masse compacte *mi* formée (fig. 15, 16, 17), entre la peau et la base de l'intestin, et qui remplit tout l'intérieur de la face aborale. A la fin du développement, on voit s'effectuer un rétrécissement général de l'embryon, à la suite duquel toute la masse aborale se transforme rapidement en une bosse arrondie qui renferme la masse compacte du mésoderme, et se trouve complètement recouverte par le manteau susceptible de se contracter au-dessus en forme de sphincter, tandis qu'au pôle opposé se trouve toujours l'ouverture buccale, l'embryon passe ainsi de la forme fig. 17, à celles des fig. 18, 19, puis 20, 21, 22 qui représentent la larve libre; on voit que la face orale arrive à former toute la peau externe, revêtue sur toute sa surface d'un manteau uniforme de longs cils vibratiles.

Les Crisies, les Diastopores, et les Hornéres ont une embryogénie et des larves identiques.

2. MÉTAMORPHOSE.

Le premier stade de la fixation consiste en une masse blanche pyriforme *pol*, entouré d'une couche externe transparente *ect* intimement moulée sur elle, avec de nombreux globules graisseux intermédiaires (fig. 25 pl. 4), on voit ensuite cette couche externe se renfler (fig. 26), en un sac discoïde avec endocyste (end), ectocyste (ect) et zone anhiste externe (Z), tandis que la masse interne *pol* restée au centre, se différencie graduellement en polypide. Le sac discoïde formé par l'endocyste, constitue simplement le *disque basilaire* de la loge primitive; on voit bientôt apparaître (fig. 27) sur sa face supérieure, un épaississement arrondi D, qui représente la future ouverture de la loge, et qui passe bientôt de la position horizontale à la verticale, par suite de la formation sur tout son pourtour, d'un soulèvement de la peau plus rapide d'un côté que de l'autre et qui aboutit à la formation du tube tentaculaire T (fig. 27, 28, 29, etc.), qui complète enfin la loge primitive. Les globules graisseux finissent par se réunir en deux masses *gr* placées à droite et à gauche du polypide. Les fig. 28, 29, 30, 31, représentent les différents états par lesquels on passe avant d'arriver à la loge complète.

3. — BOURGEONNEMENT.

Le bourgeonnement de la Phalangelle débute par la formation (fig. 30, 31, 32) d'une loge placée *en avant et au-dessous* de la loge primitive et qui la déborde des deux côtés, puis on voit cette loge se diviser en deux (1,1) (fig. 33, 34, 35) dont chacune donne ensuite naissance à trois loges successives 1, 2, 3 (fig. 39) empiétant un peu les unes sur les autres, et nous arrivons ainsi au stade Idmonée; les bourgeons 4, 5. 5, 6. 6, 7. 7, qui apparaissent après (fig. 40, 41, 42,) nous font voir que le bourgeonnement de la Phalangelle, n'est en somme qu'un *bourgeonnement dichotomique* tout-à-fait analogue à celui qui produit les cormus étalés en lames, des Escharines, mais dans lequel les zœciums empiétent un peu les uns sur les autres (Schéma page 82).

Nos observations sur la nature des bourgeons composés nous ont conduit à distinguer la *disposition foraminée de ces bourgeons de la disposition foraminée porduite par stratification directe des loges*, que l'on ne rencontre que chez les Cyclostomes les plus différenciés (Discopores, Fasciculinés) et qui correspond à la limite extrême du processus d'empiétement, apparu d'abord chez les *Alecto*; c'est seulement par l'existence simultanée de ces deux espèces de dispositions foraminées, qu'on arrive aux cormus entièrement foraminés tels qu'on les rencontre dans la famille des fasciculinés. — La seconde disposition, par ordre de complexité, correspond à celle de cormus en plaques (comme ceux des fig. 16, Phalangelle et 17, Diastopore, pl. 9), à *bord d'accroissement composé*; la troisième (Alecto, Crisie) à celle de cormus en séries à *bourgeon terminal composé*.

En étudiant plus en détail, chez les Crisies, cette première disposition dont dérivent toutes les autres, nous avons vu que la formation du bourgeon composé qui seule, cause toutes les autres complications ultérieures, n'était due qu'à la formation trop hâtive du nouveau bourgeon formé avant que la loge mère n'ait encore acquis sa taille définitive, tout l'ensemble des complications de la cormogénèse du groupe des Cyclostomes, à donc pour cause primitive et déterminente, une *abréviation du développement*.

AFFINITÉS DES LARVES DE CYCLOSTOMES.

Cette forme larvaire, telle que je l'ai décrite, constitue un type tellement spécial qu'il n'est guère possible de le comparer d'une manière
directe à aucune des autres larves de Bryozoaires; et nous voyons de
même, que dans les premiers stades, le développement s'effectue aussi
tout différemment de ce que nous avons vu chez les Entoproctes ; malgré
ces différences, on arrive aisément à les réunir si l'on admet que le
bourrelet moyen représente la couronne : cette proposition me semble
incontestable, à cause de la présence du stade fig. 14 qui montre que
dans l'état qui suit la gastrula, l'embryon possède pour l'ensemble une
structure identique, à celle que nous avions déjà chez les Entoproctes, et
qui existe aussi, comme on le verra plus loin, chez tous les Bryozoaires
à une certaine époque du développement; partout nous avons un bourrelet semblable qui sépare dès le début, les deux faces opposées, dont
se compose l'embryon; la première peu saillante, et qui porte la bouche
(face orale) la seconde plus renflée (face aborale) et située au-dessous ;
cette concordance générale, entre les trois grandes divisions du corps
ne permet, il me semble, de conserver aucun doute, sur l'identité de ce
bourrelet avec la couronne, seulement nous voyons qu'au lieu de former
une ceinture ciliaire, cette couronne se développe ici en une espèce de
manteau, qui s'allonge en arrière et vient recouvrir toute l'extrémité postérieure du corps, à peu près de la même façon que Morse (1) et Kowalesky l'ont observé pour le segment thoracique des larves de Brachiopodes. (2)

---

(1) Morse. Embryologie of Terebratulina Mem. of the Boston Society of nat hist.
vol. 2, 1873.
(2) Kowalesky. Nablioudenia nade razbitieme Brachiopoda.

LOPHOPODES

<table>
<tr><td rowspan="4" style="vertical-align:middle">Historique</td><td>1 Baker 1750, Muller 1773, Mayen 1828, Dumortier 1835, Van Beneden 1840.[*]</td></tr>
<tr><td>2 Allmann   1861.[**]</td></tr>
<tr><td>3 Metschnikoff 1871.[***]</td></tr>
<tr><td>4 Nitsche   1875.[****]</td></tr>
</table>

C'est ici que doivent se placer, selon toutes apparences les larves des Lophopodes, qui, sans se rattacher d'une manière bien nette, à aucun des types précédemment décrits, présentent de grandes ressemblances avec chacun d'eux : la seule larve de Lophopode que nous connaissions, est celle de l'Alcyonelle : c'est la plus anciennement connue de toutes les larves de Bryozoaires : elle paraît avoir été découverte en 1750 par Baker, et a été ensuite étudiée successivement par O. F. Muller (Leucophra heteroclyta) 1773, Meyen, 1828, Dumortier et Van Beneden 1840, qui nous en ont laissé des figures reconnaissables, et ont fait connaître le fait curieux de la présence de deux polypides dans une seule larve.

---

[*]   Dumortier et Van Beneden. Bulletin de l'Académie de Bruxelles, 1835, 1840.

[**]   Allmann, Monograph of fresh water Polyzoa, Ray Society, 1861.

[***] Metschnikoff. Bulletins de l'Académie de Saint-Pétersbourg, vol. XV, pag. 507.

[****] Nitsche. Zcitschrift fur wiss Zoologie, vol. 25.

Allmann. — Le premier auteur qui ait décrit sa structure avec plus de soin, est Allmann ; il nous la représente comme formée d'un sac divisé par un bourrelet contractile médian (couronne) en deux parties distinctes, l'une plus volumineuse et formant la peau (face aborale?) l'autre plus petite (face orale ?) donnant naissance aux polypides par bourgeonnement interne, et susceptible d'être recouverte, par le bourrelet annulaire se contractant en sphincter. Allmann décrit avec soin l'ensemble de l'embryogénie, et établit d'une manière précise le fait important, de l'absence de rétrogradation analogue à celle des larves de Chilostomes, le polypide naissant d'une manière directe de la larve libre ; ses descriptions sur la formation et la destinée ultérieure de la larve libre, ont depuis été surpassées par Metschnikoff et Nitsche.

Metschnikoff. — Il nous donne de bons renseignements sur le mode de naissance du bourrelet contractile, qui apparaît sur un sac d'abord uniforme, sous l'aspect d'un soulèvement annulaire de la paroi, toute la portion située en avant de ce soulèvement devient la saillie arrondie (face orale ?) dans laquelle se formeront les polypides, tandis que la portion située en arrière donne naissance à la peau (face aborale) ?

Nitsche (1875). — Il a vu, chez la larve sur le point de passer à l'état adulte, le bourrelet se retourner, de manière à venir recouvrir toute la portion postérieure du corps (face aborale) cette dernière s'enfonce ensuite graduellement à l'intérieur, en entraînant avec elle le manteau qui la recouvre, et finit par former au-dedans de l'embryon, une masse opaque en dégénérescence, qui disparaît ensuite par résorption. — Toute la peau de l'adulte provient simplement de la saillie antérieure (face orale) d'abord recouverte par le bourrelet contractile.

Je n'ai pu malheureusement arriver encore à me procurer aucun Lophopode à l'état de reproduction sexuée, aussi devons-nous encore nous borner aux observations qui viennent d'être citées. Si nous réunissons les différents faits décrits par ces auteurs, nous arrivons à la conception suivante de l'embryogénie : la segmentation donne naissance à une sphère creuse, au milieu de cette sphère creuse, apparaît ensuite un bourrelet annulaire (couronne) qui la divise en deux faces opposées (orale et aborale). — Chez la larve libre, ce bourrelet jouit de la propriété de se refermer en sphincter au-dessus de la face orale, de sorte que cette dernière constitue une espèce de vestibule, tandis que la face aborale forme la peau, mais plus tard, on voit ce même bourrelet se replier en manteau, au-dessus de la face aborale, de sorte que c'est au contraire la face orale qui arrive à former la peau tout entière.

Cette description présente au premier coup d'œil, des traits de ressemblance évidents avec ceux que nous avons décrits chez les Entoproctes et les Cyclostomes ; le stade de la naissance du bourrelet annulaire, me semble correspondre au stade commun, qui, chez les deux types précédents, suit la gastrula, et sur lequel j'ai précédemment attiré l'attention : (fig. 3, pl. 1, et 14, pl. 3) et il me semble difficile de ne pas reconnaître l'homologie entre les trois divisions (bourrelet, saillie antérieure, face postérieure), des larves des Lophopodes, et celles (couronne, face orale, face aborale) des deux autres types, nous voyons seulement, que la couronne, constitue ici comme chez les Cyclostomes, un simple bourrelet, au lieu de former un organe ciliaire, comme chez les Entoproctes. — Chez la larve, la disposition générale, est d'abord la même que celle des Entoproctes, c'est-à-dire, que la face aborale forme la peau externe, la face orale, le vestibule, et la couronne, une bande contractile susceptible de se contracter en sphincter au-dessus de ce dernier, mais plus tard, nous voyons, d'après la description de Nitsche, qu'il y a un passage brusque, à la disposition générale des larves de Cyclostomes, chez lesquelles la couronne forme un espèce de manteau qui recouvre tout l'ensemble de la face aborale, tandis que la face orale forme la peau externe. Les larves de Lophopodes, peuvent donc, jusqu'à nouvel ordre, être considérées comme terme de passage entre celles des Entoproctes et des Cyclostomes.

Il est, il est vrai, un fait essentiel, qui écarte la larve de l'alcyonelle, des larves des deux groupes que nous venons de citer ; c'est l'absence complète des organes internes, et la grande différence, qui n'en est que la suite, dans le cycle général du développement ; mais, je ne crois pas que cette différence doive nous empêcher de tenir compte des analogies qui nous sont révélées par les grandes divisions externes de la peau ; il est du reste encore loin d'être prouvé que les larves de Lophopodes, et même d'alcyonelles, ne possèdent aucun équivalent de l'endoderme : rien ne nous autorise à penser, que les autres larves de Lophopodes, dont nous ne possédons encore aucune description, nous présenteront de la même manière une absence complète des organes internes ; d'ailleurs, chez l'alcyonelle elle-même la segmentation et la formation détaillée de la sphère creuse n'ont pas été suivies avec assez de soin pour que l'on puisse dire qu'on ne rencontre pas à ces périodes de traces de l'endoderme.

III

CHILOSTOMES & CTÉNOSTOMES

Historique.

Malgré tout l'intérêt qui s'attache à la métamorphose, nous n'avons pas eu à discuter longuement la manière dont se fait ce phénomène chez les formes précédentes ; car les observations, jusqu'ici peu nombreuses, s'accordaient toutes entre elles, et se réduisaient aisément à une seule conception générale ; ainsi, nous avons vu, que, chez les Lophopodes, on admettait l'alternance (Allmann), que chez les Entoproctes, on croyait (Van Beneden et Uljanin) au passage direct, et enfin que les Cyclostomes, n'avaient encore été l'objet d'aucune observation.

La métamorphose, chez les Chilostomes et les Cténostomes, a été étudiée d'une manière beaucoup plus détaillée, et nous possédons sur ces deux groupes, un grand nombre d'observations souvent en désaccord, aussi est-il nécessaire, pour arriver ici, à une conception générale, de commencer l'étude du développement, par un historique succinct de la métamorphose.

1. — DE LA MÉTAMORPHOSE.

La transformation de la larve en adulte, a donné naissance, chez les Chilostomes, à quelques opinions un peu hazardées, ainsi, Van Beneden et après lui Smitt (1) avaient déjà décrit un passage direct entre les deux formes, tandis qu'au contraire, Schneider avait émis l'idée d'une dialyse tout-à-fait complète : à part ces quelques idées exagérées, et qui ont du reste été combattues depuis, les auteurs sont, en général, tout-à-fait d'accord pour considérer la métamorphose comme résultant d'une dégénérescence partielle suivie d'une période de régénération. — Les différentes opinions sur la métamorphose peuvent se répartir en deux périodes, basées sur l'état de nos connaissances sur l'organisme larvaire.

1re *Période.*

1. Grant 1867 (2) (flustra Carbasea). — C'est le premier auteur qui nous décrive d'une manière exacte, la succession régulière des phénomènes, telle qu'on l'admet aujourd'hui, D'après lui, la larve s'étale en une masse aplatie dont toute la substance opaque va au centre tandis que la substance transparente gagne la périphérie, cette dernière prend bientôt la forme d'une loge, dont les parois s'incrustent alors de calcaire, tandis

---

(1). Pour Van Beneden, la larve discoïde se fixe par son extrémité élargie (orale) et s'allonge, tandis qu'à l'extrémité opposée (sur la ventouse) naissent les tentacules. — D'après les idées de Smitt (Bidrag), déjà atténuées dans son second travail (om hals Bryoz) la larve a déjà une structure voisine de l'adulte, et se compose de la peau, d'une bouche, avec masse obscure qui figure l'intestin, et d'une zone blanche qui l'entoure et figure la couronne tentaculaire. — La transformation en adulte consiste simplement dans la naissance des tentacules sur la zone blanche, et dans l'écartement de la peau, des organes internes. Depuis cette époque, Salensky a émis une opinion qui se rapproche de la précédente, en décrivant la transformation directe du sac interne (estomac) de la larve en polypide.

(2). — Observations on structure and nature of fiustræ (Edimbourg New. Philosophical journal p. 107 et 337.

qu'à la base la substance gélatineuse, s'amasse pour former un épaississement qui est le premier rudiment de polypide ; pendant ce temps, la masse de vitellus interne diminue et finit par se réduire à presque rien. — Le bourgeonnement est apical.

2. — FARRE. — (Halodactylus diaphanus 1837) (1). Au bout d'un certain temps, la larve s'attache aux parois du vase, et 48 heures après, les rudiments d'une loge sont déjà visibles tout autour du corps, tandis que les cils et tout le reste (couronne etc.) ont disparu.

3. NORDMANN.— (Tendra Zostericola 1840) (2). A la fixation, l'embryon éprouve des contractions très-fortes, et peut-être y a-t-il une mue à cette époque.

Le tissu de la larve ne tarde pas à se différencier en tache sombre interne et couche périphérique séparées l'une de l'autre par un faible halo.

La tache sombre interne prend bientôt la forme de deux demi-cercles concentriques, tandis que le halo qui l'entoure prend celle d'une poche à parois minces et délicates, qui s'étend en pointe vers le haut. — La tache en demi cercle présente bientôt des entailles qui indiquent l'apparition des tentacules : ces derniers s'accroissent, en même temps qu'audessous d'eux se forme l'intestin, et la masse interne se trouve ainsi graduellement transformée en tube digestif. — La membrane mince qui l'entoure (halo) s'étend de plus en plus vers le haut de manière à ne plus commencer qu'à partir des tentacules, et devient la *gaine tentaculaire*. — La couche périphérique avec substance obscure, s'élargit et s'accroît en loge.

4. DALYELL 1847 (3). — Flustra Carbasea, foliacea, truncata, mur-

---

(1) Farre. — On the structure of Ciliobranchiate polypi (Plilosophical transactions 1837 p. 410.

(2) Nordmann. — Voyage Demidoff dans la Russie méridionale et dans la Crimée.

(3) Dalyell. — Rare and remarquable animals of Scotland.

rayana, — Bowerbankia densa, alcyonium palmatum, Bicellaria ciliata, Flustra hispida.

Chez les trois premiers genres (*Flustra, Bowerbankia, Alcyonium*) la gemmule fixée forme une tache obscure, où on ne tarde pas à distinguer une zone périphérique claire (rudiment de loge) et une masse interne colorée, opaque : cette dernière diminue graduellement, tandis qu'apparaît l'hydre primitive (polypide) qui, du moins, chez la Fh. Carbasea paraît formée à ses dépens.

Chez les Flustres (carbasea, foliacea et truncata) cette loge primitive émet à l'extrémité antérieure, un prolongement en forme de pointe dirigé perpendiculairement à la loge primitive, et dans le sens vertical : ce premier bourgeon ne tarde pas à donner naissance à une loge primitive qui émet bientôt à son extrémité supérieure, une seconde loge placée au-dessus ; elle devient le rudiment de toute la lame foliacée dirigée verticalement, qui constitue le cormus, et à laquelle la loge primitive sert d'abord de soutien.

Chez la Fl. Foliacea, on voit, outre ce premier bourgeon antérieur, deux bourgeons symétriques se former sur les côtés, ce qui porte à trois le nombre des rudiments de lame foliacée.

Chez la Fl. murrayana, la même disposition existe, seulement on constate de plus ici, la présence de filaments radicaux, la loge primitive n'a plus la forme discoïde aplatie, mais une forme tubulaire, pourvue d'épines au sommet et qui ressemble à la loge primitive de la Bicellaria.

La loge rudimentaire de l'alcyonium rappelle d'abord l'aspect d'une petite coquille ; elle s'étend ensuite en surface, et les autres loges se forment par simple cloisonnement de la lame étalée qu'elle constitue.

Bicellaria Ciliata. — La fixation donne naissance à un corps irrégulier qui s'allonge bientôt en un tube muni d'épines au sommet, et qui bourgeonne ensuite un second tube sur le côté.

Flustra Hispida. — Peu après la fixation, on voit l'hydre (polypide) toute formée et pouvant sortir par un petit conduit tubulaire situé en avant : Dalyell signale aussi les gros rétracteurs. — La loge primitive a quelque chose de l'aspect d'une coquille, — le premier bourgeon est latéral.

Dalyell fait en outre remarquer la disposition radiaire du cormus de Lepralia Pustula par rapport à une loge centrale.

5. HINKS (1) REDFERN (2). (Flustrella Hispida 1851). — Après l'arrêt du mouvement des cils, et la fixation, on voit graduellement apparaître au sein de la masse de tissu qui forme la gemmule, le corps du polype visible d'abord par ses tentacules. — La formation de l'ouverture de la loge, est précédée de mouvements brusques, qui causent la saillie intermittente d'un prolongement tubuleux rétractile. — Le bourgeonnement est unilatéral, — Une portion du tissu qui composait la gemmule, reste adhérente sur tout le pourtour de la loge et du polypide, et passe à l'intérieur des premiers bourgeons à la formation desquels elle concourt : — d'après Redfern (1858), il semble, que d'une masse de granules à disposition radiaire se forment en effet les diverses parties des premiers bourgeons ; cet auteur ne commence ses observations qu'après la formation complète de la loge primitive, et ne suit en somme que la formation du bourgeon.

6. GOSSE (3). (Lepralia Coccinea) 1853. — Les premiers stades de la fixation ont une forme ovale aplatie plus ou moins anguleuse, avec extrémité antérieure pointue : le pigment rouge y est coagulé en grumeaux distincts de la couche périphérique bien délimitée. — Son second stade montre à la partie antérieure, huit mamelons destinés à donner naissance à huit épines, et disposés autour de l'ouverture de la loge. — Les grumeaux rouges s'y sont concentrés en une masse plus compacte en fer à cheval, située plus en arrière, tandis que le reste forme une loge libre transparente.

Au troisième stade, Gosse figure le polypide déjà tout formé au-dessus de la masse de globules rouges, déjà réduite à une simple tache.

---

(1) Hinks. — Annals and Magazine of natural history Vol. VIII, 1851. p. 361.
(2) Redfern. — Quaterly journal of microscopical. Science Vol. VI, p. 96.
(3) Gosse. = A naturalists rambles on the Devonshire Coast.

2ᵉ Période.

Bien que divergeant en quelques points particuliers, les descriptions de tous les auteurs que je viens de citer ont ceci de commun : c'est qu'elles considèrent toujours la larve comme formée d'une masse de substance homogène, qui n'a par conséquent jamais à éprouver pour passer de cet état à celui de jeune loge rudimentaire, qu'un simple processus de différenciation : toute la substance opaque et colorée se rendant au centre, tandis que la périphérie s'éclaircit pour former la loge. — A partir de Schneider (1869), les auteurs commencent à distinguer dans la larve libre, une structure plus complexe, et l'on est, par suite, obligé de reconnaître dans le passage de cet état à celui de la loge primitive, des changements plus complèxes. — Nous allons examiner ici les opinions des auteurs à ce point de vue.

1 SCHNEIDER (1) 1869. — (Membranipora Pilosa). La larve se fixe par le pied, et éprouve un brusque retrait qui transforme le corps en une masse quadrangulaire à deux faces encore visibles.

2. — Cette masse se concentre en une masse ovoïde ayant perdu toute espèce de structure, et revêtue de deux valves soudées par une coque ovale qui les réunit ; ces dernières tombent quand la masse ovale change la direction de son grand axe.

3. — La masse ovoïde se différencie en cystide à deux couches (endocyste et ectocyste) et masse interne, cette dernière se concentre vers la partie postérieure, et bientôt, on voit faire saillie à son extrémité antérieure, la gaine tentaculaire, tandis que le polypide *se forme à son intérieur*.

4. — Les bourgeons sont au nombre de 4 : deux latéraux, et deux aux extrémités : les deux premiers se forment d'abord : ils sont comme l'individu primitif, composés d'une masse interne et couche périphérique, et se développent de même.

---

(1) Schneider. Archiv. Micr. Anat. vol. V, fasc. 2.

2 Metschnikoff (1). — (Membranipora Pilosa 1869). Il a réussi à voir le Cyphonautes se fixer verticalement par le pied, et s'aplatir graduellement jusqu'à la formation de la masse ovoïde de Schneider, cette dernière montre encore distinctement avant la chute des coquilles, tous les organes internes : quelques-uns de ces derniers éprouvent il est vrai ensuite des dégénérescences, mais la masse interne (estomac) ne cesse jamais d'être visible, il n'y a donc pas histolyse complète.

3. Nitsche. (2) — (Bugula flabellata, 1869). La larve se change, par simple disparition des différentes divisions de la peau externe, en un sac uniforme avec masse interne ; ce sac s'allonge bientôt à son extrémité, en même temps que la masse interne se concentre au centre en une masse brune à la partie antérieure de laquelle on voit apparaître une tâche blanche ovale. — Cette dernière est le rudiment de tout le polypide : Nitsche la croit formée d'un renflement de l'ectocyste et parallélise le développement de l'animal primitif à celui d'un bourgeon ordinaire. — Le reste du développement consiste dans l'accroissement du sac endocystique, en un tube allongé. — L'ouverture de la loge est d'abord terminale, et se trouve refoulée sur la face supérieure par développement plus rapide de la face opposée ; elle est entourée d'abord de quatre épines. — La masse formatrice brune se resorbe au milieu d'un cordon sarcodique (funicule) qui relie l'estomac avec le fond de la loge.

Le bourgeonnement est apical. — Une seconde loge asymétrique apparaît ensuite à côté de la première.

4. Claparède (3). — (Bugula avicularia), 1870. Le stade fixé se forme par simple absorption d'eau, venant écarter la couche périphérique (l'endocyste) de la masse interne, on y voit bientôt apparaître une masse ovale dérivée de l'endocyste, probablement au point, où se trouvait la

---

(1) Metschnikoff. Nachrichten der Gottingen universitat. 1869. N° 12.

(2) Nitsche. Zeitschrift für wiss zool. vol. XX. fascic. 1.

(3) Claparède. Zeitschrift für wiss zool. vol. XXI, fascic. 1

fente buccale, et qui constitue le rudiment de polypide. — La masse graisseuse demeure adhérente à l'extrémité de l'estomac, où elle diminue graduellement et finit par être résorbée. — Toute la rétrogradation se réduit à la perte du revêtement ciliaire. — Il y a six épines au tour de la loge primitive. — Le bourgeonnement est apical.

5. Metschnikoff (1). — (Flustrella Hispida ? 1871.) La larve s'étale et perd ses cils ; les organes internes se changent en une masse granulograisseuse, tandis que la couche externe reste inaltérée, et donne naissance à un renflement ovale qui est le rudiment de tous les viscères ; il n'y a en somme qu'une histolyse partielle, et c'est la peau qui forme le polypide.

6. Salensky (2). — (Bugula Plumosa). 1847. La jeune loge ne diffère d'abord de la larve que par la perte des divisions externes de la peau, et se compose de même d'une couche externe, de globules-graisseux, et d'un sac interne (rudiment de polypide), dérivé directement de celui de la larve.

7 Repiachoff (3). — 1. Tendra Zostericola. Le premier stade provient de la perte des divisions de la peau de la larve, et de la dégénérescence de ses organes internes en une masse graisseuse ; il se compose d'un sac uniforme rempli de grobules-graisseux, et contenant une tâche claire ovale d'origine inconnue qui ne tarde pas à se creuser d'une cavité. — Cette tâche claire qui représente le rudiment de polypide des auteurs, ne donne ici naissance qu'à la gaine tentaculaire et à l'œsophage, le rectum et l'estomac sont formés par la masse graisseuse qui se concentre en une masse de forme déterminée qui entre en relations avec le rudiment de polypide.

2. Lepralia Pallasiana. — Le premier stade est pareil à celui du Tendra. L'endocyste s'incruste de calcaire partout excepté au niveau de l'aire

---

(1) Metschnikoff. Bulletins de l'Académie de Saint-Pétersbourg, vol. XV, p. 507.

(2) Salensky. Zeitschrift für wiss zool., vol. XXIV fasc. 2.

(3) Repiachoff. Zeitschrift für wiss zool., vol. XXV, fasc. 2 et vol. XXVI, fasc. 2.

buccale. — Le polypide se forme tout entier aux dépens du corps blanc ovale, mais la masse obscure qui résulte de la réunion des globules-graisseux finit néanmoins par entrer en relations avec lui, et être enveloppé par l'estomac qui présente à sa partie terminale une lacune bouchée par cette masse graisseuse, qui concourt ainsi pour une certaine part à la formation complète du polypide.

Si l'on jette maintenant un coup d'œil d'ensemble sur ces différentes manières de voir, on voit que la question se ramène en somme à deux points principaux : 1° le mode de naissance du polypide, 2° le mode de formation du zœcium aux dépens de la larve. — Le premier (Polypide.) pouvant naître soit par bourgeonnement de la paroi, soit par différenciation de la masse interne, le second (zœcium) pouvant provenir soit d'une différenciation directe d'une larve homogène, comme le croyaient les anciens auteurs, soit d'un simple écartement de la peau de la larve, soit enfin d'une régression beaucoup plus complète. — Si nous laissons de côté les observations de Farre et de Gosse, qui ne se prononcent pas sur la naissance du polypide, ainsi que ce qu'il y a d'exagéré dans les opinions de Van Beneden, Smitt, Salensky (passage direct) et Schneider (dialyse complète) qui sortent de l'ordre d'idées généralement admis, nous pourrons résumer toutes les opinions dans le tableau suivant :

	Polypide naissant aux dépens de la peau.	Polypide naissant aux dépens de la masse graisseuse interne.
Formation de la loge par simple différenciation de la larve homogène.	Grant.	Nordmann. Dalyell. Hinks.
Formation de la loge par simple écartement de la peau de la larve.	Nitsche. Claparède.	
Formation de la loge par dégénérescence des organes internes de la larve.	Metschnikoff (Flustrella !)	Schneider. Metschnikoff (Cyphonautes compressus) Repiachoff.

Malgré la diversité des opinions émises à ce sujet, il est certain que la question du passage de la larve à la loge rudimentaire, est aujourd'hui très-rapprochée de sa solution définitive : il n'y a ni dialyse complète comme le disait Schneider, ni absence de tout phénomène de dégénérescence comme le disaient Nitsche et Claparède, mais le tout se réduit d'une manière certaine, à la fusion des différentes divisions de la peau, en un sac uniforme, et à la dégénérescence des organes internes en une masse granulo-graisseuse qui remplit le sac.

La seconde question, celle de la destinée de la masse graisseuse, et de l'origine du polypide, est encore loin d'être comme la première presque entièrement éclaircie ; les différentes opinions que nous venons de citer nous conduisent enfin, en dernière analyse, à deux manières bien distinctes, d'envisager le cycle général de l'embryogénie des Chilostomes, et que nous avons désignées dans l'introduction, sous le nom de théories du cystide et de la métamorphose, d'après la première (Nitsche) l'embryogénie des Chilostomes devrait se ramener à celles des Lophopodes (Allmann). — La seconde (Repiachoff) nous fournit plutôt un élément pour tout ramener aux cas de passage direct de la larve à l'adulte, comme Uljanin l'a décrit pour la Pedicelline, ces deux théories complètement opposées constituent le terme auquel ont abouti jusqu'à ce jour les observations sur la métamorphose des Chilostomes.

2. — DE LA FORME LARVAIRE.

Les larves des Chilostomes et celles des Cténostomes font partie, comme on le verra dans ce qui va suivre, d'un seul type larvaire opposable aux deux premières formes des Entoproctes et des Cyclostomes, seulement l'étude de ce dernier type se complique par l'extrême abondance des différentes espèces qui en font partie, ainsi que par la diversité des formes larvaires qui doivent y rentrer : nous aurons également à tenir compte pour cette forme, de nombreusos observations faites par nos devanciers, mais il est préférable d'en rejeter l'examen en tête de chacune des formes spéciales.

Chacune des grandes modifications de la forme essentielle, que nous aurons à étudier dans cette dernière partie, constitue pour ainsi dire un type secondaire, venant se rattacher au type principal ; tous ces types secondaires sont assez importants pour nécessiter une étude spéciale : nous examinerons donc successivement dans ce qui va suivre la série des grandes modifications que nous présente le type des Chilostomes et des Cténostomes ; cette étude se partagera ainsi de la manière suivante :

1. Embryologie de l'Alcyonidium ;
2. Larves des Escharines ;
3. Variations du type des Escharines ;
4. Vésiculaires ;
5. Cyphonautes.

Une grande difficulté dans l'étude de ces formes réside dans la présence des ovicelles, qu'il est presque tout-à-fait impossible de briser sans écraser en même temps l'œuf qui y est contenu : la seule manière que j'aie pu trouver d'en venir à bout était de tourner la difficulté en étudiant d'abord les formes dépourvues d'ovicelles et à ectocyste gelatineux, de manière à n'avoir plus, pour les formes plus difficiles, qu'à vérifier les résultats acquis chez le type plus favorable. — Pour faire cette vérification, la seule méthode qui m'ait réussi était de hacher le cormus ; il arrive en effet de cette façon qu'on trouve quelquefois un œuf heureusement dégagé, résultat auquel je n'ai jamais pu arriver par des dissections sous le microscope. Je n'ai jamais pu arriver non plus à vaincre l'opacité souvent considérable, de ces larves, et la meilleure manière d'en reconnaître la structure est de les étudier à la lumière réfléchie, en les plaçant autant que possible dans une forte lumière.

I

ALCYONIDIENS

HISTORIQUE $\left\{\begin{array}{l}\text{Farre, 1837.}\\ \text{Hassal, 1841.}\\ \text{Van Beneden, 1845.}\\ \text{Dalyell, 1847.}\\ \text{Hinks, 1851-57.}\end{array}\right.$

1. FARRE. — La gemmule arrondie, et un peu acuminée à une de ses extrémités qui porte un faisceau plus long de cils vibratiles (plumet ciliaire), présente une face convèxe et une face plate bordée d'une couronne de cils vibratiles. — Il a bien vu et figuré les cellules de la couronne (ses tubercules marginaux) qu'il décrit comme résultant de faisceaux musculaires, ainsi que l'aspect radiaire de la ventouse qu'il décrit comme portant 3 à 5 bosses transparentes. — Ses figures sont excellentes.

2. HASSAL. — (Cycloum papillosum, Sarcochiton polyoum) forme arrondie plus déprimée d'un côté que de l'autre, avec bord occupé par une frange de cils vibratiles. Il ne donne pas de figures.

---

*   Farre. Pholosophical transactions, 1837, p. 410.

**   Hassal. Annals and magazine of natural history, 1841, vol. VII, p. 483.

***   Van Beneden. Mem. Acad. Bruxelles, vol. XVIII, 1845.

**** Dalyell. Rare and remarquable animals of Scotland.

***** Hinks. Quarterly journal of micr. Science, vol. V, p. 250, et Annals and mag. of nat. hist., 2ᵉ série, vol. VIII, 1851, p. 361.

3. Van Beneden. (Halodactylus diaphanus). -— Œufs mobiles formés d'un disque entouré d'une bande de cils très-longs et au milieu duquel s'élève un mamelon (ventouse actuelle.. Le disque semble être une base élargie qui sert à la fixation, tandis qu'à la partie supérieure du mamelon se forment les tentacules. — Figures assez bonnes.

4. Dalyell. (Alcyonium palmatum). —Au milieu d'une masse d'embryons très irréguliers, il décrit des gemmules ayant à peu près la forme elliptique, aplaties en dessous, convexes au-dessus, et bordées sur la circonférence, par des cils vibratiles. Une des extrémités semble prolongée en saillie au-dessous de laquelle se trouve un faisceau de cils vibratiles à mouvements lents. Dalyell semble aussi, à en juger par les figures, avoir entrevu la couronne des cellules qui servent de base aux cils ; ses figures sont mauvaises et fort peu instructives.

5. Hinks. (Alcyonidium mytili). — Les larves ont la forme d'un chapeau plat à larges bords garnis de cils vibratiles. — En avant de la face plane est une ouverture souvent souillée de matières fécales et au travers de laquelle on voit de temps en temps faire saillie un organe spécial (Kupe like organ) (pharynx?) ; il ne donne pas de figures.

En résumé, nous voyons que tous les auteurs sont un peu près d'accord pour la forme générale en forme de chapeau, et pour l'existence de la couronne ciliaire ; Farre semble avoir vu, de plus, les cellules de la couronne, et le plumet ciliaire, Hinks le pharynx et l'ouverture buccale. — Les stries de la ventouse paraissent avoir été prises pour des mamelons par Farre et Van Beneden, et ce dernier les rapporte même à des tentacules ; ces deux auteurs sont les seuls qui donnent, de la larve, des figures reconnaissables.

EMBRYOGÉNIE DE L'ALCYONIDIUM MYTILI Pl. 5 et 6

L'alcyonidium mytili est très-commun à St-Waast-la-Hougue, et surtout à Roskoff où il forme une simple couche gélatineuse à la surface

14

des algues et des plantes marines. — A l'époque de la reproduction, qui
a lieu d'avril en août, les cormus se montrent couverts d'une multitude
de gros points rouges qui ne sont autres que des amas d'embryons et
d'œufs à différents stades, rassemblés par groupes logés dans l'intérieur même des zœciums, et visibles à travers les téguments. — En
raison de la taille de ces embryons, de leur grande abondance, et de leur
transparence relativement grande si on la compare à celle des larves
d'Escharines, cette espèce se prête très-bien à l'observation ; il est
d'ailleurs possible, à cause de l'absence d'inscrutation calcaire, et surtout
d'ovicelles, d'obtenir tous les stades en bon état de conservation par
simple dilacération du cormus, ce qu'il est presque impossible de faire
d'une manière suivie pour les espèces qui possèdent un ectocyste solide.
Il est néanmoins nécessaire, pour obtenir les embryons complètement
intacts, de dilacérer avec soin les cormus dans une cuvette remplie
d'eau de mer, de façon à pouvoir faire un choix parmi les mieux
dégagés. — C'est en agissant de cette façon et, surtout, en ayant bien
soin de ne rechercher que les embryons les plus sains, que je suis arrivé
à trouver la série des phénomènes que je vais décrire :

1. — DÉVELOPPEMENT DE LA LARVE.

L'œuf de l'alcyonidium mytili se compose d'un protoplasme transparent
qui contient dans son intérieur une grande quantité de granules opaques
colorés en carmin, et uniformément répartis (deutoplasme); ces derniers,
qui causent la coloration rouge foncé de l'œuf, produisent une opacité
très-difficile à vaincre, et qui complique beaucoup l'étude des embryons;
celle des premiers stades est pourtant facilitée par la taille assez volumineuse de l'œuf qui n'a pas à subir ici le même accroissement de taille
que nous avons remarqué chez les Pedicellines, et surtout, les Cyclostomes. — Cette taille volumineuse m'a permis de suivre la segmentation
sans laisser de lacunes, mais le défaut complet de transparence à ces
stades, ne m'a encore permis de juger des changements internes qui
l'accompagnent, que d'après les modifications de forme visibles à l'extérieur.

Période Embryonnaire. — 1º Les premiers phénomènes de développement ne nous présentent chez l'alcyonidium, aucun autre phénomène digne de remarque que ceux qui accompagnent la segmentation
totale et régulière en huit sphères égales. La seule chose qu'il importe de
signaler ici est la présence constante de ce stade huit, composé de deux
moitiés égales (fig. 1 pl. 5) et tout-à-fait identique à celui que nous avons
décrit chez le Loxosoma.

A partir du stade huit, les phénomènes deviennent plus intéressants,
et méritent d'être décrits avec plus de détail : on voit en effet, de chaque
côté de l'un des deux plans méridiens du stade huit, se produire simultanément un nouveau plan de segmentation parallèle au premier, et qui
dédouble bientôt chacune des rangées de deux cellules situées à
droite et à gauche de ce premier plan , en deux rangées juxtaposées :
on obtient ainsi un stade 16 identique à celui des fig. 2-3, pl. 11, et qui
ressemble d'une manière très-grande au stade 16 décrit par Kowalesky
(1) et par Agassiz (2) chez les Cténophores.

Au stade suivant, nous voyons de même apparaître de chaque côté du
second plan méridien, deux sillons de segmentation parallèles à ce plan,
et qui divisent à leur tour, chacune des séries de quatre cellules situées
de chaque côté, en deux séries juxtaposées; nous arrivons ainsi au stade
32, (fig. 13) l'œuf se trouve alors composé de deux faces dont toutes les
cellules sont quadrangulaires, comme le représente la fig. 13, et qui possèdent une régularité tout-à-fait schématique, qui frappe l'observateur au
premier coup d'œil. — Nous avons là un mode de segmentation qui diffère beaucoup du cas général de segmentation de la blastula (3)
néanmoins, il est loin d'être sans exemple dans le règne animal : Van
Beneden a décrit des dispositions analogues chez les Crustacés (4) du

(1) Kowalesky. Entw. des Rippenquallen. Mem. Acad. St-Pétersbourg 1866.

(2) Agassiz. Développement des Cténophores.

(3) J. Barrois. Embryologie des Nemertes : Annales des Sciences naturelles (Amphiporus
lactifloreus).

(4) Van Beneden. Mém. sur la signification de l'œuf (Mém. Acad. Bruxelles).

genre Calige, et nous en possédons aussi d'autres exemples chez les Ver-
tébrés : Prévost et Dumas (1) ont décrit chez les Batraciens un cas de
segmentation entièrement identique, et Rusconi, en a également fait
connaître chez les poissons. (2)

2. — En même temps que se sont produits ces différents phénomènes
de segmentation, se sont aussi effectués quelques autres processus d'une
grande importance, et qui sont : *a.* l'accroissement inégal des deux moitiés de l'œuf, *b.* le déplacement des cellules de la grosse moitié, et *c.* le
développement de la cavité centrale.

a. Développement inégal des deux moitiés de l'œuf. — Nous avons vu
qu'au stade huit (fig. 1) les deux moitiés séparées par le plan équatorial,
dont se compose l'œuf, étaient chez l'Alcyonidium, tout-à-fait égales, mais
cette égalité n'est pas de longue durée : l'inférieure S s'accroît en effet
d'une manière rapide, tandis que la supérieure I conserve un peu près
ses dimensions primitives : il en résulte, que dès le stade 32, l'œuf se
trouve composé de deux moitiés inégales (fig. 2).

b. Déplacement des cellules de la grosse moitié. — Au début, les 16
cellules dont se composent chacune des moitiés, ont un peu près la même
apparence et conservent d'abord la même position que celle qui résulte
de l'apparition des différents sillons de segmentation, mais cet ordre,
qui demeure constant pour la petite moitié I ne tarde pas à se modifier
pour la grosse moitié S : on voit en effet dès le stade 32 les quatre cellules centrales de cette grosse moitié, devenir plus grosses, et conserver
tout à-fait leur position primitive, tandis que les douze autres sont graduellement refoulées à la circonférence pour constituer une espèce de couronne à cellules radiaires, située entre les quatre cellules centrales qui
deviennent dès lors la *face orale* et la petite moitié I. Cette couronne
détermine, à la surface de l'œuf, une saillie très-visible sur les vues de
face (fig. 9), et le divise ainsi en deux faces distinctes qui correspon-

(1) Prévost et Dumas. Annales des Sciences naturelles 1824, 1ʳᵉ série, tom. 2, pl. 6, fig. L

(2) Rusconi. Mullers Achier für anat. and. physiol. 1840.

dent aux faces orale (quatre grosses cellules) et aborale (petite moitié tout entière.

c. Développement de la cavité centrale. — L'examen de profil du stade 32, nous montre que chacune des deux moitiés dont se compose l'œuf ne figure pas à cette époque, une lame plane, mais forme au contraire une espèce de calotte, dans laquelle les cellules situées au centre de chacune des deux faces se trouvent placées à un plan plus élevé que celles du pourtour ; cet aspect (fig. 2) qui pourrait même aisément faire croire à une stratification réelle des cellules en quatre couches produites par l'apparition de deux nouveaux plans parallèles à l'équateur de l'œuf, n'est simplement du, comme on peut s'en convaincre en regardant l'œuf de face (fig. 13), qu'à un refoulement vers le haut, du centre de chacune des deux moitiés. — Cette espèce de bombement des deux faces opposées dont se compose l'embryon me semble difficile à expliquer autrement qu'en admettant la présence d'une cavité centrale refoulant par son développement progressif, les éléments vitellins à la périphérie, aussi suis-je tout-à-fait disposé à admettre sa présence, bien que je n'aie pu, à cause de l'opacité, réussir à l'observer d'une manière directe.

Ces divers processus, de renflement de chacune des deux moitiés de l'œuf, de développement inégal de chacune d'elles, enfin, de division des cellules de la face inférieure, en quatre centrales et douze périphériques, nous conduisent ainsi à un stade blastula (fig. 2) composé de 32 sphères de segmentation, et dans lequel on peut distinguer deux faces bien distinctes séparées l'une de l'autre par les douze cellules périphériques de la grosse moitié S : ces douze cellules périphériques représentent la couronne ciliaire, les quatre cellules centrales, la face orale, et la petite moitié, la face aborale : nous constatons ainsi chez l'Alcyonidium comme chez les Entoproctes, mais avec plus de netteté encore, l'apparition précoce, avant la gastrula, de la couronne ciliaire, et nous pouvons de plus, suivre la production de ce stade important d'une manière complète à partir de l'œuf, ce que nous n'avions pu faire d'une manière aussi détaillée chez les Entoproctes.

3. — Dans les stades suivants, cette grande division en faces orale et aborale séparées par la couronne, gagne encore beaucoup en netteté : on constate en effet, qu'à partir de ce stade, les différentes cellules de chacune des deux faces continuent à se segmenter d'une manière rapide suivant la même loi de parallélisme, tandis qu'au contraire, les douze cellules de la couronne, ne se divisent plus que fort lentement, et toujours dans un sens exclusivement radiaire. — Cette différence, qui réduit bientôt les sphères vitellines de chacune des deux faces, à des éléments de plus en plus petits, tandis qu'au contraire, celles de la couronne, distinctes d'ailleurs par leur arrangement radiaire, conservent sans grands changements leurs dimensions primitives, accentue de plus en plus la division en deux faces séparées l'une de l'autre par la couronne *C*. — La fig. 9 représente, vu par le pôle aboral, un stade un peu plus avancé que le stade fig. 2-13, et dans lequel le nombre des cellules de la couronne étant encore douze, celles de la face aborale, s'élèvent déjà à 32 ; cet état constitue le dernier des stades pendant lesquels il m'a été possible d'observer dans toute sa netteté la disposition des différentes sphères en séries régulières se croisant à angle droit ; à partir de cette époque, on voit en effet se manifester, par suite du glissement des différentes sphères les unes sur les autres, des irrégularités de plus en plus fortes à mesure qu'on s'avance dans le développement, et qui finissent bientôt par donner naissance à une couche de cellules irrégulièrement disposées (fig. 3-10). — Les quatre grosses cellules de la face orale subissent de même la segmentation, jusqu'à la formation d'une couche à nombreuses cellules irrégulièrement disposées (fig. 14) de sorte que l'on arrive bientôt à un stade qui ressemble beaucoup à une simple morula (fig. 3). Ce n'est qu'en regardant avec soin cette morula, qu'on arrive à reconnaître au milieu de la masse de cellules qui la composent, une zone C constituée par les grosses cellules de la couronne, remarquables par leur disposition radiaire et leurs fortes dimensions : au premier abord, ce stade ne semble différer du stade fig. 2 que par le nombre et la dimension des cellules de chacune des deux faces de l'embryon, (orale et aborale) ainsi que par le volume de plus en plus grand de la face orale,

dont l'accroissement s'est continué tandis que la face aborale est demeurée stationnaire, néanmoins, en examinant l'embryon avec attention, en le retournant dans tous les sens à l'aide d'aiguilles à dilacérer, on ne tarde pas à découvrir la présence au pôle oral, d'une large dépression (fig. 3 et 14 o) qui occupe tout le centre de cette face orale. — Je ne puis, faute d'avoir réussi à étudier l'œuf par transparence, dire d'une manière certaine si cette dépression correspond, comme nous l'avons vu pour les Entoproctes, à une véritable invagination du milieu de la face orale à l'intérieur, pour former l'endoderme, ou si au contraire, elle ne constitue qu'un simple enfoncement de la peau, allant à la rencontre d'un sac endodermique déjà formé à l'intérieur par délamination de la blastosphère; néanmoins, la largeur de cette ouverture d'invagination, qui occupe d'abord une très-grande partie de la face orale, et qu'on voit ensuite se refermer graduellement de manière à ne plus circonscrire qu'une ouverture petite, située à la partie antérieure de l'embryon, ne me semble pas être très-favorable à la seconde opinion, et rappelle beaucoup plus ce qu'on observe toujours dans les cas de formation de l'endoderme par invagination : aussi est-ce à cette première opinion que je m'arrête de préférence; quel que soit d'ailleurs le mode précis de sa formation, ce qu'il y a de certain, c'est son apparition dès le stade fig. 3, qu'il faut considérer comme le représentant du stade gastrula; à partir de ce moment, l'embryon possède déjà ses deux feuillets primitifs complètement formés, aussi, dès que les premières traces de différenciation commencent à permettre d'observer l'embryon par transparence (fig. 15), voyons-nous déjà le tube digestif complètement formé. — Les fig. 3-10-14 représentent ce stade gastrula sous toutes ses faces; elles montrent, qu'en même temps que les seize cellules des faces orale et aborale se sont segmentées en petits éléments, les douze cellules de la couronne se sont divisées dans le sens radiaire, en des éléments un peu plus nombreux, mais toujours remarquables par leur forte taille.

2. **Période larvaire.** — A partir du stade de la fig. 3, on doit considérer l'embryon comme formé dans ses parties essentielles; il ne reste

plus à étudier que les phénomènes complémentaires, qui transforment cet embryon déjà tout formé en larve libre ; ces derniers consistent surtout en deux sortes de phénomènes : 1° les modifications dans l'ensemble de la forme; 2° la différenciation histologique, qui donnera naissance au feuillet moyen. Nous allons étudier successivement chacun de ees phénomènes.

1. CHANGEMENT DE FORME.—Ainsi que le montrent les fig. 9-13, et comme nous aurons d'ailleurs occasion de l'expliquer plus en détail à propos de la Flustrella hispida, l'embryon d'Alcyonidium ne conserve pas pendant très-longtemps la symétrie radiaire visible au stade 8, mais dès la fin du stade 32, on constate que l'œuf n'a plus une forme circulaire, et possède au contraire une forme ovale; cet allongement, plus grand d'un côté de l'embryon correspond au passage à la symétrie bilatérale, aussi, peut-on dès cette époque, distinguer outre les faces orale et aborale, deux faces latérales, une antérieure, et une postérieure. J'ai réprésenté des vues suivant ces différentes faces, pour la larve libre, et le stade qui la précède immédiatement ; pour les autres stades, je me suis borné à donner des vues de la face antérieure (fig. 2 à 8) et des faces orale (fig. 13 à 17) et aborale (fig. 9 à 12) qui sont celles sur lesquelles on peut observer la plus grande partie des phénomènes d'embryogénie.

Passons maintenant à d'autres modifications de forme plus importantes : Nous avons déjà vu, que jusqu'au stade de la fig. 3, le développement plus considérable de la face orale ne déterminait guère qu'un accroissement de cette face en hauteur, tandis qu'elle conservait sensiblement le même diamètre que la face opposée, aussi, l'œuf conserve-t-il jusqu'à cette, époque, l'aspect d'une masse arrondie à la surface de laquelle on ne distingue d'autre saillie que celle qui est produite par les grosses cellules de la couronne C divisant l'embryon en deux faces distinctes. Cet état persiste jusqu'à la Gastrula (fig. 3) mais à cette époque l'embryon commence à s'aplatir (fig. 4) et en s'aplatissant, détermine une transformation de l'accroissement en hauteur de la fig. 3 en accroissement en largeur (fig. 4) : les deux moitiés de l'œuf jusqu'ici de diamètre sensiblement égal, commencent par suite à devenir de diamètre inégal, et la face orale avec la couronne, commence à s'étaler (fig. 4) au-dessus de la face aborale de dimensions moindres. — Cette inégalité entre les diamètres change bientôt la division générale de l'embryon en deux faces opposées séparées par la couronne, en une nouvelle division en deux faces de diamètre inégal séparées par un sillon sb et dont la première contient la face aborale, tandis que la seconde contient la face orale bordée par la couronne. — Cette nouvelle division s'accentue beaucoup dans les stades qui suivent, où, à mesure que la face orale avec la couronne s'étale de plus en plus, on voit en même temps, le sillon sb s'approfondir, et la face aborale se concentrer en une masse arrondie qui fait saillie au dehors de la face orale qui la recouvre en partie (fig. 5, 6); à la fin, cette dernière arrive à former avec la couronne, une plaque discoïde en forme de soucoupe à face concave de plus en plus profonde, et de laquelle on voit faire saillie la face aborale, pédonculée (masse aborale) au niveau de sb, et présentant en son milieu un point de largeur maximum $R\,M$ à partir duquel elle décroît vers les deux extrémités.

Cette nouvelle division, déterminée par l'apparition du sillon sb, en face évasée portant la couronne, et masse aborale pédonculée qui présente en $R\,M$ un point de largeur maximum, est un stade qui possède une grande importance, et qu'il importe ici de remarquer avec soin : nous avons en effet chez les Cyphonautes, un état identique, qui nous permet même comme nous le verrons, d'établir la liaison entre les deux types: Ainsi transformée en une masse aborale pédonculée, renflée en son milieu, la face aborale peut arriver par la suite à présenter des différenciations d'une assez grande étendue, mais il n'en est pas ainsi chez l'Alcyonidium où on la voit au contraire éprouver dans la suite un développement d'une grande simplicité : le point de largeur maximum $R\,M$ de cette masse aborale, ne tarde pas à s'accentuer beaucoup en netteté, et forme bientôt une arête saillante (fig. 6, 7 $R\,M$) qui est la première trace *du bord de la ventouse*, et au-dessus de laquelle le sommet d'abord arrondi (fig. 5) de la masse aborale (fig. 6, 7) ne tarde pas à s'étaler en un disque plat (base de la ventouse). — La masse aborale est dès lors complètement transformée en ventouse : le disque plan constitué par sa face supérieure en forme la base, le renflement RM plus accentué en forme le bord ; la portion de face aborale qui relie ce bord au fond du sillon sb constitue pour ainsi dire le corps de la ventouse, relié à la couronne par la portion basilaire de la face aborale, qui s'étend du sillon sb jusqu'à elle.

Ainsi, dès le stade de la fig. 6, nous voyons que la face aborale est déjà divisée par le sillon sb, en ventouse et en partie qui l'unit à la couronne, et possède par conséquent déjà d'une manière complète, la disposition définitive (fig. 19) néanmoins, entre ces deux états semblables (fig. 6 et 19) on constate l'existence d'états différents (fig. 7 et 8) dans lesquels la ventouse au lieu d'être logée dans la concavité circonscrite par la couronne, fait de nouveau saillie tout entière au-dehors ; à ces stades, qui se reproduisent d'une manière constante, la membrane située entre le bord RM de la ventouse et la couronne, au lieu de tapisser le sillon sb, est devenue toute entière visible à l'extérieur, et on voit alors, qu'elle porte en son milieu un étranglement sb qui correspond au fond du sillon sb, et qui continue à la diviser en ses deux parties (ventouse, et portion réunissant la ventouse à la couronne) ; ce changement, qui résulte d'un accroissement général de la cavité du corps, n'est qu'une suite directe des phénomènes de différenciation histologique qui s'effectuent à cette époque, et ne constitue par lui-même absolument rien d'important ; il cesse à l'éclosion par suite d'un simple mouvement de contraction de l'embryon qui retire de nouveau à lui la ventouse, et qu'il faudrait bien se garder de prendre pour un nouveau processus d'aplatissement général ; la ventouse se trouve en réalité complètement formée dès le stade fig. 96, par simple accentuation de la ligne RM de largeur maximum de la face aborale, et aucun des phénomènes qui s'effectuent ensuite n'a de signification en ce qui regarde cette formation.

2. — DIFFÉRENCIATION HISTOLOGIQUE. — *Formation du Mésoderme.* —

Tant que les limites des sphères de segmentation de plus en plus petites des deux faces de l'embryon demeurent bien distinctes, comme jusqu'au stade de la fig. 5, la structure interne des différents éléments demeure la même qu'au début du développement, c'est-à-dire qu'ils restent toujours composés de protoplasme tenant en suspension des granules de deutoplasme uniformément répartis, mais cet état n'est pas de très-longue durée : on ne tarde pas en effet, à voir chez l'alcyonidium, les limites des différentes cellules de la peau devenir de moins en moins visibles, de manière à changer graduellement la structure cellulaire des feuillets en une structure en apparence sarcodique, avec granules et noyaux disséminés, comme chez les larves d'annélides, et dans laquelle il ne m'a plus été possible de distinguer aucun élément figuré. — Au moment où commence à s'opérer cette disparition des limites entre les cellules, on voit en même temps les granules du deutoplasme qui s'y trouvaient jusqu'ici uniformément répartis, quitter graduellement la périphérie de l'embryon qui acquiert ainsi une grande transparence, pour se concentrer au centre. Ces changements dans la distribution du deutoplasme sont faciles à suivre d'après la coloration rouge, qui, d'abord uniforme sur tout l'embryon, se concentre ensuite en quelques points spéciaux, tandis que le reste devient incolore et transparent. — La fig. 15 nous montre par la face orale, un embryon chez lequel les limites des sphères de segmentation commencent déjà à devenir indistinctes, on voit que l'embryon montre une différence de coloration sensible entre la partie centrale qui revêt l'intestin, et la périphérie occupée par la couronne, aussi constate-t-on que dès ce stade, les granules rouges du deutoplasme, ont quitté la périphérie pour se porter à la partie interne de la peau ; — la face aborale de ce même stade montre une différence de coloration beaucoup moins sensible, néanmoins, on peut voir au centre de la ventouse, une partie plus colorée *m i* qui correspond à une accumulation en ce point, des granules du deutoplasme. — La figure 6 montre le même stade vu de profil. — On constate en outre, à cette époque, la multiplication plus abondante des cellules de la couronne, et l'on voit de plus, dans la fig. 15, que les parties internes se sont mieux circonscrites et commencent à devenir plus visibles au dehors ; l'intestin se montre séparé de la couronne par une ligne de démarcation fortement tranchée (cavité du corps) et paraît déjà divisé en estomac bilobé et en pharynx, ce dernier portant l'ouverture buccale, qui s'est refermée en une petite ouverture semi-circulaire située à la partie antérieure de l'embryon.

Le stade suivant (fig. 7, 16) nous montre les mêmes phénomènes plus avancés et présentant une netteté beaucoup plus grande : les limites des sphères de segmentation y sont disparues d'une manière complète, et les différents feuillets dont se compose l'embryon paraissent uniquement formés, comme chez les larves d'annelides, d'une couche sarcodique à granules et noyaux. — En regardant l'embryon par la face orale, on voit que l'intestin, encore intimement appliqué au stade précédent, contre le pourtour de la peau constituée par la couronne (fig. 15) s'en est maintenant écarté en donnant naissance à une portion circulaire, plus spacieuse de cavité du corps. Ce processus est accompagné, comme nous l'avons dit, d'une espèce de dévagination de la face aborale, jusqu'ici enfoncée dans le sillon *s b*, de sorte qu'en même temps que, par l'accroissement de la peau de la face orale, une cavité circulaire se forme autour et au devant de l'intestin, une autre cavité beaucoup plus spacieuse se forme derrière lui, dans l'espace circonscrit par la face aborale transformée en ventouse. — C'est dans la spacieuse cavité du corps ainsi formée que vient s'accumuler la masse des granules colorés du deutoplasme : ces granules, que nous avions vu, au stade précédent, quitter les parties superficielles de l'embryon pour venir se condenser à la partie interne de la peau, se détachent maintenant de cette dernière sur toute sa surface, et tombent dans l'intérieur de la cavité du corps, où ils forment des amas libres plus ou moins considérables. — Le plus important de tous ces amas est celui qui provient de la délamination de la face aborale (ventouse) : elle forme une épaisse masse granulograisseuse *m i* bien visible surtout sur les vues de côté (fig. 18 *m i*) et qui, lorsqu'on regarde l'embryon par la face aborale (fig. 11 et 12) est toujours visible sous l'aspect d'une portion centrale plus foncée, située au milieu de la base de la ventouse. Une seconde partie également importante est celle qui provient de la délamination des granules colorés de la face orale : ces derniers forment tout autour de l'estomac et du pharynx, une zone colorée *m s* qui, au stade fig. 16 comble complètement la cavité circulaire laissée libre entre ces organes et la peau. — Dans la couronne, là où les différentes sphères vitellines ont continué à conserver leurs limites précises pour former un anneau d'éléments radiaires caractéristiques, les granules colorés ne se sont pas détachés pour tomber comme ailleurs dans la cavité du corps, mais sont demeurés à la partie interne des éléments radiaires, où ils subsistent même après l'éclosion pour former en ce point un cercle coloré *G* situé (fig. 7 et 8) sur la face aborale de la couronne, et qui persiste jusqu'à la fixation. — A ce stade, l'embryon a perdu sa couleur uniformément rouge, pour ne plus présenter comme parties colorées, que les trois parties *m i*, *m s* et *G ;* l'intestin apparaît sous forme de deux taches blanches, visibles au milieu de la masse *m s*, et qui représentent le pharynx et l'estomac.

De ces trois parties *mi*, *ms*, et *G*, les deux premières surtout, constituent des parties réellement importantes, que je considère comme *formant ici le feuillet moyen*, composé constamment comme chez les Entoproctes, d'une masse aborale *m i* et d'une couche labiale *m s*, seulement ces deux portions n'ont plus ici la même organisation complexe que nous leur avons décrite chez les Entoproctes, mais ne consistent plus qu'en masses graisseuses dérivant des granules colorés du deutoplasme, qui ne tardent pas à se réunir en globules de taille variable. — C'est au stade suivant (fig. 8, 12, 17, 18) précèdant immédiatement l'éclosion de l'embryon, que ces deux masses se montrent avec le plus de netteté : l'embryon a continué à s'accroître et à se renfler, de sorte que la cavité du corps est de plus en plus volumineuse : la masse *m i* se voit dans les vues de côté, sous forme d'une épaisse masse granulo-graisseuse qui relie la partie supérieure de l'intestin au milieu de la ventouse (fig. 18 *mi*) et la zone *ms* au lieu de remplir tout l'espace, compris entre la peau et l'intestin, s'est écarté beaucoup de la paroi du corps, pour ne plus former qu'une bande colorée autour de l'intestin, qui, de son côté s'est aussi beaucoup écarté de la peau, dont il commence maintenant à être séparé par une spacieuse cavité du corps. — La figure 12 montre par le pole aboral le cercle G, et la masse $m\,i$ visible sous forme d'une tache colorée au centre de la ventouse. — Dans la suite, cette masse essentielle $m\,i$ du feuillet moyen, bien que devenant un peu moins visible par suite du mouvement de retrait, (comparez fig. 18 et 20) qui accompagne l'éclosion, demeure cependant toujours dans le même état, et forme encore au moment de la fixation, une masse épaisse qui relie l'intestin au fond de la face aborale (fig. 23 $m\,i$) — La couche labiale $m\,s$ subit des changements plus considérables : dès le stade fig. 17, on voit, en effet, que la masse colorée qui entoure l'intestin, se trouve plus épaisse en deux points spéciaux : autour du pharynx, en $m\,p$, et au bas des deux lobes de l'estomac, en $m\,a$; dans la suite, ce caractère s'accentue de plus en plus, et la zone colorée qui entourait l'intestin finit par disparaître des parties latérales, pour se concentrer en ces deux points, en masses pigmentaires plus fortement colorées, et qui, chez la larve libre, ne constituent plus absolument que deux taches pigmentaires (fig. 21) la première $m\,p$ qui entoure complètement le pharynx, la seconde $m\,a$ qui forme un simple point rouge situé à la partie inférieure, entre les deux lobes de l'estomac, au point, où peut-être se trouve l'anus ? — Nous voyons donc, que, contrairement à la masse aborale $m\,i$ du mésoderme, sa couche labiale, subit chez la larve libre, une grande réduction. — La zone pigmentaire G de la couronne, demeure inaltérée jusqu'à la fixation.

Pendant que s'effectuaient ces phénomènes importants d'accroissement général, avec dilatation de la cavité du corps, et accumulation du deutoplasme au centre, se sont produits aussi d'autres phénomènes de perfectionnement : le stade fig. 16 nous montre déjà autour de la couronne l'apparition d'un cercle de cils vibratiles, de plus, on constate qu'à la même époque, l'œsophage et l'intestin sont devenus plus nets, et que l'ouverture buccale, d'abord peu spacieuse (fig. 15) commence à se prolonger un peu vers le bas; la même figure montre aussi le changement de forme général de l'embryon, qui, de la forme ovale du stade fig. 13, revient graduellement à la forme plus arrondie, jusqu'à ce qu'il ait acquis la forme complètement circulaire qu'il possède (fig. 12, 17,

21, 22) à la fin du développement. Au stade fig. 8, 12, 17, 18, les fins cils que nous avons vu apparaître sur la couronne, se sont différenciés en un cercle de forts cils vibratiles, (fig. 8 et 18) et on constate de plus, l'apparition, au-dessus du pharynx, d'autres cils également assez longs, réunis en un espèce de plumet explorateur, déjà entrevu par Farre en 1837; — en même temps, nous voyons qu'au bord R M de la ventouse, se sont différenciée des espèces de grosses cellules, à aspect radiaire quand on les voit de face (fig. 22) et qui portent une couronne de courts et fins cils raides (fig. 8, 18, 19, 20). Au même stade se voit de plus en plus nettement l'intestin divisé en estomac bilobé et pharynx portant l'ouverture buccale; cette dernière se montre maintenant distinctement prolongée en une fente allongée qui a acquis l'aspect qu'elle présente chez la larve; les grosses cellules radiaires de la couronne sont de plus en plus nombreuses, enfin, nous constatons également à ce stade, un dernier phénomène d'une importance assez grande, qui consiste en ce que la peau de l'embryon, après avoir passé aux stades (fig, 7, 11, 16) par une structure complètement sarcodique, commence à se différencier de nouveau en éléments distincts; ces derniers, déjà vaguement indiqués dans la fig. 8, constituent, dans la larve libre, de petits corps réguliers en forme de cellules (fig. 21) de structure granuleuse, et disposés à la manière d'un épithélium, mais dans lesquels je n'ai pas pu observer de noyau; ces corps constituent chez la larve libre, les éléments des feuillets, et ces derniers reviennent par conséquent de nouveau à une structure complètement cellulaire. — En même temps que s'effectue cette différenciation, on voit les grosses cellules radiaires de la couronne se remplir d'éléments refringents qui leur donne chez la larve libre, un aspect tout-à-fait spécial, assez embarrassant si l'on ne connaissait la série des phénomènes; la couronne prend en effet l'aspect d'une zone composée d'une série d'éléments (cellules) formés de globules très-réfringents, incolores en dehors, rouges en dedans, qu'il est *difficile de reconnaître encore pour de véritables cellules*, et séparés les uns des stries radiaires (limites des cellules). C'est là ce qui explique la description de Farre, qui paraît avoir pris ces stries de séparation pour des faisceaux musculaires servant d'appareils de mouvement et de soutien aux cils vibratiles. — Il est aisé de voir d'après ce qui précède, que ce ne sont que les lignes de séparation des différentes cellules.

Les fig. 19, 20, 21, 22 représentent la larve complètement formée : elle possède un aspect complètement discoïde (fig. 21 à 22) : par suite du retrait (dû à la contractilité propre de la larve) de la ventouse dans le sillon *s b*, la face orale, qui au stade (fig. 18) ne dépassait que peu le niveau de la couronne, a de nouveau repris (fig. 20) sa forme saillante, tandis qu'au contraire, la face aborale, est de nouveau partiellement recouverte par la couronne relevée vers le haut, et ne laisse plus saillir au dehors que la partie supérieure de la ventouse; de plus, par suite du même processus de retrait, la base aplatie de la ventouse parait, dans les vues de face, être plus étendue qu'au stade précédent, et recouvrir (fig. 22) presque toute la partie de la peau qui s'étend entre elle et la couronne. — La même fig. 22 nous montre d'une manière bien nette l'aspect radiaire causé, au bord de la ventouse, par les grosses cellules qui portent les poils raides, ces cellules sont saillantes, comme on le voit dans la fig. 19, et ce sont peut-être celles que Van Beneden et Farre auront aperçus, quand ils signalent, le premier, des rudiments de tentacules, le second, des bosses transparentes disposées en cercle sur cette partie. — Lorsqu'on regarde la ventouse de face, on aperçoit encore chez la larve libre, une tâche plus obscure, en fer à cheval, et située au centre de la tâche colorée produite par la partie supérieure de la masse *mi*; cette tâche plus obscure, sur laquelle j'aurai du reste l'occasion de revenir sur d'autre espèces, est difficile à étudier d'une manière suffisante, et nécessiterait l'emploi de coupes, si l'on voulait s'en faire une idée bien complète, elle m'a paru cependant formée par une petite fossette spéciale dépendant de la peau, et plongée au milieu de la masse *mi*.

Tous les autres caractères de la larve libre (plumet *pl*, tâches pigmentaires *ma*, *mp*, etc.) sont les mêmes que ceux des stades précédents, à cela près que la cavité du corps est plus spacieuse encore, et que la différenciation des différents feuillets en éléments cellulaires est devenue très-visible; on remarque de plus chez la larve libre, que cette différenciation, visible jusqu'ici seulement sur la peau, s'est également étendue au tube digestif, dont l'estomac bilobé se montre maintenant creusé d'une cavité en communication avec celle du pharynx, et limitée par une paroi propre colorée en jaune et formée d'une couche de cellules épithéliales à noyau, de la plus grande netteté (fig. 21) ; l'intestin se montre dès lors très-distinctement composé d'un pharynx communiquant avec le dehors par l'ouverture buccale en forme de fente allongée, et aboutissant à un estomac bilobé à parois formées d'épithélium cylindrique. — La présence de l'anus est incertaine, il serait possible qu'il existât au milieu du point pigmentaire rouge *ma*, mais la chose est plus que douteuse, et je penche plutôt vers la négative. — Une dernière particularité de la larve libre consiste dans la présence vers la partie postérieure, de deux paires de longs flagellums mobiles, mais assez raides (fig. 20, 21, 22 *fl*) susceptibles de s'étendre comme dans les figures, ou de se replier contre le corps, de manière à devenir presque complètement invisibles ; ces flagellums n'avaient jamais, que je sache, été signalés chez l'Alcyonidium, mais Gosse les a décrits dès 1853 (1) chez la Lepralia Peachii où il les figure d'une manière reconnaissable ; ces flagellums se trouvent insérés entre la couronne et la face orale, et paraissent, comme on le verra, extrêmement constants.

2. — MÉTAMORPHOSE.

Après avoir nagé pendant un certain temps, la face orale dirigée en bas, et le plumet ciliaire dirigé en avant, comme le représente la fig. 20, les larves d'Alcyonidium ne tardent pas à se fixer : ce processus a déjà comme je l'ai dit, été observé chez ce genre, par Farre (halodactylus diaphanus) et Dalyell (alcyonium palmatum, mais sans qu'ils nous aient signalé autre chose qu'une division générale de la larve en masse interne opaque, et en zone claire périphérique : j'ai cherché en plaçant des larves dans des verres de montre que j'observais d'heure en heure, à me rendre

---

(1) Gosse. A naturalists rambles on the Devonshire coast.

compte des premiers phénomènes encore si peu connus, de la métamorphose : la fig. 24 représente l'état le plus instructif que j'aie pu observer par ce moyen : je l'ai trouvé dans un de mes verres de montre, fixé *par la ventouse*, une heure après avoir vu toutes les larves que j'y avais placées, encore parfaitement mobiles ; il date donc des premiers temps de la fixation ; malgré cela, on y constatait déjà de nombreux changements : la couronne ciliaire avait perdu ses cils, et ne présentait plus les limites de ses cellules, elle était remplacée par une zone très-large occupant toute la partie moyenne de l'embryon, et ne laissant saillir à chaque pôle, qu'une petite partie de chacune de ses deux faces : à la partie supérieure, tout autour de la face orale, se distinguait encore, bien que fort affaibli, le cercle coloré G de la couronne ; sur la même face, dirigée en l'air, se voyait encore le pharynx ph et les deux taches pigmentaires ma et mp ainsi qu'une tache jaune représentant l'estomac, mais toutes déjà beaucoup affaiblies et n'apparaissant plus que d'une manière confuse ; l'ouverture buccale s'était rétrécie, et déjà presque entièrement refermée. — En détachant l'embryon de son point d'attache, on distinguait de même au centre de la ventouse très-réduite, une tache colorée représentant encore la tache $m\,i$ des stades précédents, en le traitant par l'acide acétique, on voyait enfin, dans son intérieur, l'intestin apparaissant, dans les vues de profil (fig. 24) sous forme d'une tache blanche entourée par une masse granulo-graisseuse ms, mi occupant la cavité du corps presque entière, et se prolongeant jusqu'à la ventouse, on retrouve en somme encore à ce stade, presque toutes les parties de la larve libre (intestin, mésoderme oral ms et aboral mi), mais on voit que l'intestin commence à diminuer beaucoup en netteté et à se confondre avec le mésoderme granulo-graisseux qui l'entoure de toutes parts, tandis que l'ouverture buccale se rétrécit et commence à disparaître avec le pharynx ; il est fort probable, bien que je n'aie pu encore suivre pour cela le passage d'une manière assez graduelle, que la large zone, du milieu du corps, se trouve produite par la réunion de la couronne à la partie inférieure (de G à $R\,M$) de la face aborale venant se confondre en une zone continue à la suite de la disparition des cellules de la couronne, et du sillon $s\,b$.

. Ce stade nous montre déjà deux processus importants : 1º le commencement de la fusion des différentes divisions de la peau en un sac uniforme, et 2º le commencement de la dégénérescence du tube digestif, qui semble se confondre graduellement avec la masse granulo-graisseuse mésodermique. — Je n'ai malheureusement pu continuer à suivre à partir de ce stade, le passage graduel aux états ultérieurs, car cet embryon que j'avais sacrifié pour l'étudier plus en détail n'a pu être utilisé pour l'étude des phénomènes ultérieurs, et tous les autres essais que j'ai faits ensuite pour obtenir encore de nouvelles fixations, n'ont abouti à rien ; je suis donc obligé de passer directement aux premiers stades, déjà plus développés, et observés soit sur les plantes marines ramassées sur la plage, soit sur les porte-objets que je laissais tremper dans les vases qui renfermait les larves libres ; le premier stade ainsi observé (fig. 25) correspondait d'une manière exacte au stade généralement décrit comme étant le premier après la fixation ; il se composait d'un sac aplati (cystide) déjà composé d'endocyste et d'ectocyste, ce dernier gélatineux, et étalé sur les bords en une zone anhiste *z* analogue à celle que nous avons vue chez les cyclostomes ; à l'intérieur de ce sac (cystide) se trouvaient des globules graisseux irrégulièrement disséminés, et au milieu desquels on voyait déjà un corps blanc allongé muni d'une cavité centrale, et déjà reconnaissable comme rudiment de polypide ; nous voyons qu'il y a chez l'alcyonidium comme chez les Tendra, Lepralia etc., disparition complète de la structure de la larve, pour arriver à un stade composé d'un sac uniforme (cystide) et d'une masse interne granulo-graisseuse au milieu de laquelle se distingue déjà le rudiment de polypide.

Entre les deux stades fig. 24 et 25 le passage est difficile à suivre d'une manière précise, néanmoins, j'ai pu me convaincre, que le processus de dégénérescence des organes internes, déjà visible fig. 24 se continuait dans la suite de manière à réduire complètement l'estomac en une masse graisseuse qui se confond avec celle du mésoderme qui l'entoure de toutes parts ; la masse des globules graisseux du stade fig. 25 correspond donc à la réunion des feuillets interne et moyen. — Le pharynx m'a paru persister plus longtemps sous forme d'une tache blanche ressemblant un peu au rudiment de polypide *pol*, et peut-être est-ce en effet au niveau de l'ancienne ouverture buccale, que ce rudiment se forme aux dépens de la peau ; cette observation viendrait à l'appui de celle de Claparède sur le Bugula avicularia, néanmoins, je ne puis encore rien dire de bien certain à ce sujet.

Après la production du stade fig. 25, possédant seulement, comme parties internes, une masse granulo-graisseuse représentant la réunion des feuillets interne et moyen, et un corps blanc, ovale, *pol* peut-être dérivé d'une dernière portion (Pharynx?) du tube digestif, on voit la formation de la loge primitive s'effectuer d'une manière extrêmement rapide : elle se réduit en somme à l'accroissement du rudiment *pol* qui se développe suivant le mode ordinaire en un polypide complètement formé avec gaine tentaculaire venant se mettre en relation avec l'endocyste pour former bientôt l'ouverture de la loge *o l* qui ne constitue ici qu'un simple orifice susceptible de se dilater et de se refermer à volonté à l'aide d'un sphincter. — La masse granulo-graisseuse finit comme partout ailleurs, par se condenser en quelques lambeaux, qui se résorbent dans la suite du développement, néanmoins, cette disparition se fait ici d'une manière tout-à-fait distincte de celle que Repiachoff a décrite chez la Lepralia Pallasiana et le Tendra Zostericola, et que nous retrouvons d'ailleurs chez plusieurs autres types ; la masse graisseuse au lieu de se réunir en une masse compacte, située à la partie inférieure du polypide, se condense généralement en une couche continue, disposée le long de la paroi interne de l'endocyste, et en une masse irrégulière située derrière le pharynx : c'est un second mode que nous retrouverons aussi d'une manière plus nette chez la Flustrella hispida ; finalement, ces parties granulo-graisseuses, paraissent donner naissance aux fibres musculaires (gros rétracteurs et pariétaux) comme nous le décrirons du reste plus soigneusement pour la Flustrella ; ce sont donc un peu près les mêmes éléments, qui forment la masse mésodermique de la larve, et le feuillet moyen (muscles) du bryozoaire adulte.

3. BOURGEONNEMENT.

Le bourgeonnement de l'alcyonidium commence à s'effectuer peu après le stade fig. 25, de sorte que, avant même que la loge primitive se trouve achevée d'une manière complète, elle porte déjà plusieurs bourgeons (fig. 26). Le bourgeonnement de la loge primitive est toujours latéral, et peut se faire tantôt à droite (fig. 26-28) tantôt à gauche (fig. 27) ; mais, dans tous les cas, l'un des deux bourgeons latéraux paraît avorter, du moins je n'ai jamais rencontré un seul cas, où ils existassent tous deux en même temps. — A peine formé, le premier bourgeon (fig. 26 ; 1) donne naissance à deux nouveaux bourgeons latéraux (fig. 26-2, 2) ; ces bourgeons latéraux se dédoublent ensuite pour donner naissance à deux nouvelles loges rudimentaires (fig. 28 : 3, 3) et ces dernières, de nouveau en deux autres loges (fig. 27, 4. 4) de sorte que la loge primitive finit par se trouver entourée d'une manière complète, par les jeunes loges issues du bourgeon latéral 1, qui commencent à se prolonger en fer à cheval sur tout son pourtour ; dans la fig. 28, les deux bourgeons 4, 4 situés aux extrémités du fer à cheval, sont venus se rejoindre, et celui d'en haut, s'est même divisé en une dernière loge 5 ; l'environnement de la loge primitive est alors complet, et l'on obtient ainsi un petit cormus de forme discoïde dont la loge primitive *o* occupe le centre ; l'âge de ces différentes loges est aisément indiqué, indépendamment de leur taille, par le degré de développement du polypide qui y est contenu, comme le montrent les fig. 26-27-28 ; le mode de formation de ces loges les unes aux dépens des autres, ainsi que le bourgeonnement du polypide à l'intérieur aux dépens de l'endocyste, s'effectuent du reste tout-à-fait de la même manière que dans les cas ordinaires de bourgeonnement, et on ne retrouve plus dans une seule d'entre elles, aucun des caractères qui distinguent sa formation dans la loge primitive (évolution des globules graisseux, etc.).

Dès sa naissance, chacune des loges que nous avons vu entourer la loge primitive, possède la faculté d'émettre à sa partie libre, de nouveaux bourgeons, soit latéraux, comme le bourgeon situé entre 1 et 2 des fig. 26, 27 et venant alors boucher l'intervalle compris entre deux loges consécutives, soit terminaux, et au nombre d'un ou plusieurs par loge (voy. fig. 27, 28) ce qui fait que le disque formé par l'extension des bourgeons 1, 2, 3, 4, 5, autour de la loge *o*, présente bientôt un *bord d'accroissement* sur toute sa périphérie ; à partir de ce stade le cormus ne s'accroît plus que par développement régulier de ce bord d'accroissement comme l'ont décrit Smitt et Nitsche, et nous retombons dans la règle générale. — Au-delà du bord d'accroissement, on voit encore aux stades fig. 27, 28 se prolonger la zone anhiste *z* qui reste ici à l'état d'une simple expansion périphérique de l'ectocyste gélatineux.

RÉSUMÉ.

1. — FORMATION DE LA LARVE.

1. (*Blastula*). — La segmentation, extrêmement caractéristique, nous conduit bientôt, à l'aide d'une série de segmentations parallèles aux deux premiers plans méridiens (fig. 1, pl. 5, 2, 3, pl. 11) à un stade 32 (fig. 2, 9, 13, pl. 5) *qui représente la blastula*, et dans lequel on distingue (fig. 2), 1° une face aborale *I* formée par les 16 cellules de la petite moitié de l'œuf, 2° une couronne *C* formée par les 12 cellules périphériques de la grande moitié et 3° une face orale *S* formée par les 4 cellules de la grosse moitié (en entendant par moitiés, les deux portions de l'œuf séparées par le plan équatorial, et qui, d'abord égales fig. 1 se sont ensuite accrues avec une rapidité différente).

2. (*Gastrula*). — Au stade suivant (fig. 3) les cellules des faces orale et aborale se sont segmentées en nombreux éléments, tandis que celles de la couronne, à disposition radiaire, sont restées volumineuses ; en même temps, on constate une invagination de la face orale ; c'est le stade Gastrula (fig. 3-14).

3. L'embryon s'aplatit ensuite de manière à ce que la face orale réunie à la couronne (grosse moitié de l'œuf) arrive à s'étaler au-dessus de la face aborale qui s'arrondit en une masse pédonculée en s'enfonçant dans la précédente (fig. 4, 5, 6) on obtient ainsi un nouveau stade fort important composé (fig. 5, 6), d'une face évasée bordée par la couronne, et d'une masse aborale enfoncée dans un sillon *sb*, et présentant en son milieu un point de largeur maximum *RM*. — Chez l'Alcyonidium l'embryon dérive de ce stade d'une manière directe par suite de ce fait particulier, que chez lui, *la ventouse correspond exactement à la masse aborale*, on voit simplement le point de largeur maximum de cette dernière s'accuser pour former un angle saillant *RM* (fig. 6, 7, 8) qui se couvre bientôt d'une couronne de poils raides et constitue *le bord de la ventouse*, tandis que la portion située au-dessus s'aplatit pour former *la base de la ventouse*. — La portion située depuis la ligne *RM* jusqu'au fond du sillon constitue le corps de la ventouse; elle est reliée à la couronne par une dernière portion de face aborale, s'étendant de la couronne jusqu'au fond du sillon *sb*.

4. En même temps que s'effectuent ces changements, a lieu une accumulation générale du Deutoplasme au centre de l'œuf; celui de la couronne ne fait que se porter à la partie interne des cellules radiaires où il demeure sous forme d'un cercle coloré *G* ; celui des faces orale et aborale quitte les cellules qui le contenaient pour tomber dans la cavité du corps et former deux amas qui représentent le mésoderme; le premier (mésoderme aboral) constitue une masse volumineuse (fig. 18 *mi*) qui remplit toute la portion de cavité du corps située derrière l'intestin, et persiste à cet état, la seconde (mésoderme oral ou labial (fig. 15, 16, 17*ms*) forme autour de l'intestin une bande d'abord continue, mais qui se réduit chez la larve libre (fig. 19, 20, 21, 22) à deux tâches pigmentaires *mp* et *ma*.

Le reste ne concerne que des changements moins importants (différenciation du tube digestif, de la peau, etc.) qui s'effectuent en même temps, et pour lesquels je renvoie à la description détaillée, à l'éclosion,

la larve possède la structure des fig. 19 à 22, et ne présente (le mésoderme et la fossette centrale de la ventouse exceptés). d'autre organe interne que le tube digestif extrêmement net et divisé en pharynx et intestin.

2. — MÉTAMORPHOSE.

1. Le premier phénomène qui se voit après la fixation de la larve par
sa ventouse, parait être la disparition de toute ligne de démarcation entre
la couronne et la face aborale, qui semblent se confondre jusqu'à la ligne
RM, en une seule portion occupant toute la partie moyenne de l'embryon
(fig. 24) ; en même temps, le tube digestif entouré de la masse mésodermique granulo-graisseuse parait éprouver un processus graduel de dégénérescence, et de fusion avec la masse granulo-graisseuse dont il devient
bientôt difficile à distinguer.

2. Ces deux processus, de disparition des différentes divisions de la
peau, et de dégénérescence des organes internes, continuent ensuite, et
on obtient bientôt un sac uniforme (cystide) renfermant dans son intérieur une masse granulo-graisseuse qui représente *les feuillets interne et
moyen*. — Dans la dégénérescence du tube digestif, le pharynx parait
persister plus longtemps que le reste, et c'est peut être à son niveau que
se forme le rudiment de polypide *pol*.

3. Aux dépens du stade fig. 25 la loge primitive s'achève suivant le processus ordinaire : la masse granulo-graisseuse se dispose suivant le
même mode que chez la Flustrella, c'est-à-dire qu'elle se condense autour
de l'endocyste et du polypide pour former les muscles (gros rétracteurs
et pariétaux).
Le bourgeonnement primitif est latéral : il y a ensuite environnement
complet de la loge primitive, et formation sur tout le pourtour, *d'un bord
d'accroissement*, aux dépens duquel le bourgeonnement s'effectue suivant
le mode ordinaire.

3. — AFFINITÉS.

Le groupe de larves auquel se rattache l'Alcyonidium fait partie d'un type très-riche en formes et auquel appartiennent la plupart des embryons décrits jusqu'à ce jour ; les mêmes relations que nous avons constatées entre les larves de Cyclostomes et celles des Entoproctes, existent également pour l'Alcyonidium qu'on peut prendre pour type de la troisième forme ; il suffit pour s'en assurer, de jeter un coup d'œil sur les fig. 3 pl. 1, 14, pl. 3, et 3 pl. 5 qui représentent le stade commun (Gastrula à trois divisions) chez les trois types ; il n'y a dans ces relations rien qui n'ait déjà été expliqué avec grand détail à propos des Cyclostomes ; aussi me dispenserai-je d'insister de nouveau ici sur ce sujet.

Ces relations générales étaient d'abord les seules que je me croyais en droit d'établir entre la forme larvaire de l'alcyonidium, et les deux précédentes : l'observation d'un dernier phénomène qui me reste à décrire m'a montré qu'il y avait entre elles des rapports plus directs ; j'observais un jour quelques larves libres, toutes parfaitement constituées, et nageant librement au milieu du liquide, la face orale en bas et le plumet ciliaire dirigé en avant (fig. 20) lorsque je vis l'une d'elles se reposer sur la face occupée par la ventouse, puis le bord inférieur de la face aborale, commencer à se contracter lentement en forme de sphincter, de façon à se resserrer au-dessus de la face orale et de la couronne, transformés ainsi en une espèce de vestibule, comme je l'ai représenté dans la fig. 23 pl. 6 ; pendant près d'une minute, je pus observer la larve dans cet état, avec les cils de la couronne rassemblés en touffe et faisant saillie à travers l'ouverture du vestibule, autour de laquelle on voyait très-bien le bord en sphincter de la face aborale, se contracter et se dilater alternativement ; au bout de ce temps, les contractions cessèrent et je pus voir la larve revenir complètement à son état normal, puis quitter le point ou elle s'était reposée et se remettre à nager comme par le passé.

Ce phénomène, très-rare, et qu'il ne m'a été donné d'observer qu'une seule fois, me parait posséder une grande importance au point de vue de l'appréciation générale de la structure de notre troisième forme larvaire ; on est d'abord tenté de l'attribuer à la fixation, et cette hypothèse qui nous montre la face orale, s'invaginant pour donner naissance à la gaine tentaculaire, ne laisse pas que d'être fort séduisante, mais l'étude directe de la métamorphose, et la présence du stade fig. 24 nous montrent que les faits n'y sont pas favorables; nous devons donc nous borner à considérer l'état de la fig. 23, comme ne représentant qu'un état de retrait, extrêmement rare mais se produisant néanmoins exceptionnellement chez l'Alcyonidium; les larves d'Alcyonidium, et par suite, toutes celles de notre troisième type, sont donc des organismes directement comparables aux larves d'Entoproctes, et dans lesquels la face orale peut être *considérée comme un vestibule,* seulement, ce passage de l'état d'extension à l'état de retrait, qui fait concorder d'une manière si soudaine, deux formes d'aspect ordinairement si distinct, au lieu de s'effectuer d'une manière normale comme chez les Entoproctes et les Lophopodes, ne s'effectue dans ce dernier cas, que par exception.

II

ESCHARINES (Pl. 7 et 8).

ESPÈCES ÉTUDIÉES

Noms de Smitt.	Noms de Busk.	
1 Lepralia Pallasiana	Lepralia Pallasiana	
2	Lepr.	Spinifera
3 } Mollia Vulgaris	Lepr.	Ciliata
4	Lepr.	Unicornis
5 Membranipora nitida	Lepr.	Nitida
6 Porella lœvis	Lepr.	Concinna
7	Lepr.	. . . .
8 Discopora Coccinea	Lepr.	Coccinea

L'Alcyonidium, que nous venons de prendre pour type à cause des circonstances favorables qu'il présente à l'observateur, ne constitue cependant qu'une forme dérivée : le véritable type de notre troisième forme larvaire est constitué par les larves d'Escharines dont nous allons nous occuper : ces larves présentent, ainsi que j'ai pu m'en assurer sur plusieurs espèces, exactement le même mode de développement que l'alcyonidium, mais elles en diffèrent par une circonstance sur laquelle il est important d'insister dès le début : l'étranglement $s\,b$ de la face aborale, qui divise cette face en *masse arrondie pédonculée* et portion inférieure, et donne lieu comme nous l'avons vu, chez l'Alcyonidium, à la division générale de l'embryon en *masse aborale*, et *face évasée*, ne se produit jamais chez les Escharines, où l'œuf conserve pendant toute la durée du développement l'aspect régulièrement arrondi (fig. 23 pl. 8), qui cesse chez l'Alcyonidium, à partir du stade fig. 3 pl. 5 ; par contre, nous constatons ici une nouvelle division qui n'existait pas chez le type précédent, et qui consiste dans la formation directe d'un sillon $s\,i$ bien différent de $s\,b$, et qui divise la face aborale en deux parties longtemps peu distinctes l'une de l'autre (fig. 23 pl. 8) et qui constituent : la supérieure, la ventouse ; l'inférieure, la portion qui l'unit à la couronne ; ces deux sillons $s\,b$ et $s\,i$ sont essentiellement distincts par leur mode de formation : tandis que le premier résulte d'un changement dans la forme générale, et d'une extension de la face orale au-dessus de l'aborale, le second se forme au contraire d'une manière directe par simple scission de la face aborale. Il faut bien se garder également de confondre *la masse aborale* qui provient de la division causée par l'étranglement $s\,b$ avec la *ventouse* qui provient de la division produite par le sillon $s\,i$; tous deux constituent en effet des parties bien distinctes ; elles peuvent, soit exister simultanément chez un même type, comme nous le verrons chez la *Flustrella hispida* et les *Vésiculaires*, soit ne pas se rencontrer toutes deux ensemble ; chez les Escharines le sillon $s\,i$ producteur de la ventouse, est le seul qui existe, chez l'Alcyonidium nous ne trouvons au contraire que le sillon $s\,b$; mais chez ce second type nous voyons par la suite du développement, que la *ventouse coïncide avec la masse aborale*, et que l'étranglement $s\,b$ qui ne produit normalement que la *masse aborale*, est en même temps, chez ce type, le producteur de la ventouse ; cette circonstance nous conduit à admettre, que, chez l'Alcyonidium, le sillon $s\,i$ n'est pas absent, mais seulement confondu avec le sillon $s\,b$; en réalité je ne connais aucun cas d'absence réelle du sillon $s\,i$, tandis qu'au contraire, le sillon $s\,b$ paraît n'exister que chez certains types ; c'est sur cette constance du sillon *s i*, opposée à l'inconstance du sillon *s b* que je me base pour accorder au premier une valeur morphologique plus grande qu'au second, le premier constituant un caractère général de la forme larvaire de notre troisième groupe, le second se trouvant au contraire spécialisé à quelques types séparés.

Pour terminer ces remarques préliminaires et faire bien comprendre la signification de chacun de ces sillons *s b* et *s i*, il nous reste à prémunir contre toute confusion entre le sillon *s b* des embryons jeunes (fig. 6, pl. 5), produit dès ces premiers stades, par un *processus normal d'embryogénie* (accroissement plus rapide et extension de la grosse moitié de l'œuf), et le sillon *s b* de la larve adulte (fig. 19 pl. 6) produit comme nous l'avons vu, *par un simple retrait* à l'époque de l'éclosion, et qui existe aussi chez les Escharines (voy. pl. 7 et 8 figures coloriées) ; seul le premier semble n'apparaître que dans quelques cas, et caractériser certains groupes spéciaux ; le second n'a pas la même importance morphologique. Il est plus que probable que le sillon *s b* de l'Alcyonidium, n'est lui même qu'un dérivé du sillon *s b* formé par le retrait, néanmoins il n'en importe pas moins de l'en distinguer avec le plus grand soin à cause de son mode de formation distinct et de son apparition beaucoup plus précoce ; c'est de lui seul que nous entendons parler.

En ce qui concerne l'embryogénie des Escharines, il importe avant tout de bien établir, que jamais elles ne présentent ce sillon *s b*, mais que toujours les deux moitiés de l'œuf demeurent (fig. 23 pl. 8) dans un état comparable à celui de la fig. 3 pl. 5 de l'Alcyonidium, sur lequel on voit ensuite apparaître directement le sillon *s i*. Cette distinction fondamentale une fois bien établie, il ne reste plus que peu de choses à dire, sur le développement spécial des Escharines, qui, pour la segmentation et tous les autres faits (accumulation du deutoplasme au centre, etc.) se montre complètement identique à ce que nous avons vu chez l'Alcyonidium : les seules différences consistent dans la réduction, moins forte chez les Escharines, du mésoderme oral *ms* qui demeure à l'état d'une zone continue, et dans l'absence de la différenciation en cellules, des feuillets embryonnaires, qui paraissent conserver ici même après l'éclosion, la structure sarcodique qu'ils ont pendant quelques stades chez l'Alcyonidium ; ces faits bien établis, il ne me reste plus, dans ce qui va suivre, qu'à décrire ici l'état de larve libre de quelques Escharines, tout en y joignant les stades remarquables que j'aurai eu l'occasion d'observer chez les différentes espèces ; avant cela, néanmoins, je donnerai ici comme pour les autres formes un aperçu historique succinct de nos connaissances sur les larves d'Escharines.

<table>
<tr><td rowspan="6">HISTORIQUE</td><td>Nordmann, 1840. [*]</td></tr>
<tr><td>Dalyell, 1847. [**]</td></tr>
<tr><td>Gosse, 1853. [***]</td></tr>
<tr><td>Smitt, 1863-65. [****]</td></tr>
<tr><td>Metschnikoff, 1869. [*****]</td></tr>
<tr><td>Repiachoff, 1875-1876. [******]</td></tr>
</table>

Le premier auteur qui nous donne une description de larve d'Escharine est :

1. NORDMANN. (Tendra Zostericola). — Il décrit cette larve comme ayant d'abord une forme arrondie, devenant ovale à l'éclosion, avec extrémité antérieure effilée, et extrémité postérieure renflée ; elle est un peu déprimée sur les deux faces, et se trouve composée d'une masse homogène avec revêtement général de cils vibratiles plus longs en avant.

2. DALYELL. (Lepralia Margarita). — N'en dit rien dans le texte, mais figure deux masses sphériques uniformément ciliées, et dont l'une parait

---

[*]   Nordmann, 1840. Voyage Demidoff dans la Russie Méridionale et dans la Crimée.
[**]   Dalyell. 1847. Rare and remarquable animals of Scotland.
[***]   Gosse. 1853. A naturalists rambles on the Devonshire coast, p. 218.
[****]   Smitt. Bidrag till Kannedomen etc, dans upsala univers arskrift 1863 et om halsbryoz utveckling och. fettkroppar ;. dans ofvers af K. vet akad forhandl 1865.
[*****]   Metschnikoff. Nachrichten der universitat Gottingen, 1869. n° 12.
[******]   Repiachoff. Zeitschrift, für wiss zool., vol. XXV, fasc. 2 et vol. XXVI, fasc. 2.

porter à son extrémité supérieure, une portion distincte, peut être la ventouse ? En somme ses descriptions sont en général confuses ; la structure générale est celle d'uue masse sarcodique opaque.

3. Gosse. (Lepralia Coccinea). — La larve est de forme globuleuse ou elliptique, elle possède à son extrémité antérieure, une ouverture bordée de lèvres sans forme déterminée, et autour desquelles l'embryon peut se contracter de manière à prendre un aspect pyriforme ; elle est couverte sur toute sa surface de cils vibratiles, et porte en quelques points des paires de longues soies (flagellums) susceptibles de se replier et de s'étaler à volonté ; sa figure est reconnaissable.

4. Smitt. (Lepralia reticulata, Peachii, Pallasiana). — La morula donne naissance à un embryon rond, couvert d'un revêtement général de fins cils vibratiles, et qui bientôt, s'aplatit et acquiert une couronne de cils plus longs, implantés chez la Lepralia reticulata, sur une zone de grosses cellules qui sépare le corps en deux parties inégales dont la plus grosse surplombant un peu la seconde, porte la couronne, et présente en avant une ouverture en forme de fente surmontée d'un plumet vibratile, et entourée d'une tache obscure ; — à son extrémité postérieure, se trouve un renflement blanc en fer à cheval qui entoure cette tache. — On peut considérer ce dernier renflement comme un rudiment de couronne tentaculaire, et la tache interne comme un tube digestif, mais il est plus probable que le premier représente un organe de fixation ; ce serait peut-être alors le second qui serait la couronne. — En avant de la bouche, Smitt signale aussi chez la Lep. Pallasiana, le plumet ciliaire, et parle de cils plus longs dépassant tous les autres (flagellums ?) et qu'il figure disposés sans ordre au milieu du revêtement ciliaire général du Lep. Peachii.

5. Metschnikoff. (Eschara, Tendra). — Leurs larves possèdent comme celles des Acamarchis, Chlidonia et Cyphonautes, *un sac interne, un organe en forme de pied*, et un *bouton* terminal placé comme chez le dernier.

6. Repiachoff. (Tendra Zostericola). — Sa description peut se rapporter d'une manière générale, à celle donnée par Smitt pour la Lepralia Pallasiana, seulement, il retrouve sur l'une des deux faces séparées l'une de l'autre par la couronne ciliaire à grosses cellules, la ventouse de Nitsche, qui avait échappé à l'auteur suédois; il retrouve aussi le sac interne décrit par Salensky comme rudiment de polypide, par Metschnikoff comme l'homologue du tube digestif du Cyphonautes, et par Smitt comme organe adhésif en fer à cheval, et se rallie en somme à l'opinion de ce dernier, en le considérant comme formé d'une ventouse interne, rétractile, et recouverte d'une gaine spéciale formée par les téguments; pour lui, la tache obscure distinguée par Smitt fait partie d'un tube digestif recourbé qui contourne le sac interne (ventouse) d'une manière complète, pour venir s'ouvrir en arrière dans une ouverture anale, et en avant dans la fente buccale qui donne accès dans le pharynx; la ventouse de Nitsche, n'est pour lui qu'un repli du tégument auquel il donne le nom de coiffe (Kappe).

Repiachoff essaie, en se basant sur la forme recourbée de son prétendu tube digestif, de comparer la larve de Tendra au Cyphonautes; la couronne correspond à la frange ciliaire de ce dernier, et la coiffe (Kappe) au bouton terminal du Cyphonautes, mais la position de ce qu'il regarde comme organe adhésif n'est pas d'après lui concordante dans les deux types.

2. (Lepralia Pallasiana). — Même structure générale que la précédente, mais sans signalement de tube digestif; la larve possède en outre une disposition compliquée de pigment brunâtre à l'intérieur du corps, ce pigment forme : 1° une masse centrale (Dotterrest de Claparède); 2° une bande autour de la ventouse, se prolongeant sur les côtés du pharynx, et possèdant près de la bouche une disposition complèxe encore peu claire.

Les différentes espèces dont je décris les larves dans ce qui va suivre appartiennent toutes, comme la liste placée en tête de cette partie le montre, au genre Lepralia tel que le comprend Busk : elles correspondent au contraire d'après Smitt, à des genres très-divers, et, si l'on adopte la classification donnée par cet auteur, on voit que nous avons parmi les espèces étudiées, des représentants de presque toutes les familles des Escharines, c'est-à-dire, des Myriozoïdes (Mollia Vulgaris) Escharines (Lepralia, Porella) et Discoporides ; j'ai adopté en général dans ce qui suit les noms de Smitt, mais comme il m'est impossible de rapporter comme lui les Lepr. Spinifera, Ciliata et Unicornis, à une seule espèce du genre mollia (M. Vulgaris) et que d'ailleurs je ne saurais trop où les placer dans son système, j'ai conservé à ces trois espèces l'ancien nom générique de Lepralia que leur a donné Busk et ses prédécesseurs, bien que ce genre Lepralia ne corresponde plus en aucune façon au genre Lepralia de Smitt, dont fait partie la Lepr. Pallasiana.

Avant de passer au détail de l'organisation de chacune de ces larves, je dois encore combattre la manière de voir de Repiachoff au point de vue de leur structure : je ne puis en aucune façon m'accorder avec lui et Smitt pour considérer la masse blanche interne en fer à cheval de la partie postérieure, comme constituant un organe adhésif recouvert par une portion de la peau (gaine de la ventouse) et susceptible de faire saillie à l'extérieur ; je n'ai jamais pu voir davantage de tube digestif contournant cette ventouse pour aller s'ouvrir à la partie postérieure, de manière à former un intestin recourbé comme chez les Cyphonautes ; pour moi, la structure est, sauf la restriction faite en commençant (sillons $s\,i$ et $s\,b$) complètement identique à celle de la larve d'Alcyonidium (comparez fig. 7, 8, 9 pl. 7 et fig. 20 pl. 6) ; l'organe en fer à cheval, ne constitue ni la ventouse, ni les limites à double contour de la gaine de la ventouse, comme le dit Repiachoff, mais forme bien un organe interne en relation directe avec le pharynx, et qui représente un estomac arrondi, fermé en cul de sac ; je n'ai jamais pu découvrir chez les Escharines, rien qui pût jamais être rapporté à l'ouverture au dehors d'une gaine entourant cet organe ; l'ouverture déjà signalée par Nitsche (rosettenformige organ) chez le Bugula flabellata (1) correspond comme

(1) La saillie figurée de profil par Nitsche dans sa larve de Bicellaria ciliata, me paraît se rapporter plutôt à l'un des deux bords saillants du sillon qui longe l'ouverture buccale, qu'à un organe spécial ; ce qu'il y a de certain, c'est que la figure de Nitsche est loin d'être

on le verra plus loin, à des dispositions spéciales aux Cellularine s, etqui n'existent pas chez les Escharines ; enfin, malgré le grand nombre de larves que j'ai étudiées à ce point de vue, il m'a toujours été complètement impossible de rien découvrir de semblable au prétendu tube digestif recourbé de Repiachoff ; il est à remarquer que cet auteur ne le décrit pas non plus chez la larve de Lepralia Pallasiana. — Je n'ai malheureusement jamais eu l'occasion d'étudier le Tendra, et ne puis par conséquent rien dire sur cette espèce, mais il faudrait admettre, si l'idée de Repiachoff était vraie, que sa larve, identique pour tous les autres caractères, aux larves ordinaires du groupe des Escharines, se comporte sous le rapport du tube digestif ainsi que sous celui de la présence d'un orifice de la gaine de la ventouse d'une manière toute différente. — Repiachoff avait cru, par suite de ses idées sur l'organe en fer à cheval (estomac), devoir changer la dénomination de la partie appelée ventouse par Nitsche ; il lui avait donné le nom de Coiffe (Kappe). — Comme je ne partage pas les idées de l'auteur Russe sur la signification de l'organe en fer à cheval, je crois préférable de laisser à la ventouse de Nitsche son nom primitif, d'autant plus que nous avons vu dans deux cas assez nets (Alcyonidium, et Lepralia ciliata) cette ventouse (Kappe) fonctionner comme organe adhésif (1) l'organe en fer à cheval sera pour nous l'estomac.

---

assez catégorique pour permettre la citation que fait Repiachoff à l'appui de sa manière de voir, je ne vois pas non plus ce qui autorise cet auteur à regarder la ventouse de Claparède comme représentant son organe adhésif plutôt que l'organe auquel tout le monde a donné jusqu'ici avec Nitsche le nom de ventouse.

(1) Nous savons d'après les observations de Schneider et Metschnikoff, que le Cyphonautes compressus se fixe par l'organe en *forme de pied* (plumet cillaire ?) mais il est trèsprobable que cette différence n'est due qu'à la grande réduction qu'on constate chez ce type, de l'organe adhésif primitif (ventouse, Kappe de Repiachoff) chez la Flustrella, où nous voyons aussi une réduction analogue, la larve ne se fixe pas, mais se repose simplement sur la face orale.

I

LEPRALIA PALLASIANA

(Pl. 7 fig. 1, 2, 3, 5, 9, 13, 17, 20).

La Lepralia Pallasiana est très-commune à Wimereux, où elle forme sur toutes les pierres des couches très-étendues d'une couleur brun sale ; l'absence d'ovicelles, l'aspect rugueux de l'ectocyste, et la forme caractéristique de l'ouverture de la loge, suffisent amplement pour reconnaître cette espèce, qui est l'une des mieux caractérisées ; les larves sont communes en Août et en Septembre, elles ont la forme représentée dans la figure 9 : les grosses cellules de la couronne ciliaire sont colorées en rouge, ainsi que le bord de la ventouse et du pharynx ; la base de la ventouse est colorée en violet, tandis que tout autour de l'estomac en fer à cheval se trouve disposée une couche continue de granulations brunes qui existent aussi, mais en moindre épaisseur, sur les bords du pharynx. On distingue outre les cils de la couronne ciliaire, le plumet *pl* situé au-devant du pharynx, et deux paires de flagellums *fl* situés à droite et à gauche de l'estomac, et auxquelles se joint chez cette espèce, une troisième paire située de chaque côté du plumet ciliaire. — Repiachoff a bien vu le nombre et la position de ces flagellums décrits pour la première fois chez les Escharines par Gosse en 1853 ; mais il mentionne en outre à la partie antérieure, deux petits organes en forme de crochets que je n'ai pas vus, à moins que ce ne soient les quelques poils recourbés qu'on trouve au milieu de la troisième paire de flagellums, et que j'ai représentés dans la fig. 20. — Dans le revêtement général de fins cils vibratiles que possèdent au dehors les larves d'Escharines (fig. 7), comme l'a du reste déjà fait remarquer Repiachoff, on remarque, chez la larve de Lepralia Pallasiana, une longueur plus grande des cils de chaque côté du pharynx, dans tout l'espace compris entre cet organe et les deux branches ascendantes de l'estomac, ainsi transformé en une espèce d'in-

fundibulum cilié qui conduit les particules nutritives vers la fente buccale ;
il m'a semblé de plus qu'au-dessus de la partie occupée par l'estomac,
le revêtement ciliaire était disposé en sept ou huit lignes (fig. 13) régulièrement espacées. — L'ouverture buccale est aussi bordée de cils vibratiles plus robustes que les autres.

La grande opacité que possède la larve rend fort difficile l'étude approfondie de sa structure interne, mais en l'étudiant en même temps d'une
manière directe à la lumière réfléchie, et après compression à la lumière
transmise, on arrive, après d'assez longs tatonnements il est vrai, à se
faire une idée de sa structure exacte : c'est surtout l'étude à la lumière
réfléchie, qui, ici comme chez toutes les autres larves de Chilostomes, est
la plus apte à donner de bons renseignements. — L'estomac apparait en
général sous forme d'une masse blanche (fig. 9 et 13) en fer à cheval et
qui remplit toute la partie postérieure de la larve qu'elle renfle comme
le montrent les figures 9 et 20. — La portion antérieure de la larve,
qui ne contient pas d'organes internes, est beaucoup plus mince que la
partie postérieure, et est susceptible de se contracter plus ou moins de
chaque côté du pharynx, de manière à donner à l'ensemble de la larve
une figure plus ou moins arrondie ou pyriforme (fig. 13, 20–10, 38 etc),
tandis qu'au contraire, le corps conserve toujours la même largeur dans
la partie postérieure distendue par l'estomac. — Dans la partie antérieure se voit par transparence, de chaque côté de la fente buccale, le
pharynx qui se prolonge au-dessous, jusqu'à l'estomac : ce dernier
organe se trouve entouré d'une masse de granules d'une substance brunâtre extrêmement abondants sur les côtés de l'intestin, et qui vont en
diminuant sur les côtés du pharynx : entre le pharynx et l'intestin, au
point d'insertion du pharynx à l'estomac, ce dernier se trouve déprimé
en un enfoncement *ce* situé entre les deux branches du fer à cheval, et
au fond duquel vient s'insérer le pharynx : les granules brunâtres péné-
trent également dans cet enfoncement, et de plus, on constate en ce
point, une tache pigmentaire rouge (fig. 9) de signification inconnue. Au-
dessous de la dépression *ce* et de la tache pigmentaire rouge située un
peu près au point d'insertion du pharynx à l'estomac, se voit la cavité

interne *CD* de ce dernier, qui apparaît généralement sous forme d'une fente transversale se relevant un peu de chaque côté, de manière à produire l'aspect représenté dans les fig. 9 et 13; cette fente est en général très-étroite, mais on la voit quelquefois s'agrandir, suivant que les deux feuillets de l'estomac se trouvent plus ou moins écartés l'un de l'autre.

Repiachoff a bien observé la distribution du pigment brunâtre chez la larve de Lepralia Pallasiana; « la ventouse, dit-il, est entourée d'une épaisse zone pigmentaire, dont les rapports exacts avec le pourtour de la fente buccale qui en est aussi entourée ne me sont pas bien connus. » D'après ses figures, il doit faire allusion, par ces derniers mots, à la dépression située au niveau du point d'insertion du pharynx à l'estomac, et où la disposition parait en effet assez compliquée; cette dépression *ce* parait très-constante, et peut comme nous le verrons chez d'autres espèces, offrir des complications plus considérables.

Outre cette bande de pigment brunâtre qui entoure l'estomac, on distingue, quand on regarde la larve par la face aborale (fig. 20) une masse granulo-graisseuse qui occasionne la coloration violette de la ventouse, et qui en remplit toute la cavité; c'est probablement cette partie, qu'a vue Repiachoff quand il a distingué, après compression, une masse granuleuse dans l'intérieur de la larve; cette masse graisseuse colorée en violet, constitue en effet une masse considérable qui occupe toute la partie aborale du corps de l'embryon, et relie, comme chez l'Alcyonidium, la portion supérieure de l'estomac, au sommet de la ventouse. — Repiachoff désigne le pigment de la face orale sous la simple qualification de bande pigmentaire, tandis qu'il compare la masse violette au *Dotterrest* de Claparède et des autres auteurs. — Les granules bruns constituent une couche excessivement constante située dans la cavité du corps, entre la peau et l'estomac, aussi me semblent-ils avoir une importance plus grande que celle de simple bande pigmentaire; de même, la masse graisseuse colorée en violet me semble, malgré sa nature granulo-graisseuse, posséder encore une disposition trop constante et une forme trop bien déterminée pour être rapportée directement au *Dotterrest*, qui n'apparait du reste jamais que plus tard, et seulement par suite de la fusion des organes internes en une masse commune. — Il me semble bien plus naturel de rapporter ces parties, aux parties analogues que nous avons vu se former chez l'Alcyonidium par suite de l'accumulation du Deutoplasme au centre de l'embryon ; le pigment brun correspondra donc à ce que nous avons appelé *le mésoderme oral*, tandis que la partie la plus volumineuse, colorée en violet, correspondra au contraire, au *mésoderme aboral* ; on voit que le premier ne présente plus chez le Lepralia, l'extrême réduction que nous avons constatée chez l'Alcyonidium où après avoir formé, comme dans les fig 9-13 une couche continue, autour de l'estomac, il avait fini par se réduire à deux taches pigmentaires.

Lorsqu'on regarde la larve par la face aborale, on distingue au milieu de la masse violette qui remplit la ventouse, une tache pigmentaire rouge *V* qui rappelle tout-à-fait celle que nous avons vue près du point d'insertion du pharynx à l'estomac : cette tache rouge possède un aspect très-constant, elle a la forme d'un fer à cheval à convexité dirigée en arrière, et se retrouve chez toutes les larves d'Escharines : je n'ai pu me rendre compte de sa disposition exacte, mais je ne doute pas qu'elle ne représente un organe spécial (fossette) probablement dévaginable, et qui doit jouer un rôle actif dans la fixation. — Sur toute la face externe, la ventouse est couverte de fortes stries rayonnantes (fig. 20 et 9) : ces stries ont été vues par Repiachoff qui les décrit comme composées de rangées de cellules disposées bout à bout. — Malgré tout ce que cette opinion a de naturel, je dois avouer n'avoir jamais pu malgré mes efforts, et malgré l'emploi de nombreux réactifs (nitrate d'argent, acide acétique, etc) arriver à voir les limites de ces cellules : je n'ai été plus heureux pour aucune des autres larves, bien que toutes présentassent le même aspect ; — il est très-possible que ces stries ne représentent que des plissements réguliers analogues à ceux que nous avons vu se former chez les larves de Cyclostomes autour de la bouche, quand elle se referme (fig. 23. pl. 3) et qui peut-être, seraient produites ici par la contraction de la fossette centrale (tache pigmentaire rouge *V*) dont nous avons parlé, les stries radiaires paraissent en effet avoir des relations avec cet organe central, car on voit toujours tous les rayons de la moitié antérieure de la ventouse, converger vers un point qui occupe le milieu de la concavité du fer à cheval, tandis qu'au contraire, ceux de la partie postérieure, se trouvent limités par le bord convexe (fig. 20) ; malgré ces liaisons qui tendent à nous faire croire, que les stries ne sont dues qu'à de simples plissements produits par l'état de fermeture plus ou moins complète de l'organe central (fossette ?) en fer à cheval, nous devons avouer qu'elles sont bien profondes pour ne représenter que de simples plissements.

On observe du reste aussi à la base du plumet qui surmonte le pharynx, une disposition radiaire analogue (fig. 11, 13, 20) qu'il est aussi difficile de rapporter de préférence à des cellules spéciales ou à des simples plis, enfin chez une espèce, la larve de Lepralia unicornis (fig. 33), il m'est arrivé de voir également quelque chose d'analogue sur la face orale ; tous ces cas, qui sont certes très-difficiles à expliquer, ne pourraient, je crois, être bien éclaircis que par une étude tout-à-fait spéciale, à l'aide de coupes, de l'histologie des embryons ; les différents feuillets sont toujours constitués chez les larves d'Escharines, par une substance sarcodique à noyaux dans laquelle on ne peut (sauf pour la couronne, et peut-être les stries radiaires ?) découvrir de cellules ; leur structure histologique est dans l'ensemble la même que celle de la plupart des larves d'annélides, ou de l'Alcyonidium pendant les stades qui précèdent la différenciation en éléments cellulaires. — Je n'ai pas vu au bord de la ventouse du Lepralia Pallasiana, les mêmes grosses cellules que celles décrites plus haut chez l'Alcyonidium, néanmoins, ce bord se distingue encore ici par sa coloration rouge et par la présence d'une couronne de poils raides caractéristiques.

Les fig. 9, 13, 20, 17 représentent cette larve de Lepralia Pallasiana dans différentes positions : la fig. 9 est une vue de côté, les fig. 13 et 20, des vues par les faces orale et aborale, la figure 17 une vue de derrière ; on voit, que dans cette dernière, l'embryon paraît en général beaucoup plus épais que dans les vues de devant (fig. 19 pl 6) cela est dû au renflement plus considérable à ce niveau de la face orale, causé par la présence de l'estomac arrondi.

A ces études sur la larve de Lepralia Pallasiana, je puis joindre quelques observations sur les phénomènes qui suivent la fixation : ces observations, faites avant la publication du travail de Repiachoff ne m'ont malheureusement pas permis de vérifier les importantes découvertes de cet observateur sur la destinée de la masse graisseuse (dotterrest) qui se forme par dégénérescence des organes internes après la fixation ; ses intéressantes descriptions ne me laissent plus que peu de choses à dire sur ce sujet, néanmoins, comme le point de vue de deux observateurs n'est jamais exactement le même, je ne crois pas tout-à-fait inutile de dire ici quelques mots des stades que j'ai vus.

J'ai fait de nombreux essais sur le Lepralia Pallasiana pour pouvoir suivre pas à pas les processus de dégénérescence de l'organisme larvaire d'une manière graduelle à partir de la fixation, mais ces essais m'ont réussi beaucoup moins bien encore que pour l'Alcyonidium. Je n'ai obtenu malgré mes efforts, que des larves fixées d'une manière anormale ou déjà trop avancées : le cas le plus instructif que j'aie pu observer, est représenté de profil dans la fig. 2 : il résulte de la transformation de larves libres que j'avais placées le soir dans un verre de montre et que je retrouvai douze heures après, dans l'état représenté dans cette figure : toutes les divisions externes de la larve étaient déjà disparues, et tout l'ensemble s'était réduit à un vaste sac (endocyste) à parois formés d'éléments cellulaires assez rapprochés, analogues à ceux qui forment l'endocyste des jeunes bourgeons ; ce sac avait une forme très-convexe sur sa face supérieure, et plate sur l'inférieure qui était fixée : il contenait une masse opaque granulo-graisseuse résultant de la dégénérescence des organes internes, et qui adhérait sur toute la surface de la face plate, en s'élevant au milieu en une épaisse saillie (fig. 2) : il n'y avait encore aucune trace de la masse blanchâtre dont dérive le polypide, cet état correspondait donc à un stade antérieur au plus jeune de ceux que décrit Repiachoff.

Au stade suivant (fig. 5) la loge avait déjà a pris sa forme définitive, et présentait à sa partie antérieure la plaque lisse qui forme ce qu'on appelle *l'aire buccale* (mundungsarea) avec l'ouverture de la loge en avant. — Les éléments cellulaires de l'endocyste s'étaient écartés les uns des autres et étaient devenus beaucoup moins visibles, enfin, dans l'intérieur de la masse graisseuse, se voyait par compression, une partie blanchâtre *pol*, le rudiment de polypide, prolongée en avant en un tube effilé en forme de pointe, qui représente la gaine tentaculaire : — au même stade, la masse graisseuse s'était détachée de la base de la loge avec laquelle elle n'était plus reliée que par des cordons musculaires *R* (gros rétracteurs) développés entre deux. — Je n'ai pu découvrir entre la fig. 2 et la fig. 5, de stade intermédiaire, où les globules graisseux fussent disséminés, comme le dit Repiachoff.

Peu après cet état (fig. 3) on voit le polypide faire saillie au dehors de la masse graisseuse par la couronne tentaculaire et par le rectum, entre lesquels se trouve la masse graisseuse, et on obtient alors un état identique, à ceux que figure souvent Repiachoff ; je n'ai pas comme lui poussé jusqu'au bout l'étude de la destinée de la masse graisseuse, mais le dernier état que je viens de décrire, s'accorde parfaitement avec ses descriptions : — au même stade fig. 3, on constate l'augmentation en épaisseur de l'ectocyste calcaire avec endroits non calcifiés qui apparaissent sous forme d'orifices arrondis, comme le montre la figure : on constate de plus, l'apparition à la partie inférieure, d'un bourgeon impair déjà signalé par Repiachoff. — Au stade suivant que j'aie pu observer (fig. 1) la masse graisseuse avait disparu, et le polypide était complètement formé : — les autres changements se réduisaient simplement à une augmentation de l'ectocyste en épaisseur, et à un accroissement de taille du bourgeon.

J'ai aussi observé dans le cours du développement, des recourbements et des irrégularités diverses de la loge, comme Repiachoff en a décrits, mais ces aspects ne sont certainement que des états pathologiques, très-fréquents du reste, et qui ne méritent aucune attention.

19

II

LEPRALIA SPINIFERA

(Fig. 8, 10, 11, 18, 21).

Busk après avoir maintenu dans ses travaux précédents, cette espèce, distincte de la Lep. unicornis, finit dans son (catalogue of marine polyzoa of Bristish museum) par réunir ces deux types en une seule espèce, chez laquelle il distingue quatre formes différentes : 1° une forme à épines (ses fig. 2, 3, pl. 76) 2° une forme sans épines, à ponctuations grosses, et à loges carrées (fig. 1 et 2, pl. 91) 3° une forme à fines ponctuations (pl. 81, fig. 6 et 7) et enfin, une forme à surface simplement rugueuse, et à ovicelles munies de stries rayonnantes. D'un autre côté, Smitt (1) regarde la Lep. Spinifera comme synonyme de Ciliata : Les Lep. Ciliata, Spinifera et Unicornis devraient donc être regardées comme une seule espèce possédant les caractères et les variations décrits par Smitt pour sa Mollia Vulgaris. — J'ai rencontré souvent sur le bord de la mer, des formes se rapportant à ces trois variétés et j'avoue ne pouvoir en aucune façon accepter leur réunion en une seule espèce : la deuxième forme de Lepralia Spinifera (Busk) à grosses ponctuations, et loges carrées, est très-commune tout le long des côtes de la Manche : je l'ai rencontrée en abondance à Roskoff, St-Waast, et Wimereux ; son cormus est reconnaissable au premier coup d'œil à sa belle couleur rose, il possède des aviculaires au nombre de 1 ou 2 sur les côtés de la loge, enfin, les ovicelles sont toujours ponctués de la même manière que le reste des loges, et ne sont jamais recouvertes de stries rayonnantes : je n'ai jamais rencontré la forme à épines de Busk, mais je ne nie pas que ces formes 1 et 2 puissent être rapportées à la même espèce, la seconde est cepencant la seule qu'on trouve communément sur les côtes de la Manche.

(1) Smitt. Oritisk. forteckning (Ofversigt af Kongl vetenkaps Akad. Forhandlingar 1867).

La Lep. unicornis, assez commune à St-Waast-la-Hougue, a des ponctuations plus fines et plus serrées, et des ovicelles couvertes de stries rayonnantes : les échantillons que j'ai rencontrés se rapportent très-bien aux formes 3 et 4 de la Lep. Spinifera de Busk, de même qu'à la Lep. Unicornis décrite et figurée ailleurs (1) par cet auteur, ils avaient, comme dans l'espèce précédente, des aviculaires au nombre de 1 ou 2 sur les côtés de la loge et présentaient des stries rayonnantes sur les ovicelles ; sur la plage, la couleur était d'un gris uniforme.

La Lep. Ciliata, que je considère comme seule synonyme de la Mollia Vulgaris de Smitt, se reconnaît aisément, et se distingue très-bien des espèces précédentes par les caractères déjà assignés par les auteurs ; les Zœcies ont généralement une forme renflée vers la base, avec ouverture un peu près terminale, munie de six épines au bord supérieur, et d'une au milieu du bord inférieur ; elles sont, comme le dit Busk, munies de Vibracules. — A l'époque de la reproduction, qui a lieu en Avril, Mai, Juin, les cormus sont reconnaissables à leur couleur gris sale, parsemée de ponctuations d'un orangé vif produites par les embryons contenus dans les ovicelles.

Les larves qui appartiennent aux trois espèces ainsi caractérisées sont toutes trois bien différentes, et c'est là surtout ce qui m'a engagé à maintenir ces espèces comme distinctes les unes des autres : je les décrirai successivement dans ce qui va suivre.

La larve de Lepralia Spinifera (fig. 8) se distingue par sa couleur rouge uniforme ; elle a une structure complètement identique à celle de la Lepralia Pallasiana que je viens de décrire, mais s'en distingue aussi par quelques particularités intéressantes qui méritent d'être signalées : la partie que nous avons appelé le *mésoderme oral, ms*, au lieu de se présenter comme chez la Lep. Pallasiana, sous forme d'une bande pigmentaire diffuse, se trouve composée d'un certain nombre (fig. 8 et 10) de grosses masses granuleuses de couleur rose, et attachées sur tout le pourtour de l'estomac auxquel elles sont intimement adhérentes : elles se prolongent

---

(1) Busk. Crag Polyzoa, pl. 5, fig. 4, p. 45.

également, mais en diminuant de volume, sur les côtés du pharynx vers le haut duquel elles disparaissent bientôt d'une manière complète : il semble qu'ici, ces gros corps granuleux ne constituent plus que des appendices glandulaires de l'estomac, peut être est-il permis de voir dans la disposition des cils en 7 ou 8 côtes, que nous avons signalée chez la Lep. Pallasiana (fig, 13) un rapprochement vers la division de la bande pigmentaire continue, en un certain nombre d'éléments séparés, comme nous le voyons chez la Lep. Spinifera.

Une autre particularité non moins intéressante de la larve de Lepr.-Spinifera est le grand développement de la dépression $c\,e$ au fond de laquelle le pharynx vient s'insérer à l'estomac ; cette dépression ne contient plus ici, comme nous l'avons vu pour l'espèce précédente, de tache pigmentaire, mais elle peut acquérir une grande étendue, et se prolonger sur les côtés et vers le bas, de manière à prendre la forme triangulaire de la fig. 10 : il arrive souvent qu'en se prolongeant ainsi vers le bas, cette dépression triangulaire cache la véritable cavité digestive, avec laquelle il est très-facile de la confondre chez cette espèce, il faut en effet une étude attentive pour se convaincre, que sous cette cavité $c\,e$ se trouve une seconde cavité $C\,D$ en forme de fente, et qui seule, est la véritable cavité digestive : — dans la fig. 10, on ne voit que les deux parties latérales de la fente $C\,D$, la partie médiane étant cachée par prolongement inférieur de la dépression $c\,e$. Cet état particulier de développement de la dépression $c\,e$ chez la larve de Lepralia Spinifera, est intéressant à signaler à cause de la grande facilité avec laquelle on pourrait la confondre avec la cavité digestive qu'elle cache en partie et quelquefois tout-à-fait; nous verrons d'ailleurs que des larves d'autres types présentent au même niveau des complications plus étendues, dans l'explication desquelles le grand développement de la dépression $c\,e$ que nous constatons très bien dans ce cas, pourra nous être d'un grand secours.

Les autres caractères de la structure de cette larve, sont absolument les mêmes que ceux de la Lepralia Pallasiana : l'épaisse masse du mésoderme aboral se montre sous forme d'une tache rouge, visible au milieu de la ventouse ; cette dernière présente aussi la disposition radiaire (fig. 11) avec la tache pigmentaire en fer à cheval déjà signalée à son centre ; les trois paires de flagellums, et les cils raides de la ventouse existent également comme chez l'espèce précédente.

J'ai représenté dans la fig. 18 un embryon encore peu avancé de la Lepr. Spinifera, avant l'apparition du sillon $s\,i$, et à un état qui correspond un peu près à un stade fig. 4, 5 de l'Alcyonidium : nous voyons que l'embryon a encore une forme complètement arrondie, et ne montre aucune trace du sillon $s\,b$. — La fig 21 représente le seul stade que j'aie pu observer après la fixation ; l'endocyste formait un sac aplati à cellules allongées très-visibles de profil, et contenant dans son intérieur une masse graisseuse disséminée : — ces stades, recueillis dans un vase où nageaient les larves, ne contenaient pas encore de rudiment de polypide, et je n'ai pas vu le développement ultérieur.

III

LEPRALIA (MOLLIA) CILIATA

(FIG. 4, 6, 7, 15, 19.)

La larve de Lepralia Ciliata (Mollia Vulgaris : Smitt) a une belle couleur orangée avec deux paires de points oculiformes carmin (fig. 7). Elle possède tout-à-fait la même structure générale que celles des deux espèces précédentes : le *mésoderme oral* y est disposé en gros éléments distincts les uns des autres comme chez la Lepralia Spinifera, mais ici, ces éléments sont beaucoup plus nombreux, régulièrement disposés, et recouvrent en grande partie toute la face supérieure de l'estomac : ils ne s'étendent plus en diminuant graduellement, le long du pharynx, comme chez l'espèce précédente, mais occasionnent, dans toute la portion de l'estomac qu'ils recouvrent, un aspect rayonné très-régulier (fig. 4). Ces gros éléments, disposés côte à côte, n'ont plus la même structure simplement granuleuse que nous leur avons vue chez la Lepralia Spinifera, mais contiennent dans leur intérieur une multitude de grosses taches pigmentaires d'une couleur rouge vif (fig. 4 et 7) comparables, à la couleur près, aux taches pigmentaires qui forment l'ensemble du mésoderme oral chez la Lepralia Pallasiana : il semble que cette espèce constitue au point de vue de la disposition du mésoderme oral, un terme de passage entre les Lepr. Pallasiana et Spinifera; les taches pigmentaires s'y sont déjà réunies en grosses masses distinctes, placées côte à côte, mais sans être encore réduites à de simples granules, comme cela arrive chez la Lepr. Spinifera. — Au centre de ces masses disposées radiairement, on voit chez la Lepr. Ciliata, une petite portion non recouverte de l'estomac, au milieu de laquelle on peut distinguer (fig. 4 et 7) une cavité digestive $C\,D$ en forme de fente. — La dépression $c\,e$ existe aussi chez cette espèce, mais sans être plus développée que chez la Lepr. Pallasiana et sans montrer comme cette dernière de tache pigmentaire au point d'insertion du pharynx à l'estomac. — Le revêtement ciliaire ainsi que les flagellums et les cils raides de la ventouse sont toujours disposés d'une manière identique à celle décrite pour les espèces précédentes : au centre de la ventouse, se voit le mésoderme aboral de couleur orangée, ainsi que la disposition rayonnante ordinaire, et la tache en fer à cheval, visible ici, comme dans la Lepr. Spinifera, grâce à sa couleur plus foncée. — J'ai eu l'occasion d'observer chez cette espèce, un fait qui peut-être jettera quelque lumière sur la signification de cette masse énigmatique, en même temps que sur le phénomène encore si obscur de la fixation : en examinant quelques larves libres, je vis tout-à-coup chez l'une d'elles s'effectuer en ce point une dévagination brusque, puis, les cils de la larve se flétrirent rapidement, les limites de la couronne et de ses cellules, devinrent invisibles, et je vis se former sous mes yeux le stade de la fig. 15; les différentes divisions de la larve n'y étaient déjà plus nettement reconnaissables ; à la place précédemment occupée par la ventouse, se voyait un espèce d'organe (provenant sans doute de la dévagination) en forme de saillie arrondie légèrement échancrée (fig. 15 $v\,t$). En regardant cette saillie de face, on ne voyait plus la tache sombre en fer à cheval mais seulement la masse graisseuse homogène du mésoderme aboral; les organes internes (estomac, etc.) existaient encore, cependant, les gros éléments, régulièrement disposés, du mésoderme oral, étaient déjà réduits à une zone graisseuse sans structure (indiquée en noir sur la figure 15) qui marquait encore assez bien les limites de la face orale ; l'espace situé entre cette zone obscure et l'organe qui tient la place de la ventouse, était occupé par un large espace provenant de la réunion de la couronne avec la plus grande partie de la face aborale ; les deux points pigmentaires placés en arrière et au bord de la ventouse (fig. 6) avaient été refoulés par le processus de dévagination, jusqu'au point où on les voit dans la fig. 15. — Malheureusement cette larve, fixée d'une manière anormale sous le microscope, n'a pas continué à se développer après que je l'eus replacée dans une plus grande quantité de liquide. Sans nous fier d'une manière complète à ce stade peut-être en partie pathologique, nous pouvons néanmoins en tirer encore des conséquences utiles ; nous voyons en effet que le premier processus, consiste ici comme chez l'Alcyonidium (où le processus était tout-à-fait normal) dans la fusion de la couronne et de la face aborale, en une large zone continue, qui occupe tout le milieu de l'embryon, tandis qu'au contraire, la face orale reste plus longtemps distincte de la couronne, à l'aide de la bande pigmentaire colorée qui provient du mésoderme oral ms ; il est de plus à remarquer, que l'embryon de la fig. 15 s'était reposé sur le porte-objet, par l'organe qui tient la place de la ventouse, et avait comme le stade fig. 24 pl. 6 de l'Alcyonidium, la face orale dirigée en l'air ; ce dernier fait confirme donc, l'interprétation de notre ventouse (Kappe de Repiachoff) comme organe fixatoire, il est très-probable, que l'organe central (fossette) que nous avons vu ici se dévaginer, ne sert dans les cas tout-à-fait normaux qu'à assurer l'adhérence, et constitue la partie active de la ventouse ; la dévagination que nous avons remarquée dans l'embryon de la fig. 15, favorise du moins l'opinion d'après laquelle cet organe central doit être regardé comme une fossette, dont l'état de contraction cause l'aspect radiaire de la base de la ventouse.

La fig. 19 représente un stade plus avancé de la métamorphose : on y voit la loge encore irrégulière, contenant dans son intérieur la masse graisseuse qui en tapisse la base, et entoure en partie le polypide déjà bien formé ; c'est sous cet aspect que se sont le plus souvent présentées à moi toutes les jeunes loges que j'ai pu observer.

IV

LEPRALIA UNICORNIS
(fig. 30, 33, 35, 37).

La larve de Lepralia Unicornis a une couleur gris sale, un peu jaunâtre, elle se distingue aisément par la présence de deux taches pigmentaires d'une couleur carmin, qui occupent la même place que les deux points pigmentaires rouges de la ventouse chez la larve de la Lep. Ciliata : pour le reste, la larve ressemble surtout à celle de Lep. Pallasiana ; tous les éléments granulo-graisseux du mésoderme, aussi bien ceux de la portion aborale visibles au sommet de la ventouse, que ceux qui entourent l'estomac, ont une couleur brune, le mésoderme oral se compose comme chez la Lep. Pallasiana, de taches pigmentaires irrégulièrement disposées, mais ici, ces taches pigmentaires, ne se prolongent guère autour du pharynx. L'estomac et la cavité digestive qu'il contient sont assez visibles, mais, dans les vues de face, on voit (fig. 33) partir de cette cavité, des stries rayonnantes qui rappellent celles de la ventouse, et que j'incline à regarder comme résultant d'un simple plissement. — Les deux paires de flagellums latéraux existent ici comme chez les espèces précédentes, mais je n'ai pas remarqué la paire antérieure placée de chaque côté du plumet vibratile. — Le reste de la structure est identique à ce qui a déjà été décrit chez les autres espèces, et il est inutile d'y insister de nouveau.

Je n'ai pas suivi la métamorphose de la larve de Lepralia unicornis mais j'ai rencontré dans mes vases, des loges primitives déjà toutes formées : la fig. 37 représente une de ces loges : elle diffère d'une manière assez sensible des zœciums qui plus tard formeront le cormus, et présente, autour de son ouverture, 8 épines disposées un peu près en cercle. — A la partie antérieure se voyait un bourgeon terminal 1 disposé tout-à-fait de la même manière que celui de la Lepr. Pallasiana, et de chaque côté de ce bourgeon médian, un bourgeon latéral moins développé. — On voit par cet exemple, que chez les Escharines, le bourgeonnement se fait en même temps à l'aide d'un bourgeon apical, et de bourgeons latéraux ; la même chose arrive chez le Membranipora Pilosa, seulement, chez ce dernier, ce sont les deux bourgeons latéraux qui naissent les premiers, tandis que chez les Escharines, c'est le bourgeon apical. — J'ai trouvé la Lepr. unicornis en reproduction aux mois de Juin et Juillet à St-Waast-la-Hougue.

V

MEMBRANIPORA NITIDA

(fig. 27, 29, 32).

Le membranipora (Lepralia) Nitida est une des espèces les mieux caractérisées et les plus faciles à reconnaître, il est très-commun à Roskoff sous les pierres, dans la prairie de Zostères qui s'étend devant l'île Verte : ses cormus constituent de minces croûtes d'une couleur gris pâle. — J'ai rencontré des embryons depuis avril, jusqu'à l'époque de mon départ qui eût lieu en juin. — La larve de Membranipora Nitida (fig. 32) a une couleur analogue, bien que tirant plus sur le roux, à celle de la Lepralia Unicornis; elle s'en distingue au premier coup d'œil par sa taille, beaucoup plus petite que celle de toutes les autres larves d'Escharines, par l'absence de taches rouges pigmentaires, et surtout par la vive coloration orangée des cellules de la couronne. — Les éléments mésodermiques granulo-graisseux ont également une coloration brunâtre, et ceux de la face orale, sont, comme chez les Lep. Pallasiana et Unicornis, formés de taches pigmentaires, mais ici, ces taches semblent plus abondantes que chez les espèces précédentes, et entourent en même temps le pharynx et l'estomac (fig. 27, 32) ; enfin, outre ces granules colorés en brun, il m'a semblé voir dans chacun des espaces triangulaires de cavité

20

du corps situés entre le pharynx et l'estomac, un certain nombre de corps allongés (glandes?) d'un roux plus ardent qui paraissaient aboutir au point de réunion du pharynx à l'estomac. — Ce dernier était bien visible, et présentait au centre la cavité digestive CD. — La ventouse avait la même disposition que partout ailleurs, seulement, les poils raides qui le bordent. étaient ici portés par une couronne de cellules spéciales, analogues, mais beaucoup plus saillantes encore que celles que nous avons décrites chez l'Alcyonidium. — Pour tout le reste, la larve de Membranipora Nitida était identique à celles des espèces précédentes et ne présentait pas d'autre particularité.

VI

PORELLA LŒVIS

(L. Concinna : Busk) fig. 12, 16.

La Porella Lœvis se procure facilement à St-Waast-la-Hougue jusqu'au mois de Juin, sur les débris rapportés de la pêche aux huîtres : elle est aisément reconnaissable à la belle couleur carmin ou orangée que possède le cormus ; il est généralement assez difficile d'obtenir des exemplaires encore assez frais pour pouvoir étudier l'embryogénie, néanmoins quelques échantillons m'ont encore fourni des larves libres : ces larves ont (fig. 12) une belle couleur carmin, comme le représente la fig. 12, elles possèdent exactement la même structure que toutes celles que je viens de décrire dans ce qui précède, et ne m'ont offert rien de bien saillant, si ce n'est, peut-être, la largeur plus grande de la couronne ciliaire : la masse aborale mi a une couleur carmin foncé, tandis que la bande du mésoderme oral ms consiste en granules pigmentaires analogues à ceux de la Lep. Pallasiana, mais moins colorés, et plus diffus.

La fig. 16 représente un stade déjà avancé de la fixation, et que j'ai obtenu en abandonnant quelque temps des larves libres dans un vase : la loge, bien qu'encore incomplètement formée, présentait déjà à la partie antérieure, un espace ovale (aire buccale) où l'encroutement calcaire était moins abondant, et à la partie antérieure de laquelle se formera plus tard l'ouverture de la loge : bien que les zœciums qui composent le cormus ne m'aient jamais offert de traces d'épines, la loge primitive de la fig. 16 en présentait déjà huit rudimentaires (1); tout l'intérieur était encore, sauf immédiatement au-dessous de l'aire buccale, rempli d'une masse carmin de globules-graisseux, au milieu de laquelle se voyait une tache blanche *pol* constituant le premier rudiment de polypide. — La Porella Lœvis adulte ressemble beaucoup, comme le fait remarquer Busk, à plusieurs espèces voisines présentant comme elle des formes à face supérieure lisse et bordée au pourtour, d'un rang de points enfoncés, comme la Lep. Peachii de Smitt, mais elle s'en distingue d'une manière bien nette par la présence d'un aviculaire médian situé à la base de l'ouverture de la loge; malgré la mauvaise conservation des cormus que j'ai eus entre les mains, j'ai cependant pu constater la présence de cet aviculaire.

VII

LEPRALIA ?......

(fig. 14.)

Aux descriptions qui précèdent, j'ajouterai ici celle d'une larve d'espèce inconnue pêchée au filet à St-Waast-la-Hougue et caractérisée (fig. 14) par sa coloration grise uniforme avec éléments mésodermiques colorés en noir : cette larve possédait exactement la même structure que les différentes larves d'Escharines décrites dans ce qui précède, et il n'est pas

---

(1) Nitsche et Smitt ont déjà fait depuis longtemps la remarque que les loges primitives présentent en général un plus grand nombre d'épines que les suivantes ; les faits précédents montrent la justesse de cette opinion, ils montrent en même temps tout le parti qu'il y a à tirer de l'étude des loges primitives au point de vue de la classification spéciale des Bryozoaires, ces loges doivent nous fournir des caractères primitifs qu'on chercherait en vain chez les loges suivantes.

douteux qu'elle doive se rapporter à cette famille : les différentes divisions externes de la peau, ainsi que la disposition des cils, et celle des organes internes était exactement la même que dans tous les autres types; le mésoderme oral se présentant sous la forme d'une bande pigmentaire analogue à celle de la Lep. Pallasiana, mais noire au lieu d'être brune.

VIII

DISCOPORA COCCINEA

(fig. 22, 23, 24, 25, 26, 28, 31, 40).

Chez toutes les larves d'Escharines jusqu'ici décrites, les grosses cellules de la couronne ciliaire, sans être toujours séparées des deux faces de la larve par une ligne de démarcation nettement accusée, ne formaient néanmoins jamais qu'une zone uniforme généralement nettement circonscrite, et ne portant qu'un, ou qu'un petit nombre de rangs de forts cils vibratiles. — La larve de Discopora Coccinea, bien que se rapportant encore à la même structure commence déjà comme je l'ai figuré fig. 28, à montrer une disposition un peu différente : les cellules de la couronne commencent à s'allonger, et à s'étaler un peu sur les deux faces de l'embryon, en même temps que les cils qu'elles portent se raccourcissent et augmentent en nombre, de manière à donner naissance à une couronne moins forte, mais plus étendue ; c'est là le premier pas vers une modification, à peine exprimée chez le Discopora, mais que nous verrons se produire avec plus de force chez des types voisins. — Pour le reste, la larve du Discopora Coccinea ne diffère en rien de toutes celles que nous venons d'étudier : elle présente une couleur générale d'un rouge lie-de-vin (fig. 28) avec extrémité antérieure de la face orale un peu plus jaunâtre : elle possède 4 paires de taches pigmentaires d'un rouge carmin : les deux premières disposées sur la face orale, de chaque côté du pharynx (fig. 25) les deux autres placées sur la face aborale, de chaque côté de la ventouse. — Les éléments mésodermiques granulo-

graisseux ont un peu près la même couleur rouge lie-de-vin que le reste
du corps, ceux de la face orale sont disposés comme chez la Lepralia
Pallasiana, en une épaisse bande de taches pigmentaires qui entoure
l'estomac (fig. 28 et 25) : ce dernier organe est bien visible, et présente
à son centre la cavité digestive sous forme d'une large fente (fig. 25). —
La ventouse est plus petite que dans presque toutes les formes précédentes, bien que la différence ne soit pas bien saillante. — Le reste de
l'organisation ne présente plus rien qui soit à signaler, et se trouve identique à celle des autres larves.

J'ai eu l'occasion d'observer chez le Discopora Coccinea quelques
stades très nets de l'embryogénie, que j'ai figurés dans la pl. 8. — La
fig. 22 nous montre, vu par le pôle aboral, un stade seulement un peu
plus âgé que le stade fig. 18 de la Lepralia Spinifera : nous y voyons la
couronne ciliaire encore formée d'un petit nombre de grosses cellules ,
et la face aborale divisée par le sillon *si* qui vient de se former, en deux
parties distinctes, la ventouse, et la partie qui l'unit à la couronne. —
La fig. 23 nous montre un stade plus avancé : l'embryon possède une
forme tout-à-fait ronde, et l'on est exposé, si on ne l'examine avec grand
soin à la lumière réfléchie, à le prendre pour une simple morula, comme
cela m'est arrivé avant d'avoir suivi l'embryogénie de l'Alcyonidium :
l'étude plus attentive montre qu'il correspond au contraire à un embryon
complètement formé : au milieu se trouve la couronne ciliaire, et de
chaque côté, les deux faces de l'embryon, toutes deux également renflées,
et de même largeur que la couronne ciliaire, l'aborale divisée en deux
parties distinctes ; la ventouse présente déjà des stries rayonnantes
et la face orale laisse déjà découvrir l'estomac, le pharynx, et l'ouverture
buccale formés d'une manière complète, et visibles sous forme de taches
plus pâles. — Les fig. 31 et 24 représentent le même stade vu par les faces
orale et aborale. — A cette époque l'embryon possède encore une coloration rouge tout-à-fait uniforme, due à la répartition encore uniforme
des granules de Deutoplasme qui remplissent les cellules ; un peu plus
tard, on voit comme chez l'Alcyonidium, ces granules quitter la périphérie pour se concentrer au centre et former le mésoderme, en même

temps que s'accroît la cavité du corps ; c'est un stade qui correspond d'une manière complète au stade fig. 6, pl. 5 de l'Alcyonidium.

En ce qui concerne la métamorphose, je n'ai pas suivi plus pour le Discopora Coccinea que pour la Lepr. unicornis, la série graduelle des différents stades, mais je puis de même que pour ce dernier, faire connaître l'aspect de la loge primitive : la fig. 40 représente cette loge ; elle est munie d'un cercle complet de longues épines beaucoup plus nombreuses que ne le dit Gosse (1) : elle a dans son ensemble une forme arrondie, renflée vers la base, à ouverture presque terminale, et toute différente pour l'aspect général, de celles des Lepralia Pallasiana et unicornis ; je n'ai pu y voir aucune trace de bourgeon.

Le Discopora Coccinea est commun à Roscoff, dans les mêmes endroits que le Membranipora nitida : ses cormus possèdent une couleur rouge brique, et sont aisément reconnaissables aux longues et nombreuses épines dont ils sont hérissés ; c'est une espèce très-bien caractérisée qui se rapporte parfaitement aux descriptions de Busk et de Smitt.

RÉSUMÉ

En résumé, nous voyons que les larves des Escharines, possèdent une structure tout-à-fait comparable à celle de l'Alcyonidium, et sont caractérisées par la disposition des trois grandes divisions de la peau (couronne, face orale, face aborale), par la présence d'un estomac renflé, en fer à cheval, (sans anus) comparable à l'estomac bilobé de l'Alcyonidium et faisant suite au pharynx, ainsi que par l'existence des masses mésodermiques orale *ms* et aborale *mi,* la première formant une couche continue autour de l'estomac, la seconde toujours visible en haut de la ventouse, et formant dans l'intérieur une masse volumineuse. — C'est bien la ventouse de Nitsche (Kappe de Repiachoff) et non la portion que je considère comme l'estomac (ventouse de Repiachoff) qui sert constamment à la fixation ; elle est

(1) A naturalists rambles on the Devonshire Coast.

couverte de stries rayonnantes (plis?) et porte à son centre une tache obscure en fer à cheval qui constitue sans doute une petite fossette destinée à jouer le rôle actif pour produire l'adhésion. — Au point d'insertion du pharynx à l'estomac, et entre les deux branches ascendantes de ce dernier se trouve une dépression *ce* de la paroi de l'estomac, visible sous forme d'une tache obscure, et qui constitue probablement la partie prise par Smitt et ensuite Repiachoff, comme tube digestif; elle est susceptible d'acquérir un développement plus considérable, comme par exemple, chez la Lepralia Spinifera, et arrive alors à cacher la véritable cavité digestive avec laquelle il est en effet facile de la confondre.

Une seule différence existe entre la larve de l'Alcyonidium et celle de la Lepralia ; c'est que la ventouse, qui se produit, chez la première, par suite de l'étranglement *sb* situé à la base de la face aborale qui devient pédonculée (fig. 6 pl. 5) se produit chez les Escharines, par un sillon *si* qui divise en son milieu la face aborale restée sessile, en deux parties distinctes (fig. 28 pl. 8) dont la supérieure devient la ventouse. — Bien que constituant le même organe physiologique, les ventouses des Alcyonidiens et des Escharines, n'ont donc pas du tout la même valeur morphologique, chez l'Alcyonidium, elle correspond à *toute la face aborale devenue pédonculée*, chez les Escharines, elle *correspond seulement à la portion supérieure de cette même face restée sessile, mais divisée par un sillon spécial, en deux parties distinctes.* — Les fig. 10 et 13 de la fig. 16 représentent cette différence d'une manière schématique. — Cette absence chez les Escharines, d'un sillon *sb* formé par une prédominence de la grosse moitié de l'œuf (face orale, couronne) qui se manifeste dès les *premiers stades de l'embryogénie* (fig. 4, 5 pl. 5) n'empêche pas leurs larves d'éprouver à l'éclosion, un phénomène de retrait, qui cause l'enfoncement partiel de la ventouse au-dedans de la face orale évasée vers le haut, et leur donne le même aspect discoïde que les larves d'Alcyonidium (voy. fig. 7, 8, 9, 30, 32, etc. pl. 7 et 8) ; mais il faut bien se garder de confondre le sillon ainsi produit, avec le sillon *S b* qui se manifeste beaucoup plus tôt, bien que ce second ne soit probablement dû qu'à une abréviation du développement tendant à remplacer le processus de retrait (qui existe seul chez les Escharines) par un phénomène beaucoup plus précoce, de prédominance d'une des moitiés de l'œuf. — Ces différentes larves d'Escharines sont susceptibles de varier leur position à l'infini; j'ai cherché à les représenter sous leur aspect le plus ordinaire, les fig. 12 et 14 pl. 7 les représentent moins allongées et par conséquent plus arrondies, que les fig. 7, 8, 9 etc. la différence de forme étant due uniquement à l'état variable d'extension.

Comme dernier fait il nous reste à mentionner les différenciations du mésoderme oral, dont les éléments ordinairement disséminés en une simple bande pigmentaire, peuvent dans certains cas, comme chez les Lepralia Spinifera et Ciliata, se rassembler en gros éléments glandulaires? adhérents à l'estomac.

III

VARIATIONS DU TYPE DES ESCHARINES

1 Cellepora.
2 Mollia.
3 Flustra.
4 Cellularina.
5 Eucratea.

Aux larves des Escharines, que nous venons de décrire, et qui forment le type de notre troisième grande forme larvaire, se rattachent outre la larve d'Alcyonidium qui en constitue la première modification, beaucoup d'autres formes dérivées; nous allons commencer par les moins complèxes, et décrire ici celles dont les variations sont les moins étendues; nous finirons ensuite par les deux modifications les plus considérables : celle des Vésiculaires, et le Cyphonautes.

I

CELLEPORES

CELLEPORA PUMICOSA (PL. 8 FIG. 34-38-39).

Le Cellepora pumicosa est commun à Roskoff, où ses cormus se présentent sous forme de petites plaques compactes de couleur orangée, et hérissées à la surface : ils sont généralement fixés sur les pierres, et composés de plusieurs plans de loges superposés ; tous les caractères de cette espèce la rapprochent tout-à-fait du Cellepora désigné par Busk sous le nom de Pumicosa, et je n'hésite pas à l'y rapporter. — Je n'ai jamais pu en obtenir de larves en grande quantité, néanmoins, en isolant un certain nombre de cormus dans un vase que j'examinais de temps en temps, je suis arrivé à en recueillir pendant les mois de mai et juin plusieurs exemplaires ; j'ai réussi aussi à m'en procurer en hâchant le cormus, mais on n'a généralement de cette façon que des larves mutilées.

Les larves de Cellepora Pumicosa ont une couleur rouge (fig. 34 pl. 8) ; elles possèdent encore une structure générale tout-à-fait analogue à celles des Escharines, mais offrent de plus des particularités qui méritent qu'on en fasse un type différent : les grosses cellules de la couronne ne forment plus une zone nettement circonscrite, mais se sont étalées à la surface du corps, comme je l'ai représenté dans la fig. 34, et il commence à devenir beaucoup plus difficile d'en retracer les limites, de plus, on ne peut plus reconnaître chez cette larve de couronne ciliaire formée de cils spéciaux, mais tout le corps se trouve uniformément recouvert d'un revêtement général de cils vibratiles assez allongés, et beaucoup plus forts que les cils très-fins, à peine perceptibles, qui couvrent la face orale des larves d'Escharines ; — Les deux paires de flagellums insérés sur la couronne, persistent néanmoins chez les larves de Cellepores. — Nous avons vu, que, chez les larves de Discopora Coccinea, la couroune ciliaire commençait déjà à s'étaler un peu à la surface du corps, en même temps que ses cils devenaient plus nombreux et moins forts ; la larve de Cellepore doit être considérée comme formée par une exagération du même processus. — Cette espèce d'extension de la couronne ciliaire à la surface du corps rend beaucoup moins nette que précédemment la grande division en deux faces opposées (orale et aborale), qui, de fait, n'est plus guère sensible chez les larves de Cellepores ; la fig. 34 montre cette larve vue de profil ; elle possède une hauteur considérable du côté postérieur, tandis qu'au contraire, du côté antérieur, le plumet ciliaire se trouve extrêmement rapproché de la ventouse ; cette dernière a éprouvé une réduction considérable comme le montrent les fig. 34 et 39 et on ne voit plus ni les stries rayonnantes, ni la tache centrale en fer à cheval : l'estomac existe comme dans les formes précédentes, mais se trouve également en partie recouvert par la masse mésodermique granulo-graisseuse : cette dernière consiste sur la face orale, en taches pigmentaires d'une couleur rouge vif (fig. 34-38) qui forment une zone épaisse autour de l'estomac ; au milieu de cette zone se voit une petite portion laissée libre, de cet organe, au milieu de laquelle on peut encore distinguer la fente $C\ D$ de la cavité digestive (fig. 34-38) ; par suite de la réduction extrême de la ventouse, la masse (colorée en rouge) du mésoderme aboral s'est également réduite, en se portant avec la ventouse, vers le devant de l'embryon, de sorte que l'estomac apparaît ici très-distinctement à la partie postérieure de la face aborale : si on l'examine par transparence en ce point, on voit (fig. 39) qu'il est formé par un large sac à paroi nettement épithéliale, avec belles cellules cylindriques nuclées, semblables à celles de l'estomac de l'Alcyonidium. — La face orale est plate et ne fait plus saillie comme dans les larves précédentes mais semble, en général, présenter l'aspect que j'ai représenté dans la fig. 34.

II

M O L L I A { Mollia Hyalina.
{ Mollia Granifera.

1. — MOLLIA HYALINA

La Mollia Hyalina constitue une forme extrêmement curieuse, bien distincte des formes ordinaires du groupe des Escharines par la position presque terminale de l'ouverture des loges, et le mode de bourgeonnement, qui, au lieu d'être terminal comme chez presque toutes les autres formes, est toujours latéral et intercalaire (pl. 9, fig. 15, 16, 17, etc) : elle mérite certainement de former un genre à part, également bien caractérisé par la forme larvaire, et dont il faudrait retirer la Mollia Vulgaris (Lepralia Ciliata) dont nous nous sommes occupés plus haut, à moins que les autres formes réunies depuis, à ce genre par Smitt (1) ne nécessitent encore une refonte complète. — Les loges ne sont pas ici directement juxtaposées les unes contre les autres, mais chacune d'elles déborde celle qui l'avoisine, par sa face inférieure, de manière à donner naissance à des expensions aréolées situées entre les différentes loges comme le figurent Busk (catatogue of Bryozoa of British museum : pl. 51, fig. 1) et Smitt (Kritisk förteckning af K Vetenkaps Akademiens forhandlingar 1867, pl. 25, fig. 84 et 85).

La Mollia Hyalina est très-commune à Roskoff où elle porte aux mois de Mai et Juin une quantité considérable d'ovicelles contenant chacune un embryon : la grande transparence de ces ovicelles permet de voir assez bien sans briser le cormus, la structure approximative de ces embryons, et j'ai pu ainsi distinguer bien nettement des stades 16 et 32, tout-à-fait identiques à ceux que j'ai décrits chez l'Alcyonidium : néanmoins, comme les stades suivants ne nous présentent plus la même netteté, et que d'autre part, je n'ai jamais réussi à dégager un seul embryon chez cette espèce, je laisse de côté les phénomènes embryonnaires qui débutent de la même manière, et sont très-probablement les mêmes dans toute leur étendue, que chez l'Alcyonidium et les Escharines et j'en viens immédiatement à la structure de la larve libre.

La larve libre de Mollia Hyalina a la forme et l'aspect général que j'ai représenté pl. 9, fig. 4 : elle possède une couleur jaunâtre et présente quatre paires de points oculiformes carmin, avec deux paires de longs flagellums disposés comme l'indiquent les fig. 4, 5, 6 : — les première, troisième et quatrième paire de taches pigmentaires rouges, sont placées sur la face aborale, autour de la ventouse, la deuxième sur la face orale, de chaque côté du pharynx ; cette répartition sur chacune des faces n'est pas rigoureuse, et, lorsque l'on regarde la larve de profil, elles paraissent souvent (fig. 14) placées en une seule zone. Les flagellums occupent la

(1) Floridan Bryozoa Collected by, Pourtales ; Kongl Svenska Vetenkaps handlingar. Bandet, 10, n° 11-1872.

même place que chez toutes les autres larves précédemment décrites, et sont placées à peu de distance des deux dernières taches pigmentaires.

Les larves de Mollia Vulgaris ne présentent pas de couronne ciliaire, et on ne peut distinguer dans leur corps aucune division : elles possèdent contrairement aux larves d'Escharines, une grande transparence, et peuvent être étudiées facilement et avec avantage à la lumière transmise : elles ont un revêtement général de cils vibratiles, et présentent une forme extrêmement variable, qui peut aller de la forme arrondie, jusqu'à un aspect presque vermiforme, lorsque l'embryon rampe sur sa face orale, comme cela lui arrive souvent : en règle générale, elles possèdent la forme de la fig. 4 dans laquelle nous avons une extrémité postérieure fortement renflée, qui contient l'intestin, et une antérieure effilée, et qui porte le plumet ciliaire. — La ventouse est réduite à de faibles dimensions, et située un peu plus en avant, comme chez les larves de Cellepores : — on ne voit pas ici de mésoderme oral, et la masse mésodermique de la face aborale semble elle-même avoir éprouvé une assez grande réduction; la ventouse porte encore la couronne de cils raides.

Bien que je n'aie réussi à distinguer chez cette espèce, aucune des grandes divisions mentionnées jusqu'ici, et que la peau ait l'aspect d'un sac uniforme, il est à remarquer que ces larves continuent malgré l'aspect renflé de la partie postérieure, à présenter encore comme chez les Escharines, une forme discoïde avec deux faces (orale et aborale) encore à peu près d'égale étendue : ce caractère, joint à la disposition générale des organes qui n'a pas changé, les rapproche encore beaucoup des larves d'Escharines, et il est fort probable que la larve de Mollia Hyalina n'est en somme qu'un simple dérivé de ces dernières, dans lequel les cellules de la couronne se sont étalées en s'atténuant de plus en plus, à la surface du corps, entraînant avec elles les cils vibratiles, comme nous l'avons vu chez le Discopora Coccinea, et surtout chez le Cellepora Pumicosa : à mesure, en effet, que ces cellules s'étalent, il devient de plus en plus difficile de distinguer leur limites, et il n'y a absolument rien d'étonnant à ce qu'elles nous aient échappé dans ce cas ; — l'existence primordiale de cette couronne ne fait d'ailleurs pas un doute, attendu qu'on peut la voir par simple transparence, sur les stades plus jeunes contenus dans les ovicelles.

Un dernier caractère tout-à-fait spécial, et par lequel la larve de Mollia Hyalina (qui, pour tout le reste semble constituer une modifica-du type des Escharines analogue et parrallèle à celle des Cellepores) s'écarte de tous les autres types connus, consiste dans la structure étrange de l'estomac ; au lieu d'apparaître sous forme d'un sac bilobé comme chez l'Alcyonidium, ou d'une vésicule en fer à cheval comme chez les Escharines, l'estomac paraît ici formé de circonvolutions enchevêtrées d'une manière complexe. — Il est très-difficile malgré la transparence, de bien se rendre compte de ce qui occasionne cet aspect singulier : une étude attentive m'a fait reconnaître qu'il se trouve produit par un espèce de recourbement vers le dehors, de chacune des deux branches ascendantes de l'estomac en fer à cheval, comme le représente la fig. 5 : entre ces deux branches, on voit de plus se prolonger un tube creux *ce* (fig. 5) qui déprime l'estomac et cache complètement sa partie médiane ; de sorte que la fente de la cavité digestive, au lieu d'être continue comme partout ailleurs, paraît ici divisée en deux portions latérales, qui paraissent ensuite recourbées sur elles-mêmes, à cause de l'incurvation des branches ascendantes du fer à cheval. — C'est la présence de ce tube médian, venant cacher ainsi la portion moyenne, qui, jointe à l'incurvation des parties latérales, cause l'aspect si surprenant de l'estomac chez cette espèce. Il est très-difficile de bien se rendre compte de ce que pourrait être ce tube médian *ce,* et j'avoue ne pouvoir donner à cet égard rien de bien décisif, néanmoins, il me semble que c'est ici le cas de rappeler le grand développement que nous avons vu prendre chez la Lepralia Spinifera, à la dépression *ce* au fond de laquelle le pharynx vient s'insérer à l'estomac : nous avons vu en effet, que chez la Lepralia, cette dépression venait se prolonger en pointe vers le bas, de manière à cacher également la partie médiane de la cavité digestive ainsi réduite comme chez la Mollia, à deux parties latérales, comme je l'ai indiqué fig. 10, pl. 7. — Il suffirait d'admettre, que le même processus s'accentue d'avantage chez la Mollia, et que cette dépression s'étende de plus en plus, en même temps que ses bords, déjà assez saillants chez la Lepralia Spinifera, continuent à se rapprocher jusqu'à se fermer en tube. — Le Schema ci-dessous, qui représente la disposition de la dépression *c e*,

vue en coupe, de profil sur une larve ordinaire (Escharine) fera, je l'espère, comprendre plus facilement la manière dont peut s'effectuer ce processus. Ce n'est là qu'une idée qu'il reste encore à prouver, mais je ne crois pas qu'une tentative, quelle qu'elle soit pour expliquer la nature d'un organe douteux puisse jamais être blâmée; l'apparence déjà signalée chez la Lepralia Spinifera constitue d'ailleurs déjà une base sérieuse qui fait de cet essai plus qu'une simple hypothèse.

En observant les larves de Mollia Hyalina, j'ai eu l'occasion de suivre la métamorphose ainsi que le bourgeonnement de la loge primitive, il me reste donc encore maintenant à parler de ces deux points.

MÉTAMORPHOSE.

Le stade le moins avancé que j'aie étudié après la fixation (fig. 7) formait déjà un sac uniforme, aplati, de forme ovale, avec endocyste à longues cellules rapprochées, formant sur les bords une zone rayonnante, et qui s'étalait en une expansion circulaire anhiste *z*, semblable à celle déjà décrite chez la Phalangelle. — La masse graisseuse interne était fort peu développée, et se réduisait à un petit nombre de globules disséminés : à la partie inférieure se voyait déjà une tache blanche encore adhérente à l'endocyste, et qui constitue le rudiment de polypide ; — malgré ces caractères déjà fort avancés, le stade fig. 7 ne doit pas cependant être de beaucoup postérieur à la fixation, car la peau était encore tout-à-fait molle, et il n'y avait aucune trace d'ectocyste.

Au stade suivant (fig. 8) les éléments cellulaires de l'endocyste s'étaient plus écartés, et étaient devenus moins nombreux, comme c'est le cas général dans les loges à mesure qu'elles avancent en âge ; de plus on commençait à voir l'apparition d'un épais ectocyste calcaire, qui, à cette époque, formait déjà un cercle très-opaque à la périphérie : — le polypide s'était en même temps accru, et présentait déjà une séparation en couronne tentaculaire et en intestin (fig. 8).

Le reste du développement, jusqu'à l'état adulte, consiste simplement dans une augmentation en grosseur du polypide, qui acquiert rapidement sa structure et sa taille définitives, en même temps que se forme au sommet l'ouverture de la loge : à l'époque où ces changements se sont effectués (fig. 9) l'ectocyste calcaire a acquis son épaisseur définitive, tandis que la zone anhiste de pourtour s'est flétrie comme nous l'avons déjà vu pour les Tubulipores ; — la loge primitive se trouve dès lors complètement formée : elle présente toujours à droite ou à gauche un bourgeon latéral (fig. 9 pl. 1) ; les rares globules graisseux des stades fig. 7, 8, disparaissent rapidement pendant le développement, sans laisser de traces.

BOURGEONNEMENT.

Dans la majorité des cas, on ne rencontre jamais sur la loge primitive, qu'un seul bourgeon latéral, néanmoins, il arrive souvent qu'on trouve de l'autre côté de l'ouverture de la loge la trace d'un second bourgeon symétrique qui n'existe la plupart du temps qu'à l'état rudimentaire, comme je l'ai représenté dans la fig. 11 : rarement, il arrive que les deux bourgeons latéraux se développent simultanément, néanmoins, on en voit encore des exemples : j'en ai représenté un dans la fig. 10 : ces exemples nous montrent que la marche normale du bourgeonnement chez la Mollia hyalina, est d'émettre au début, deux bourgeons latéraux, mais ordinairement l'un des deux avorte, et l'autre seul continue à se développer, de manière à donner naissance comme nous allons le voir, à une nombreuse série de loges.

La fig. 11 représente un état un peu plus avancé que dans la fig. 9, et dans lequel le bourgeon 1 après s'être accru, s'est divisé par une cloison longitudinale, en deux loges superposées 1. 1 encore incomplètes : — dans la fig. 12, le bourgeon 1 a acquis son développement complet, mais sans donner naissance encore à aucune autre loge, le bourgeon 1ᵃ s'est également accru, mais on voit qu'en même temps, il s'est étalé à droite et à gauche de manière à donner naissance à deux nouveaux bourgeons 2, 2ᵃ dont celui de gauche 2ᵃ s'est déjà séparé par une cloison, celui de droite étant encore en communication avec la loge mère. En somme, on peut déjà considérer le stade fig. 12 comme présentant, outre la loge primitive, quatre loges rudimentaires dont les deux dernières 2, 2ᵃ ont été formées par la loge 1ᵃ; la loge 1 est restée intacte et indivise dans le cas particulier que nous avons figuré, mais le plus souvent, c'est elle qui donne naissance à la loge 2, chacune des loges 1 et 1ᵃ donnant alors naissance à une seule loge. — Dans la fig. 13, on constate que chacune des loges 1ᵃ, 2, 2ᵃ, encore rudimentaires au stade précédent, se sont déjà accrues : la première 1ᵃ en une loge complètement formée, les deux autres, en deux loges déjà très-avancées ; on voit en outre, que les loges 1, 2, 1ᵃ, 2ᵃ se sont toutes légèrement étalées vers la gauche, pour boucher l'espace situé entre elles et la loge voisine, processus dont résultent quatre nouvelles loges 3, 3ᵃ, 3_b, 3_c dont trois : 3, 3ᵃ, 3ᶜ sont déjà séparées de la loge mère par une cloison, tandis que la quatrième 3ᵇ n'est pas encore isolée. Dans la fig. 14, nous voyons que les bourgeons 3, se sont à leur tour accrus, tandis que les loges 2 qui les précédaient ont acquis un peu près leur structure complète : ces quatre loges 3, se sont de plus étalées à leur tour, de manière à boucher les interstices compris entre elles et les loges 1ᵃ, 2, 2ᵃ, ce qui a donné naissance à une nouvelle rangée 4, composée de loges de plus en plus nombreuses, et que nous voyons ensuite s'accroître et s'étaler dans les stades suivants (fig. 15) pour donner naissance à une rangée, 5, tandis que les loges de la rangée 3 acquièrent à leur tour la taille définitive; — le bourgeonnement continue ensuite à s'effectuer suivant la même marche, les loges rudimentaires de chaque nouvelle rangée donnant naissance, en s'étalant de manière à boucher les vides situés entre les loges, à de nouveaux bourgeons, tandis que les loges de la rangée précédente arrivent à acquérir leur structure complète : — ce processus, qui conduit naturellement, comme le montrent les figures, à la production de rangées de plus en plus nombreuses, ne tarde pas à faire prendre au cormus la forme d'un éventail, dont les deux extrémités se recourbent ensuite l'une vers l'autre en entourant la loge primitive située au centre jusqu'à ce qu'elles soient venues se rejoindre en se refermant tout-à-fait au-dessus d'elle, comme le montre le cormus de la fig. 17; nous avons alors une plaque discoïde avec loge primitive située au centre, et qui continue à s'accroître ensuite par le bord d'accroissement qui en occupe le pourtour, de manière à se développer en une croûte plus ou moins étendue, qui perd bientôt toute forme propre pour se mouler sur les différents objets qu'elle vient revêtir.

On voit que le bourgeonnement de la Mollia hyalina, produit par simple cloisonnement transverse et longitudinal pour les deux premières cloisons, prend à partir du stade fig. 11 un caractère spécial qui diffère du mode de bourgeonnement ordinaire des Escharines (accroissement terminal) et auquel on pourrait donner le nom d'*intercalaire;* chacune des loges commence en effet peu après sa formation, à s'étaler de manière à boucher les vides compris entre elle et les loges voisines, puis, les extrémités de ces bourgeons étalés se séparent pour donner naissance à de nouveaux bourgeons, très-petits d'abord, et qui paraissent comme enchassés entre deux loges contigues ; ce bourgeonnement intercalaire n'est en somme, autre chose, qu'un mode particulier de bourgeonnement latéral, mais la rapidité avec laquelle les nouveaux bourgeons se séparent de la loge mère (comparez fig. 13 3ᵇ et 3ª) fait qu'il est généralement fort difficile de reconnaître laquelle des deux loges de droite ou de gauche, a donné naissance au bourgeon intercalé ; on se laisserait par suite facilement entraîner à considérer ce bourgeon intercalaire, comme résultant simplement de la scission d'une cloison, comme Smitt l'a prétendu chez les Cyclostomes; c'est une fausse interprétation contre laquelle je ne crois pas inutile de prémunir de nouveau.

Tous ces divers stades de bourgeonnement sont très-communs à

Roskoff, où on peut les recueillir sans difficulté sur les plantes marines qui avoisinent les adultes.

II

MOLLIA GRANIFERA

(Pl. 9, fig. 1 à 3; pl. 16, fig. 2.)

Au même type que la larve de Mollia hyalina, se rapporte la larve d'une autre espèce très-voisine, également reconnaissable par le mode de bourgeonnement intercalaire, et par la forme caractéristique des zœciums; cette espèce est certainement identique au Lepralia granifera de Busk (cat. of marine polyzoa of British mus., page 83, pl. 77, fig. 2 et 95 fig. 6, 7) avec laquelle elle s'accorde dans les moindres détails : il existe cependant un caractère important qui semble avoir été négligé par Busk : il consiste dans le grand développement que prennent ici les expansions de la partie inférieure des loges, dont les aréoles extrêmement grandes (déjà constatées chez la Mollia hyalina) ont de plus, pris ici une forme très-régulière de façon à produire l'aspect représenté, fig. 2, pl. 16, et qui rappelle beaucoup l'aspect déjà figuré par Smitt (Kritisk förteckining : dans ofversigt afk. Vetenkaps akad forhandlingar 1867 pl. 25 fig. 13) chez sa Mollia Candida, qui peut-être n'est qu'un synonyme de notre espèce (Lepr. granifera de Busk). — Je lui donne provisoirement le nom de Mollia pour marquer ses affinités avec la Mollia hyalina, avec laquelle elle mérite de former un genre à part, bien que je ne sache pas si ce genre correspond au genre Mollia, tel que l'entend Smitt (1); c'est une espèce qui se trouve assez rarement : je ne l'ai rencontrée qu'à Roskoff, et en petite quantité, mais les quelques cormus que j'ai eus à ma disposition étaient, au mois de Juillet, couverts d'ovicelles contenant les embryons, et j'ai pu sans peine obtenir des larves libres : ces dernières (fig. 1 pl. 9) ont une forme et une disposition

---

(1) Voy. Floridan Bryozoa collected by Pourtales(Kongl Svenska vetenkaps handlingar. Bandet 10 n° 11 1872.

générale tout-à-fait analogues à celles de la Mollia hyalina : elles ont également une couleur jaunâtre, mais sont dépourvues de taches pigmentaires, à la place desquelles on remarque simplement une large zone rougeâtre autour de la ventouse, et deux grandes taches de même couleur sur la partie renflée de la face orale (fig. 1) la larve possède un revêtement général de longs cils vibratiles, absolument comme celle de l'espèce précédente, mais je n'y ai pas vu les deux paires de flagellums. — La ventouse est également ici plus réduite que chez les Escharines, néanmoins, elle est plus volumineuse que chez la Mollia hyalina, et possède encore les stries rayonnantes, qui n'étaient plus visibles chez la première, seulement, ces stries ne sont plus disposées exactement de la même manière que chez les Escharines, mais affectent la disposition de la fig. 2, venant se réunir suivant une ligne obscure qui correspond peut-être à l'organe en fer à cheval des Escharines

La larve de Mollia granifera est beaucoup plus opaque que celle de l'hyalina, et il est fort difficile de bien se rendre compte de sa structure interne, aussi n'ai-je pu voir d'une manière bien précise si l'estomac y offre les mêmes complications, on peut cependant se convaincre, comme je l'ai représenté dans la fig. 3, que sa forme générale est tout-à-fait la même que chez l'hyalina, et qu'il présente comme chez elle une incurvation de ses deux branches ascendantes , aussi est-il probable qu'il a aussi pour le reste la même structure que celle décrite précédemment.

Le caractère essentiel de la larve de Mollia granifera, est de pouvoir encore, malgré ses caractères spéciaux, se ramener, comme celle de la Mollia hyalina, à la disposition générale des larves d'Escharines dont elle a conservé la forme générale : les larves du type des Mollia ne sont guère, si on néglige la complication de l'estomac, que des larves ordinaires du type des Escharines dans lesquelles les grosses cellules de la couronne se sont étalées en s'affaiblissant, de manière à devenir invisibles, en même temps que les deux faces qu'elle séparait se sont confondues l'une avec l'autre par une courbure insensible. — Je n'ai pas plus réussi pour la Mollia granifera que pour l'hyalina, à distinguer les limites des cellules de la couronne.

III

FLUSTRES { Flustra foliacea (Pl. 8, fig. 36.)
{ » Papyracea

Contrairement aux formes précédentes que nous venons de décrire, et qui n'ont jamais été étudiées par aucun observateur, les larves de Flustres ont été étudiées déjà à deux reprises. et sont même les plus anciennement connues de toutes les larves de Chilostomes.

HISTORIQUE.

1. GRANT 1827 (Flustra Carbasea et Foliacea). — Grant qui les a décou-vertes en 1827 les décrit comme ayant une forme d'abord arrondie, mais qui plus tard s'effile à l'extrémité antérieure, tandis que la postérieure demeurée épaisse, s'aplatit, et se renfle en une large zone circulaire très-contractile, munie de cils plus longs que sur le reste du corps et qui vont ensuite en diminuant jusqu'à l'extrémité effilée.

2. DALYELL 1847 (Flustra Carbasea, Foliacea, Truncata, Murrayana).— Il les décrit moins complètement encore que Grant : d'après lui, elles ont une forme ovale, pyriforme, et quelquefois même plurilobée : elles tendent néanmoins en général à la forme arrondie, et ne présentent d'autres organes externes que le revêtement général de cils vibratiles *disposés quelquefois en un cercle continu.* En un point, il paraît y avoir une disposition particulière des cils (fl. Carbasea) et peut-être aussi un organe spécial (fl. Foliacea), mais le tout fort confus.

Je n'ai malheureusement jamais pu réussir à voir la larve libre chez les Flustres. et je ne puis par conséquent pas dire quelle doit être leur place dans le système général des larves de Chilostomes : aucun des Flustres que j'ai recueillis pendant l'été ne présentait de traces d'embryons, une seule fois il m'est arrivé dans un voyage que je fis à Wimereux, au mois *de Février,* de trouver une assez grande quantité de Flustra Carbasea et Foliacea rejetés sur la plage et remplis d'embryons : malheureusement ces exemplaires que je recueillis immédiatement pour les transporter dans un vase d'eau de mer, étaient abandonnés sur la plage depuis trop longtemps, et aucun n'a pu me donner une seule larve libre : en dilacérant de nouveaux cormus ramassés dans le même endroit, je parvins néanmoins à dégager un ou deux embryons encore en bon état : j'ai représenté dans la fig. 36, pl. 8 un de ces embryons ainsi extraits du cormus : il avait une forme complètement arrondie, avec face aborale présentant déjà ses deux parties distinctes, et face orale laissant distinguer l'estomac plus pâle, avec le pharynx. Cet embryon possédait une coloration générale orangée due à la répartition *encore uniforme* des granules de Deutoplasme dans les feuillets, néanmoins, la couronne était déjà couverte de fins cils vibratiles, et possédait, comme le montre la figure, une largeur beaucoup plus grande que celle du même stade chez les Escharines (fig. 23). — Ce grand développement de la couronne à ce stade, me porte fort à croire que les larves de Flustres doivent être placées parmi les formes où nous voyons la couronne s'étaler à la surface du corps et probablement à côté des larves de Cellulaires, qui présentent comme le montre la fig. 2, pl. 10 un stade identique à celui des Flustres, fait que confirment du reste les relations qui paraissent exister aussi entre les adultes.

IV

CELLULARINES
1 Bicellaria Ciliata.
2 Scrupocellaria Scruposa.
3 Canda Reptans.
4 Bugula Plumosa.
5   Id.   Flabellata.

Les formes larvaires des Cellularines constituent un ensemble extrêmement naturel qui est certainement le mieux connu du groupe tout entier des Bryozoaires ; elles ont été l'objet de nombreuses obesrvations parmi lesquelles quelques-unes justement renommées.

HISTORIQUE

1. REID et CHANDOS, 1845 (Flustra avicularis·. — Les premiers observateurs qui ont étudié ces larves sont Reid et Chandos : ils ne donnent que très peu de détails sur leur structure, et leur description est fort obscurcie par la rencontre de deux embryons soudés ensemble qu'ils ont pris pour un seul, néanmoins, ils semblent avoir reconnu la ventouse qu'ils décrivent comme une saillie couverte de poils raides, et servant à la fixation.

2. DALYELL, 1847 (Cellularia avicularia, Bicellaria Ciliata). — Dalyell les décrit ensuite d'une manière beaucoup plus imparfaite encore, et dans laquelle il est difficile de rien reconnaître ; il les décrit comme ayant une forme anguleuse (Cubique) avec revêtement général de cils vibratiles, et comme étant pourvues d'un appareil ciliaire spécial consistant en deux longs poils raides.

3. METSCHNIKOFF, 1869 (Acamarchis, Chlidonia [Catenicelle].) Ses descriptions semblent plus précises, mais il se borne à dire : « qu'elles possèdent comme les larves d'Escharines et le Cyphonautes, *un organe en forme de pied*, un *sac interne* et un *bouton placé* au sommet du corps ; il signale en outre des points oculiformes pourvus de cristallins chez les Acamarchis. »

4. NITSCHE, 1869 (Bicellaria Ciliata, Bugula Plumosa, Flabellata, Scrupocellaria Scruposa). — Presque à la même époque parurent les belles observations de Nitsche, qui, en ce qui concerne les formes externes, n'ont pas été encore surpassées depuis : Nitsche décrit et figure très-bien

chez ces trois espèces, la forme et les différentes parties externes de la larve, avec la fente buccale placée dans un sillon spécial et portant à son sommet le plumet ciliaire ; il signale la ventouse, couverte de poils raides, ses cellules radiaires, les zones de points oculiformes pourvus de cristallins ou de cils spéciaux, enfin, un organe (*rosettenformige zeichnung*) énigmatique qui existe chez la larve de Bugula flabellata ; ses observations sont moins complètes en ce qui concerne la structure interne ; il décrit la larve comme composée d'une couche externe portant le revêtement général de cils, et d'une masse interne peut-être creusée d'une cavité en communication avec la fente buccale.

5. Claparède (Bugula avicularia, 1870). — Il décrit la structure interne de la même manière que Nitsche, mais est moins complet en ce qui concerne la structure externe : il semble n'avoir pas bien distingué la ventouse, qu'il ne fait apparaître qu'à l'époque de la fixation.

6 Salensky (Bugula Plumosa). — Il revoit toutes les parties externes décrites par Nitsche, et retrouve de plus, le sac interne (estomac) signalé par Metschnikoff, avec les globules-graisseux dont il est entouré : bien qu'il interprète mal le sac interne, et qu'il ne veuille voir dans la fente buccale, qu'une simple dépression, sa description, qui résume les découvertes de Nitsche et Metschnikoff, est la plus complète que nous possédions.

En résumé, on peut, d'après les connaissances actuelles, considérer les larves de Cellularines comme formées d'une peau complètement uniforme, en forme de sac muni d'une ventouse et d'un sillon buccal, et renfermant dans son intérieur un organe en forme de poche, (intestin de Metschnikoff, ventouse de Repiachoff, rudiment de polypide de Salensky) avec globules-graisseux disséminés.

Dans la plupart des cas, ce résumé, basé pour les formes externes, sur les excellentes descriptions de Nitsche, correspond d'une manière tout-à-fait exacte aux faits observés : il arrive en effet, qu'en règle générale, la partie postérieure de la face orale vient se fusionner comme nous l'avons vu pour les Mollia, avec la partie inférieure de la face aborale, de manière à donner naissance à une courbe régulière (fig. 8) qui limite la partie postérieure de l'embryon, et où il n'est ordinairement pas possible de distinguer de traces d'aucune ligne de démarcation entre les deux faces, la peau de l'embryon constitue bien alors un simple sac uniforme comme d'après les descriptions données jusqu'ici, cependant il n'en est pas ainsi dans tous les cas : il existe, en effet, dans le groupe, quelques larves chez lesquelles la fusion, un peu moins complète, permet de distinguer en profitant des positions favorables, des restes de limites entre les faces orale et aborale, comme je l'ai figuré chez la Bicellaria ciliata (fig. 6) : cette persistance éventuelle de limites précises entre les deux faces, nous permet de regarder la larve comme formée : 1° d'une face orale généralement aplatie, 2° d'une ventouse située au pole opposé, enfin, 3° d'une épaisse zone intermédiaire, qui s'étend entre les deux premières parties, et forme ici la majeure portion de la peau entière de la larve libre. Une particularité importante à noter, c'est que la ventouse n'est plus, comme chez les Escharines, située exactement au pôle opposé au milieu de la face orale, de manière à être partout à égale distance des bords de cette face ; mais nous voyons au contraire, d'après la fig. 6, qu'elle se trouve beaucoup plus rapprochée de l'extrémité antérieure ; elle n'est éloignée de cette extrémité que par une courte portion en ligne droite de la zone moyenne, tandis qu'au contraire, nous la voyons séparée de la postérieure par une longue portion, régulièrement incurvée, de cette même zone. — Cette particularité, de la longueur inégale des deux faces opposées (antérieure et postérieure) de la zone moyenne est ce qui cause en très-grande partie l'aspect caractéristique des larves de Cellularines, elle est comme on le verra, importante à noter. — Un autre caractère non moins important, mais déjà figuré par Nitsche, est, que la ventouse (beaucoup plus petite que chez les Escharines) se trouve logée dans une gaine spéciale formée par la peau de la zone moyenne, qui, après s'être prolongée vers le haut jusqu'à la limite supérieure du corps, semble s'invaginer ensuite en dedans pour aller rejoindre la partie inférieure de la masse tubulaire qui constitue la ventouse (fig. 6, 8, 9, etc.) dont la base dépasse seule en dehors de la gaine.

23

En ce qui concerne les organes internes, les descriptions de Metschnikoff et Salensky nous donnent une idée généralement exacte de la disposition, néanmoins, nous devons ici faire remarquer, que le sac interne en fer à cheval nous a toujours paru être en relation directe avec le pharynx qui vient s'insérer de la même manière que chez les Escharines, au fond d'une dépression *c e* située entre les deux branches ascendantes du fer à cheval; ce dernier possède exactement la même structure et le même aspect que dans les types qui précèdent, et je n'hésite pas à le considérer comme estomac. — Les globules graisseux de la cavité du corps ne m'ont pas paru aussi disséminés que cela résulte des descriptions de Salensky, mais plutôt rassemblés en une masse assez compacte (homologue à la masse mésodermique aborale *m i*) qui occupe toute la partie supérieure de l'embryon; — je n'ai jamais rien trouvé qui pût être comparé à la bande pigmentaire granulo-graisseuse (mésoderme oral) qui entoure l'estomac chez toutes les Escharines.

Ces remarques préliminaires une fois posées, nous pouvons passer à la description des larves des différentes espèces de Cellularines.

I

BICELLARIA CILIATA

(fig. 6, 7, 10)

La Bicellaria ciliata est commune à Wimereux aux mois d'Août et Septembre, où on la trouve mêlée aux Scrupocellaria scruposa, Bugula Plumosa, et flabellata, toutes en reproduction à cette même époque, et dont il est facile de se procurer des larves en abondance; sa larve est d'une couleur grise uniforme, on peut y distinguer d'une manière assez nette les limites précises de la face orale, ce qui nous permet de maintenir chez elle la division du corps en trois parties dont nous venons de parler. La ventouse couverte d'une rangée de poils raides montre également comme chez les Escharines, un aspect rayonné, mais ici, les rayons sont, par suite de la réduction générale de l'organe, beaucoup moins allongés que chez les Escharines, et peuvent plutôt dans ce cas, être rapportés à une seule rangée de grosses cellules granuleuses. — L'estomac avec sa fente semi-circulaire $C\,D$, et sa dépression $c\,e$ au fond de laquelle s'insère le pharynx, a la même structure que chez les Escharines; derrière lui, et s'étendant de sa partie postérieure jusqu'à la ventouse, s'étend la masse plus ou moins colorée de globules-graisseux que je considère comme représentant le mésoderme aboral; — la ventouse montre au centre une portion plus claire, entourée par la rangée de cellules rayonnantes, et au travers laquelle on peut apercevoir les globules graisseux de la cavité du corps, mais je n'y ai jamais vu de tache plus obscure en fer à cheval, comme celle précédemment signalée chez les Escharines. — Au-dessus du pharynx se trouve le plumet ciliaire qui semble porté chez la Bicellaria ainsi que chez toutes les autres larves de Cellularines, par un faisceau de cellules rayonnantes (fig. 6, 8, 17, 19, etc.) déjà signalées par Claparède, et visibles aussi chez les Escharines. — Une des particularités les plus dignes de remarque que nous ayons constatée chez cette espèce, est la présence d'un aspect de gros éléments cellulaires, occupant l'extrémité postérieure de la face aborale (fig. 7, 10, op) et dont la signification est difficile à déterminer. — La Bicellaria ciliata ne m'a jamais présenté de traces de cellules de la couronne, mais j'ai retrouvé sur la zone moyenne les deux paires de longs flagellums situés au niveau de l'estomac et que nous avons vus chez les Escharines s'insérer au milieu des cellules de la couronne.

II

SCRUPOCELLARIA SCRUPOSA

(fig. 2, 4, 8).

La larve de Scrupocellaria Scruposa (fig. 8) semble présenter une réunion beaucoup plus complète de la face orale à la zone moyenne, qui

passent de l'une à l'autre d'une manière insensible, aussi la larve a-t-elle
bien l'aspect de sac uniforme signalé par les auteurs ; malgré cela, nous
pouvons, par analogie avec la Bicellaria, continuer à y distinguer nos
trois divisions, la partie inférieure de l'estomac étant prise comme limite
de la face aborale; nous voyons ainsi, que la différence de longueur précédemment indiqué entre les deux faces, antérieure et postérieure, de la
zone moyenne, se trouve encore plus accentuée chez la Scrupocellaria
que chez la Bicellaria : la portion moyenne de cette même zone ne porte
plus, comme chez l'espèce précédente, deux paires de flagellums, mais
ces derniers se trouvent remplacés par trois paires de taches pigmentaires d'une couleur carmin, disposées en une seule ligne, et qui ont déjà
été signalées par Nitsche : la première, située un peu en arrière du
plumet ciliaire, porte un gros cristallin, la dernière située au niveau de
l'estomac une touffe de courts flagellums; la troisième, placée entre
les deux précédentes, est plus petite et porte une espèce de petite tige
cristalline (fig. 8); — les touffes de flagellums de la partie postérieure
semblent déjà avoir été vus par Nitsche, mais cet auteur les décrit
comme de simples faisceaux de cils plus longs que les autres; il
importe de faire remarquer à ce sujet, que ces touffes n'ont absolument
rien de commun avec les autres cils qui tapissent le corps, mais paraissent bien plutôt devoir se comparer aux longs flagellums des larves
d'Escharines, qui se seraient raccourcis et multipliés ; il me semble même
que les cristallins doivent être considérés comme étant dérivés (toute
idée sur leur fonction physiologique étant mise à part) de ces courts
flagellums de plus en plus réduits, et représentent, par suite, des éléments
morphologiques entièrement homologues aux longs flagellums des larves
d'Escharines ; — la petite tige cristalline de la tache pigmentaire moyenne
du Scrupocellaria constitue un très-bon état intermédiaire, entre les
cristallins et les courts flagellums.

La larve de Scrupocellaria Scruposa possède, en ce qui concerne la
ventouse, l'estomac et la masse graisseuse *mi* une structure identique à
celle de la Bicellaria, et nous pouvons par conséquent passer sur ces
caractères d'une manière rapide. — Les faits les plus saillants qu'il me

reste à mentionner sont relatifs à certains stades de développement, que j'ai réussi à dégager de leurs ovicelles en hachant le cormus. — Les fig. 2 et 4 représentent deux de ces stades : le premier (fig. 4) n'était encore que peu avancé, il était constitué par de grosses sphères de segmentation et présentait à sa périphérie, une couronne formée de grosses cellules peu nombreuses, tout-à-fait pareille à celle que j'ai signalée plus haut, au premier stade de l'embryogénie de l'Alcyonidium ; la fig. 4 représente l'embryon par la face aborale, avant sa division en deux parties distinctes.

La fig. 2 représente un état plus avancé, comparable à l'état fig. 23 et 36, pl. 8 des embryons de Fustres et de Discopores : l'embryon a conservé une couleur orangée uniforme, causée par les granules de deutoplasme encore uniformément répartis, et non encore assemblés au centre ; la couronne s'y trouve plus étalée que chez les Escharines, mais elle n'a pas cessé néanmoins, de constituer une zone uniforme séparant le corps en deux faces opposées (orale et aborale) dont l'une présente l'estomac et le pharynx sous forme de deux taches blanches ; et l'autre la division en deux parties distinctes (ventouse et portion inférieure) par le sillon *si* ; la ventouse occupe encore à cette époque, le pôle opposé au milieu de la face orale, et ne se trouve pas encore comme chez la larve libre, rejetée vers le devant. — Ces stades font voir que les Cellularines présentent dans l'embryogénie, la même succession de phénomènes que les Escharines ; ils nous montrent en outre, qu'elles passent d'abord, avant d'acquérir leur aspect propre, par la disposition caractéristique des larves d'Escharines, à deux faces opposées séparées par la couronne ; ce n'est qu'à la suite de ce stade important, qui doit nous permettre d'établir entre elles la concordance complète, que se manifestent les phénomènes qui amènent la divergence.

Je n'ai malheureusement jamais réussi à suivre graduellement la série des faits qui font passer l'embryon de la fig. 2 à l'état représenté dans la fig. 8, néanmoins, j'ai observé certains traits de structure qui sont au moins propres à mettre sur la voie : les larves libres de Scrupocellaria m'ont en effet, montré à diverses reprises, des traces non douteuses des cellules de la couronne : ces aspects que j'ai obtenus en faisant agir le nitrate d'argent après avoir passé les larves par l'eau douce, m'ont montré que cette couronne occupait encore chez la larve libre, toute la portion médiane, à taches pigmentaires, de la zone moyenne, comme je l'ai représenté dans la fig. 8 ; nous voyons donc déjà que cette zone moyenne a des rapports certains avec la couronne, fait confirmé du reste par la présence des deux paires de flagellums de la Bicellaria, et par l'homologie générale qu'on peut établir d'après la structure des courts flagellums (fig. 8, 13, 19, etc) et des cristallins, entre la zone qui porte les taches pigmentaires des Cellularines et la zone qui porte les flagellums des Escharines. — L'impossibilité de suivre sur toute leur étendue la disposition exacte de cette couronne de cellules, dont je n'ai vu ici que la partie moyenne, ne nous permet pas pour le moment de déduire autre chose que cette simple relation générale, nous attendrons donc pour aller plus loin, d'avoir examiné les formes suivantes.

La larve de Scrupocellaria scruposa est de couleur jaune verdâtre, avec masse graisseuse un peu rosée.

III

CANDA REPTANS

(fig. 1, 3, 5, 11, 14, 16).

La Canda reptans est très-commune à Roskoff où j'ai observé sa larve au mois de Juillet : cette dernière possède, en ce qui concerne la disposition du tube digestif, de la ventouse et de la masse graisseuse, la même disposition que les deux espèces précédentes, et je n'ai rien de nouveau à ajouter sur ce sujet : elle ne présente qu'une paire de taches pigmentaires colorées en carmin, cette paire unique est placée au niveau de l'estomac, et possède comme dans la 3e paire du Scrupocellaria, une touffe de courts flagellums : — à la partie antérieure, autour du plumet ciliaire, se voit un amas diffus de granules pigmentaires d'une couleur rouge vif très-caractéristique de la larve de cette espèce (fig. 11) : la couleur générale de la larve est verdâtre, avec la masse graisseuse colorée en brun pâle; sa forme ordinaire paraît plus arrondie que celle des larves précédentes, et la différence de longueur entre les deux faces antérieure et postérieure de la zone moyenne, paraît encore plus forte; — à la limite entre sa partie postérieure et la face orale, se voient comme chez la Bicellaria ciliata, une ligne *op* de trois à quatre grosses cellules grenues, comme je l'ai figuré fig. 1 et 3.

J'ai également réussi chez la Canda reptans, à dégager quelques embryons de leurs ovicelles : la figure 5 représente l'un deux un peu près au même stade que celui de la fig 2; il est figuré par le pole aboral, et montre la couronne avec la division de la face aborale en deux parties distinctes (ventouse et partie inf.); — Les deux taches pigmentaires rouges sont déjà formées, et se trouvent situées sur la couronne même. Je n'ai pas essayé sur la larve libre de Canda reptans, de faire apparaître les limites des cellules de la couronne, et ne puis par conséquent me servir de cette espèce pour compléter les connaissances acquises d'après l'étude de la Scrupocellaria.

Bien que je n'aie pas suivi avec détail la métamorphose de la Canda reptans, j'ai eu néanmoins l'occasion d'observer dans mes vases quelques stades dont les deux plus remarquables ont été représentés fig. 14 et 16 : le second (fig. 16) représente une loge primitive entièrement développée : elle contient un polypide complètement achevé, et possède une forme renflée vers la base, et terminée par l'aire buccale entourée de longues et nombreuses épines : — de son extrémité inférieure, part une légère expansion arrondie, très-molle, et qui paraît servir à la fixation, enfin, au-dessus et sur la même face, se trouve implantée une légère saillie qui donne naissance à deux racines, au-dessus desquelles est situé un bourgeon; cette loge est fixée par la saillie arrondie de son extrémité inférieure, et par les deux racines. — Le bourgeon 1 constitue le premier bourgeon, qui donne ensuite naissance à toute la colonie. Smitt avait déjà vu et décrit exactement de semblables formes de loges primitives, il en figure une complètement identique chez la Scrupocellaria Scruposa, et une autre aussi fort ressemblante chez la Cellularia Scabra ; il ne paraît pas l'avoir observée chez la Canda reptans.

La fig. 14 représente la même loge incomplètement formée, et avant la disparition complète de la masse graisseuse *gr* juxtaposée à un polypide déjà très-avancé : la loge figure encore un simple sac à ectocyste peu consistant, néanmoins, on y distingue déjà, bien que moins nettement, toutes les parties de la loge future : en *p* se trouve la saillie qui sert à maintenir l'adhérence, et qui, ici, n'est pas encore bien nettement circonscrite ; en *1* et en *R* se trouvent le bourgeon primitif et les deux racines, peu développées, mais déjà visibles ; de *l* à *o* s'étend la surface qui donnera naissance à l'aire buccale, et autour de laquelle apparaîtront les épines.

IV

BUGULA PLUMOSA

(fig. 9-17).

La larve de Bugula Plumosa, de couleur jaunâtre, avec masse graisseuse un peu rosée, se distingue, comme Nitsche l'a déjà figuré, par la présence de deux paires de taches pigmentaires, de couleur carmin, munies chacune d'un gros cristallin, et disposées comme l'indique la fig. 9 : le tube digestif, la masse graisseuse, la ventouse, etc., sont disposés comme chez les espèces précédentes, seulement, nous voyons que le bord de la gaine de cette dernière, est orné d'un cercle de petites cellules saillantes, déjà figurées par Nitsche ; le fait le plus remarquable que nous présente cette larve, consiste dans le développement de plus en plus exagéré de la face postérieure de la zone moyenne, qui non-seulement surpasse en longueur d'une manière considérable, sa face antérieure, mais commence à acquérir des dimensions telles qu'elle égale déjà presque à elle seule la face antérieure réunie à la face orale. — C'est chez la Bugula plumosa que j'ai réussi à reconnaître avec le plus de précision les limites exactes des cellules de la couronne : le nitrate d'argent me les a montrées dans quelques cas heureux, s'étendant depuis le bord de la gaine de la ventouse, jusqu'à l'extrémité postérieure de la face orale ; et couvrant ainsi la zone moyenne dans toute son étendue, comme je l'ai représenté dans la fig 9 : cet aspect, constaté en particulier deux fois avec une netteté tout-à-fait schématique, m'avait d'abord jeté dans un grand embarras : il me répugnait d'admettre que des cellules, pussent s'accroître au point de recouvrir à elles seules l'embryon tout entier, et je m'étais demandé si, malgré l'extension des cellules de la couronne, déjà reconnue chez d'autres formes, comme les Cellepores, il ne serait pas préférable de rapporter cet aspect au plissement régulier d'une couche cuticulaire entourant l'embryon ; la connaissance de l'embryogénie des Vésiculaires, où l'on suit d'une manière extrêmement graduelle et sans avoir besoin d'aucun réactif l'extension de la couronne sur l'embryon tout entier a fini par vaincre toutes mes hésitations, et m'a forcé de reconnaître que chez les Bugula, la couronne occupait toute la surface externe de la larve entière.

Nous voyons ainsi que la partie des larves de Cellularines, désignée jnsqu'ici sous le nom de zone moyenne, correspond tout entière à la couronne ciliaire fort accrue en longueur, et dont le bord de la gaine de la ventouse (occupé ici par un cercle de cellules) constitue simplement la limite supérieure : — la partie qui relie ce bord de la gaine au bas de la ventouse, *si*, correspond à la partie inférieure de la *face aborale* recouverte par suite du développement exagéré de la couronne. Vers le pôle aboral, il y a eu simple allongement direct de la couronne s'accroissant au-dessous de la face aborale qui se trouve par suite transformée tout entière en gaine de la ventouse, mais vers le pôle inférieur (oral) les phénomènes sont plus complexes, et nous voyons que de ce côté, les phénomènes d'accroissement de la couronne se trouvent liés au développement inégal que nous avons observé entre les deux faces de la zone moyenne : nous voyons en effet, qu'au lieu de subir comme vers le pôle opposé, un allongement égal dans tous les sens, de manière à venir se refermer au-dessus du milieu de la face orale, la couronne s'accroît d'une manière inégale, et beaucoup plus vite en avant qu'en arrière, de manière à venir se refermer seulement à l'extrémité postérieure de cette face (orale). — Si, après avoir placé sous le porte-objet du microscope, une certaine quantité de larves libres dans une petite quantité d'eau pour ralentir leurs mouvements, l'on cherche une larve posée sur la face postérieure, comme dans la fig. 17, et que l'on observe ensuite cette larve jusqu'au moment où elle commence à tomber en diffluence, on voit graduellement apparaître en *op*, à la partie postérieure de la face orale, une rangée de cellules plus ou moins rayonnantes, qui rappellent les éléments situés à la même place chez la Bicellaria Ciliata et la Canda reptans ; ces cellules se laissent ici reconnaître, pour les limites inférieures des cellules de la couronne, elles paraissent disposées autour d'un orifice, qu'on voit se prolonger, pendant la diffluence, en deux bandes obscures *cs*, qui séparent la peau de cette partie du corps, de la portion centrale contenant l'estomac : chez la Canda reptans, on voit aussi fréquemment, en laissant l'embryon tomber en diffluence, l'estomac arriver à faire hernie par l'espace circonscrit par les grosses cellules *op*. — Ces faits me semblent montrer que la couronne en s'accroissant au-dessus de la face orale, lui a aussi formé une espèce de gaine, dont le cercle de cellules constaté en *op* chez les Bicellaria, Canda, et Bugula, (fig. 10, 1, 17), représentent simplement l'ouverture au dehors; néanmoins ce recouvrement de la face orale ne se fait jamais que sur les côtés, et pas sur la ligne médiane, où la fente buccale demeure librement située à la surface; nous devons de plus remarquer ici que la fente de séparation de la face orale et de la couronne qui la recouvre, n'est jamais visible chez les larves fraîches, et ne peut apparaître que pendant la diffluence, aussi doit-on considérer d'après moi, cette extension de la couronne sur la face orale, comme résultant plutôt d'une espèce de fusion de ses éléments s'étalant graduellement sur cette face, que comme un véritable accroissement de la couronne entraînant avec elle une duplicature, comme on le voit pour la face aborale.

V

BUGULA FLABELLATA

(fig. 12, 13, 15, 18, 19 et pl. 16, fig. 1).

Cette espèce, que j'ai rencontrée à St-Waast et à Wimereux, ne se rapporte bien à la figure donnée par Busk (catalogue of mar. Pol. of Br. mus. pl. 51) que pour les exemplaires de la première localité ou elle ne paraît guère se trouver que dans les endroits rarement ou même jamais découverts : les pêcheurs la prennent en assez grande quantité dans la pêche au chalût. — A Wimereux, l'espèce qu'on rencontre en grande quantité dans les rochers en septembre, est plus grêle, enroulée en spirale, et beaucoup moins distincte de la plumosa que ne l'est l'espèce de St-Waast ; la forme dont elle se rapproche le plus est la Bugula avicularia de Busk, je l'ai pourtant laissée avec la flabellata, à cause de l'identité de leurs larves libres, qui toutes deux, se rapportent au type décrit par Nitsche, et caractérisé par la présence de cinq paires de taches pigmentaires rouges : c'est l'espèce de Wimereux que j'ai eu l'occasion d'étudier avec le plus de soin, et que je prendrai ici pour exemple.

La larve de Bugula flabellata a une couleur jaunâtre, avec la masse graisseuse colorée en rose pâle ; elle possède, en ce qui concerne les organes internes, la même disposition que les larves précédentes ; la ventouse est ornée d'une couronne de cils raides bifurqués au sommet, comme l'indique Nitsche, et possède en outre les stries radiaires, que cet auteur ne mentionne nulle part. — Autour du bord de la gaine de la ventouse, se trouve comme chez l'espèce précédente, un cercle d'éléments cellulaires ? spéciaux également signalés par Nitsche, mais ces éléments ont, chez cette espèce, une structure caractéristique extrêmement singulière, et se composent de petites masses arrondies et pédonculées de l'aspect représenté dans les fig. 13, 19. — A la partie postérieure de la face orale, se trouve le *Rosettenformige Zeichnung* du même auteur,

composé d'un demi-cercle d'éléments semblables, ornés ne cils raides,
comme le montrent les fig. 13 et 19. et que je considère comme représentant la même partie que les éléments *op* des larves de Bugula Plumosa,
Canda reptans etc., c'est-à-dire l'extrémité inférieure des cellules de la
couronne, dont les petits éléments sphériques pédonculés du Bugula
flabellata ne me semblent représenter que les terminaisons.

La zone médiane de taches pigmentaires rouges m'a semblé présenter
la même disposition et le même nombre que dans la description de
Nitsche, ainsi, nous avons cinq paires différentes, dont les deux premières
sont situées derrière le plumet ciliaire, la moyenne, un peu près au niveau
du pharynx, et les deux postérieures au niveau de l'estomac, seulement,
tous ces points n'ont pas ici la même grosseur, et ne sont pas tous,
comme d'après la figure de Nitsche, ornés d'une touffe semblable de longs
cils ; la première et la quatrième paire qui occupent la même place et sont
de même dimension que celles de la Bugula Plumosa, sont seules bien apparentes et portent la première. des tiges cristallines, la seconde, des touffes
de courts flagellums (fig. 13, 19), les trois autres sont au contraire excessivement petites, à peine perceptibles et ne sont munies d'aucun appendice.

C'est chez la Bugula flabellata que nous voyons arriver à son maximum
la tendance constatée chez toutes les autres larves, à un accroissement de
plus en plus exagéré de la face postérieure de la zone moyenne : nous
voyons en effet, que, chez cette espèce, cette face s'est accrue au point
d'égaler à elle seule la face antérieure de la zone moyenne avec la face
orale réunies en une seule (fig. 13), de sorte que la limite postérieure *op*
de cette dernière arrive à occuper le pôle opposé à celui où se trouve
située la ventouse ; les deux pôles de l'embryon au lieu d'être occupés
chacun par le milieu des faces orale et aborale, comme chez les Escharines,
se trouvent occupés ici par les extrémités à petits éléments sphériques,
pédonculés (Rosettenformige zeichnung et bord de la gaine de la ventouse) des cellules de la couronne qui se sont étalées sur toute la surface ;
la ligne qui passe par les deux pôles, divise la larve en deux parties
distinctes : la face antérieure — [face orale, plus face antérieure de la zone
moyenne (couronne)] et la face postérieure ; — (face postérieure de la cou-

ronne).— La face aborale se trouve tout entière transformée en gaine de la ventouse, et la face orale, est latéralement recouverte par les cellules de la couronne, qui sont venues s'étaler graduellement à sa surface, en contractant avec elle une adhérence presque intime. — Lorsque l'on examine des larves de Bugula flabellata, on voit qu'elles ne nagent jamais, comme celles des Escharines, ou des Cellularines les moins modi-fiées, le plumet ciliaire dirigé en avant, mais toujours la ventouse dirigée en avant; de plus, elles ne se reposent jamais comme les premières soit sur l'une des deux faces, *orale* ou *aborale*, mais seulement sur les deux faces *antérieure* ou *postérieure*; l'orientation générale des différentes parties est tout-à-fait changée. — La fig. 19 représente une de ces larves vue par la face *antérieure*, avec ventouse et *rosettenformige zeichnung, op,* occupant les deux pôles, et le plumet ciliaire situé au milieu.

MÉTAMORPHOSE

Il est assez remarquable que le rapprochement, constaté en commen-çant, de la Bugula flabellata de Wimereux, vers les caractères de la Bugula plumosa, se traduisent aussi chez la larve libre, par la grande réduction de toutes les taches pigmentaires, celles qui correspondent aux deux paires qui existent chez la Bug. plumosa étant exceptées; —Nous constatons un autre exemple des caractères différentiels qui séparent notre espèce de celle de Nitsche, dans la métamorphose, qui ne donne pas naissance à de longues loges tubulaires comme celles de cet auteur, mais suit plutôt une marche analogue à celle indiquée par Claparède : le premier stade que j'ai observé fig. 18), avait la forme d'un sac ovale fixé par sa partie inférieure, et formé déjà d'endocyste et d'ectocyste, ce sac était rempli d'une masse graisseuse très-développée, mais ne con-tenant encore aucune partie que l'on pût rattacher au rudiment de polypide : la présence de ce stade intermédiaire, postérieur à la dégéné-rescence complète des organes larvaires, et antérieur à l'apparition des organes adultes, montre bien la fausseté de l'assertion de Salensky, comme nous l'avions admis d'après Repiachoff.

Au stade suivant (fig. 12) qui correspond à peu près au stade fig. 2, pl. 1 de Nitsche, la masse graisseuse s'est écartée, en laissant à la partie antérieure, un vide dans laquelle on voit apparaître le rudiment de polypide; en même temps, se sont développées à la partie postérieure entre la masse graisseuse et l'ectocyste, des fibres musculaires (fig. 12, et 15 r) qui représentent je crois, les gros rétracteurs ; — c'est à ce stade seulement, que j'ai vu l'embryon prendre la forme en massue (fig. 15) indiquée par Claparède et à partir de laquelle on voit la loge primitive se former de la manière dont l'indique cet observateur. — Je n'ai pas suivi la destinée de la masse graisseuse.

BOURGEONNEMENT.

Pour terminer, il me reste à dire quelques mots sur le bourgeonnement chez les Bugula : Nitsche a déjà donné (Zeitschrift für wiss. zool. Vol. 20, 1869) de bons renseignements à ce sujet : il considère la loge primitive comme donnant généralement naissance à deux bourgeons, un primitif, naissant par une insertion en fer à cheval, l'autre secondaire, placé latéralement, et naissant par une insertion en forme de pointe (Keilformig) mais il n'a pas suivi le bourgeonnement ultérieur. Ce mode de bourgeonnement se ramène en somme. à un bourgeon apical et deux bourgeons latéraux dont un avorte d'une manière constante, néanmoins je dois dire que je n'ai jamais trouvé de traces de ce second bourgeon latéral. — Quoiqu'il en soit, les deux bourgeons primitifs de la Bugula, ne tardent pas à s'accoler l'un à l'autre, pour devenir le point de départ de toute la colonie, chacun d'eux donne naissance à deux nouveaux bourgeons (2. 2 fig 1 pl. 16) disposés par rapport aux premiers 1. 1., comme les loges 1. 1 par rapport à la loge primitive *o*, puis, chacun des bourgeons 2. 2 continue à donner naissance par accroissement terminal, à des loges successives, de manière à former une série régulière, jusqu'au moment où l'un de ces groupes de loges successives donne de nouveau naissance en même temps à quatre loges. — En somme, le développement se réduit tout-à-fait, comme chez les Escharines, à un simple bourgeonnement dichotomique, alternant avec un bourgeonnement sériaire des différentes loges les unes à la suite des autres ; il diffère cependant de la disposition des Escharines, en un point important, c'est que les différentes loges, au lieu d'être exactement juxtaposées les unes aux autres, s'écartent dès leur naissance, comme le montre la fig. 1, pl. 16, pour les loges 2. 2. — On se fera une idée juste du mode de formation du cormus d'une Bugula, en imaginant un cormus d'Escharines formé par accroissement dichotomique, comme le Schéma ci-dessous, et dont les différentes séries de loges au lieu d'être exactement juxtaposées, seraient écartées.

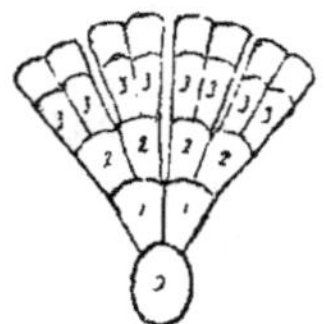

Une autre particularité non moins importante des cormus de Bugula, est le recourbement en fer à cheval de dehors en dedans qu'on observe dès la formation des premiers bourgeons : un coup d'œil jeté sur la fig. 1, pl. 16, montrera de suite, que les loges 1. 1 ne sont pas comme dans la majorité des cas, situées sur le même plan, mais font entre elles un angle, et sont disposées comme suivant les deux faces d'un angle dièdre ; le même processus continue encore dans les stades suivants, aussi voit-on déjà, dans un cormus composé de sept loges, que les quatre bourgeons 2. 2. 2. 2. figurent un fer à cheval incurué en dedans. — Chez certaines espèces, telles que la véritable Bugula flabellata (Cat. of Brit. mus. pl. 51) cet état persiste pendant toute la vie, et le cormus se ramène en somme à une simple lame à accroissement dichotomique, seulement légèrement incurvée en dedans, mais chez d'autres formes à disposition spiralée, telles que la Bugula flabellata (avicularia ?) de Wimereux, on voit au contraire cette incurvation s'accentuer d'une manière extrêmement rapide, jusqu'à ce que les deux extrémités du fer à cheval arrivent à se rejoindre ; à partir de ce moment, la continuation du même processus cause un enroulement en dedans d'une des deux branches du fer à cheval, qui mène directement à la disposition spiralée; dans tous les cas, la disposition du cormus chez la Bugula, se ramène au schéma donné ci dessus, dans lequel la lame étalée, à accroissement dichotomique, et séries de loges légèrement écartées, se serait en outre enroulée sur elle-même ; on voit que cette disposition si étrange des Bugula se ramène en somme d'une manière très-naturelle aux cas les plus ordinaires de cormogénèse.

La loge primitive directement fixée par sa partie inférieure, ne commence à développer ses filaments radicaux (fig. 1 pl. 16), que vers l'époque où sont déjà formés les six premiers bourgeons ; sa partie antérieure est munie de sept épines, leur nombre ne semble pas variable comme le dit Nitsche (die zahl der Stacheln variit von sœben bis neun) mais m'a toujours paru extrêmement constant ; sur ces sept, trois sont toujours situés au sommet et à droite de l'aire buccale, deux en haut et à gauche, et enfin, trois à la base comme le montre la figure. — Si l'on examine le bourgeon qui suit immédiatement la loge primitive, on voit qu'il ne diffère que par la disparition des trois épines de la base, et par le remplacement de la troisième épine de droite (le sens étant interverti pour le bourgeon latéral à insertion pointue) par un aviculaire : — jamais je n'ai vu la loge primitive porter d'aviculaire, mais Nitsche qui en signale, le figure également à la place occupée par la troisième épine de droite du haut de la loge. — La théorie qui regarde les aviculaires comme des loges transformées paraît aujourd'hui si bien assise grâce aux travaux de Nitsche, qu'il est encore difficile de juger de la valeur d'un fait isolé comme celui-ci en faveur de la théorie contraire, d'après laquelle les aviculaires seraient au contraire des appendices transformés ; je me borne donc à énoncer le fait que j'ai observé, laissant à des observations ultérieures à décider quel en est au juste l'importance.

RÉSUMÉ

En résumé, nous voyons que les larves de Cellularines diffèrent de celles des Escharines, par un changement dans la symétrie, et par une extension graduelle de la couronne. — Le changement dans la symétrie exprimé à son minimum chez la Bicellaria ciliata, et à son maximum chez la Bugula flabellata, se montre avec toutes les gradations possibles, dans la série des cinq formes fig 6, 8, 11, 9, 13, ou nous voyons la face postérieure de la couronne s'accroitre de plus en plus jusqu'à former à elle seule toute la *face postérieure*, tandis qu'au contraire les faces *orale*, et *antérieure de la couronne*, se confondent en une seule pour former la *face antérieure* ; la ligne qui joint les deux pôles de la larve, au lieu de passer, comme chez les Escharines, par le milieu de la ventouse, et de la face orale, passe par la *partie postérieure* de cette dernière comme le montre la fig. 13.

L'extension de la couronne à la surface du corps se fait d'une manière différente suivant les deux faces : du côté de la ventouse, elle s'élève simplement, de manière à former autour de cet organe une espèce de gaine, dont la partie inférieure de la face aborale, reliant le sillon *si* au sommet de la couronne, constitue la paroi interne, comme le montrent les fig. 6, 8, 9 etc. ; — pour la face orale, on voit simplement, à mesure que s'effectue le changement de symétrie, la couronne s'étaler d'une manière graduelle, en se fusionnant avec la peau qu'elle recouvre, sur les parties latérales de la face orale, de manière à se porter insensiblement du point *pl* au point *op* où ses extrémités constituent le *rosettenformige zeichnung* de Nitsche.

Lorsque ces deux processus se trouvent terminés, on obtient une larve comme celle de la fig. 13, (Bugula flabellata) dans laquelle les deux nouveaux pôles de l'embryon se trouvent occupés par les deux extrémités de la couronne.

25

V

EUCRATÉE

(Pl. 15, fig. 10, 11, 12)

Pour clore cette série des modifications du type des Escharines, il nous reste à parler d'une dernière forme, bien distincte de toutes celles qui précédent, par le genre de modification qu'elle nous présente et qui forme un passage vers la larve de la Flustrella (cyphonautes): c'est la larve de l'*Eucratée chelata*.

L'Eucratée se trouve assez facilement à Roskoff : je n'ai jamais pu arriver à posséder un assez grand nombre de cormus en état de reproduction pour pouvoir suivre en détail l'embryogénie, mais quelques échantillons pris au mois de Juin, avec des ovicelles, m'ont cependant permis d'étudier la *larve libre*. — Les ovicelles de l'Eucratée, découvertes par Templer (1) et étudiées ensuite par Hinks (2) et Coppin (3) ont la forme d'un casque placé toujours à la partie supérieure d'une loge, immédiatement au-dessus de son ouverture, et au point où s'insère habituellement la loge successive d'une série linéaire ; elles peuvent contenir de 4 à 6 embryons : — les larves qui éclosent de ces ovicelles sont de couleur grisâtre, et se ramènent au premier coup d'œil au type général des larves d'Escharines ; elles laissent apercevoir comme ces dernières une couronne bien visible nettement limitée, et couverte d'une rangée de forts cils vibratiles, tandis que le reste du corps en est dépourvu ; les deux faces opposés, (orale et aborale) sont donc bien distinctes, et nettement séparées, mais elles nous offrent des dispositions différentes de celles des Escharines : au lieu de constituer deux parties un peu près également renflées, on voit, en regardant la larve de profil

---

(1) Templer. Annals and mag of nat hist. vol. 12, 1853, page 149.

(2) Hinks. Ann. and mag of nat hist. vol. 11, 1853, page 184, pl. 6, fig. 3.

(3) Coppin. Ann and mag of nat hist. vol. 11, 1853. page 339.

(fig. 10) que la face orale ne fait plus aucune saillie au dehors de la couronne, dans laquelle elle paraît s'être enfoncée : la face aborale, par contre, a acquis des dimensions très-considérables, et de plus, la ventouse très-réduite ne forme plus qu'un petit bouton terminal muni de cils raides, placé un peu plus en avant, et dans lequel on ne distingue plus ni stries radiaires, ni rien qui rappelle l'ancienne complexité de structure ; — le corps presque entier de la larve se trouve donc formé par la partie inférieure de la face aborale, située entre le sillon *si* et la couronne ; cette partie *constitue en somme, toute la pcau externe*, limitée en bas par la couronne ciliaire au dedans de laquelle la face orale s'étend comme un diaphragme venant boucher l'espace qu'elle circonscrit.

En ce qui concerne la structure interne, les larves d'Eucratée ne s'écartent guère de celles des Escharines, cependant, il n'y a plus trace du mésoderme oral qui entourait l'estomac, et la masse mésodermique aborale, semble elle-même avoir épouvé une très-forte réduction ; — l'estomac a la forme d'un fer à cheval, mais les deux branches ascendantes se montrent très-distinctes de la partie médiane, de sorte qu'il a dans son ensemble une forme trilobée représentée fig. 11 et 12. — Cette larve est une des plus transparentes que j'ai observées : elle se prêterait merveilleusement à l'étude du développement et des phénomènes de métamorphose, si on pouvait l'avoir en assez grande quantité ; elle constitue, comme l'Alcyonidium, une de ces formes chez lesquelles l'interprétation du sac interne (ventouse de Repiachoff) comme estomac, est d'une netteté trop grande pour être même l'objet d'aucune espèce de doute, et suffit déjà à elle seule, pour couper court à toute opinion contraire.

VI

RÉSUMÉ

Nous voyons, pour conclure, que les variations du type des Escharines se ramènent à deux modifications essentielles : la première consiste dans une réduction extrême de la ventouse, avec développement exagéré du reste de la face aborale qui arrive à former la portion essentielle du corps, elle ne comprend qu'une forme : la larve de l'Eucratée. — La seconde consiste en une extension de la couronne à la surface du corps, en même temps qu'en un changement de symétrie qui amène la partie postérieure de la face orale à venir occuper le pôle inférieur opposé à la ventouse; à ce type se rapportent les Cellepora, les Mollia, et enfin, en dernier lieu, les Cellularines ; — les Discopores, parmi les Escharines, nous montrent déjà un commencement de la modification nettement exprimée chez les Cellepores. — Chez ces derniers, on voit, d'après la fig. 34 pl. 8, que la couronne ciliaire s'est déjà étalée, en même temps que la ventouse s'est rapprochée de la partie antérieure, et que les cils se sont étendus sur toute la surface. — Dans les Mollia, il en est de même, et nous voyons de plus chez ces dernières, que les couleurs brillantes des larves d'Escharines ont disparu pour faire place à une coloration jaunâtre uniforme; chez les Mollia, la ventouse s'est aussi plus rapprochée de la partie antérieure, et il est certain que la découverte des limites des cellules de la couronne ramènerait de suite les larves à une structure analogue à celle de la fig. 34. — Chez les types les plus simples de Cellularines (Bicellaria Ciliata) on constate entre la différence de longueur des deux faces de la couronne, déjà visible chez les Cellepora et les Mollia, une extension plus grande de ses cellules vers le pôle aboral, où elle forment une gaine autour de la ventouse; les Scrupocellaria, Canda, etc., nous font enfin passer d'une manière graduelle, à la modification extrême qu'on trouve chez les Bugula; chez la Bugula flabellata, qui est le terme ultime de cette modification si répandue, la division ancienne des larves d'Escharines, en deux faces opposées séparées par la couronne, a fait place par suite de ces changements, à une nouvelle division, en face antérieure (faces orale et antérieure de la couronne) et face postérieure (face post. de la couronne) séparées l'une de l'autre par la ligne des pôles, qui passe par la ventouse et la partie inférieure de la face orale ; chacun de ces pôles est occupé par des éléments spéciaux très-caractéristiques (sphérules pédonculées) qui sont les extrémités des cellules de la couronne, occupant tout le corps d'un bout à l'autre. — Vers le pôle supérieur, la couronne s'est élevée tout autour de la ventouse de manière à lui former une gaine spéciale dont la partie inférieure de la face aborale forme la paroi interne, mais vers le pôle inférieur, elle s'est bornée à s'étaler latéralement de chaque côté de la fente buccale, de manière à venir recouvrir la face orale, sans laisser subsister au-dessous de cavité distincte.

IV

VÉSICULAIRES

Vesicularia Cuscuta.
Serialaria Lendigera.

Nos connaissances sur les larves des Vésiculaires, sont jusqu'ici extrêmement réduites, pour ne pas dire, même, tout-à-fait nulles : elles se réduisent aux observations de Dalyell 1847, Hancock 1850, et Metschnikoff 1869, mais aucune de leurs descriptions n'est propre à nous en donner la plus faible idée.

1. DALYELL 1847, qui a vu la larve Bowerbankia densa, la décrit comme une masse *jaune, de forme ovoïde,* tronquée en arrière, et couverte de cils.

2. HANCOCK 1850, décrit de même une larve de Bowerbankia comme une masse jaune, opaque, couverte de cils, sans donner de figure ni d'autre renseignement plus détaillé.

3. METSCHNIKOFF 1869, leur assigne la structure générale attribuée par lui à presque tout le groupe : c'est-à-dire qu'il y reconnaît un sac interne, un organe en forme de pied, et un bouton terminal.

J'ai eu l'occasion d'observer à St-Waast-la-Hougue, l'embryogénie de la Vesicularia Cuscuta, commune dans la petite île de Saint-Marcouf, à quelques kilomètres de Saint-Waast ; j'ai ensuite observé très-souvent à Wimereux, la larve de Serialaria lendigera : ces deux types suffisent pour donner une idée de la forme larvaire de cette famille : nous allons ici les décrire successivement.

1. — EMBRYOGÉNIE DE LA VESICULARIA CUSCUTA.

(Pl. 11 fig. 1 à 14).

Toutes les Vésiculaires sont dépourvues d'ovicelles et les embryons se développent librement dans la cavité des différentes loges; cette particularité, jointe à l'absence d'incrustation calcaire, permet de dégager sans trop de difficultés les différents stades d'embryogénie, et facilite beaucoup leur étude.

Le premier stade que j'ai observé chez la Vésicularia Cuscuta était le stade huit (fig. 1), composé de huit sphères extrêmement régulières, de dimensions peu différentes, mais un peu plus petites cependant pour les quatre supérieures. — J'ai trouvé ensuite le stade 16 (fig. 2, 3), formé, comme nous l'avons vu pour l'Alcyonidium, de deux nouveaux plans de segmentation parallèles au premier plan méridien; ensuite vient le stade 32 (fig. 4, 5) formé de deux nouveaux plans parallèles au second méridien. — Au stade 16, les deux moitiés dont se compose l'œuf ont conservé les mêmes dimensions relatives qu'au stade précédent, mais au stade 32, la différence de taille entre les deux moitiés s'est accentuée, et les 16 cellules de la partie supérieure, se montrent maintenant beaucoup plus petites que les 16 de la moitié inférieure, qui, bientôt, se mettent à déborder les premières (fig. 5). — Ce dernier stade est identique à celui que nous avons décrit chez l'Alcyonidium, et constitue comme lui une simple *blastula* à surface divisée comme précédemment en 16 cellules qui forment la face aborale, douze périphériques de la grosse moitié formant la couronne, et quatre

centrales de la même, formant la face orale. — Le stade suivant
(fig. 6, 7, 8) représente, vue de profil, de face aborale, et enfin de devant,
un état qui correspond tout-à-fait au stade fig. 4 de l'Alcyonidium : on
voit que les 16 cellules de la petite moitié, et les 4 cellules centrales de
la grosse, se sont segmentées, pour donner naissance à deux couches
cellulaires à nombreux éléments qui constituent les faces orale et aborale :
la fig. 8 nous montre que la première présente en avant une dépression
profonde qui est l'ouverture buccale déjà achevée, et dont le stade
de formation (représenté fig. 3 chez l'Alcyonidium) m'a échappé
chez la Cuscutaire ; — la même figure montre également la multiplication
des cellules de la couronne, et l'enfoncement de la face aborale dans
l'intérieur de l'ensemble formé par la face orale avec la couronne : nous
retrouvons ici le même processus qui a donné naissance chez l'Alcyonidium, à la division en masse aborale et face évasée, produite par
l'extension de la face orale au-dessus de l'aborale qui devient pédonculée
et s'enfonce dans la première ; — les seules différences consistent ici,
dans la multiplication plus active des cellules de la couronne, et dans son
accroissement rapide en longueur : nous voyons en effet, que, dès le stade
fig. 6 la couronne possède une largeur bien plus grande que cela n'était
chez l'Alcyonidium.

Les fig. 9-10 représentent le dernier stade que j'ai vu avant l'apparition
de la différenciation histologique : ce stade peut être considéré comme
correspondant au stade fig. 6 de l'Alcyonidium ; et fig. 23, pl. 8 des
Escharines : le deutoplasme y est encore répandu d'une manière uniforme
de manière à causer une coloration jaune sur toute son étendue ; mais
à partir de ce moment, on ne tarde pas à voir, comme pour les types
précédents, les granulations jaunes s'accumuler au centre, tandis que la
surface de l'embryon s'éclaircit. — A ce stade, bien que l'embryon ait
déjà acquis tous les traits essentiels de sa structure, on ne voit
encore aucune trace du sillon *si* producteur de la ventouse, qui semble
ne se former qu'extrêmement tard chez les Vésiculaires, par contre, on
constate que l'enfoncement de la masse aborale dans la face évasée, ainsi
que l'allongement général de la couronne, et l'approfondissement du

sillon *sb*, se sont continués avec rapidité, la couronne tendant d'une manière évidente à s'étaler de plus en plus complètement sur les deux faces opposées qu'elle sépare l'une de l'autre, déjà à cette époque la masse aborale est de fait en grande partie recouverte par elle, et l'on n'en voit plus saillir à l'extérieur qu'une petite portion, comme le montrent de suite les fig. 9 et 10, surtout si on les compare aux fig. 6 et 7. — Au stade 9, la couronne est déjà revêtue de cils courts.

Cet enveloppement général par la couronne étalée au-dessus des deux faces de l'embryon, se trouve achevé d'une manière complète chez la larve libre (fig. 11) qui se produit peu après le stade fig. 9 : on voit en effet, dans la fig. 11, qu'elle occupe le corps presque tout entier, ne laissant dépasser à chacun des pôles, qu'une petite portion des deux faces de l'embryon : au pôle supérieur, la ventouse, couverte d'une rangée de poils raides et qui s'est enfin séparée par le sillon *si*, du reste de face aborale complètement recouvert par la couronne ciliaire : au pôle inférieur, une portion ovale de la face orale, comme le représente la fig. 13. — Si on regarde la larve par sa face antérieure (fig. 11) on voit que les cellules allongées de la couronne, se sont écartées de chaque côté de l'ouverture buccale constatée par nous au stade fig. 8, et qui s'est accrue comme chez les Escharines, en une fente allongée surmontée du plumet ciliaire ordinaire ; on peut la considérer comme placée sur une ligne au niveau de laquelle la face orale, partout ailleurs recouverte, vient pour ainsi dire affleurer à la surface de manière à permettre à la fente buccale, de venir directement déboucher au dehors : — cette fente n'est pas toute entière comprise dans la couronne, mais se prolonge encore vers le pôle inférieur, sur la portion extrême, encore libre, de la face orale.

Si on regarde la même larve libre par le pôle aboral, on obtient l'aspect représenté fig. 12 : au centre est la ventouse ; on n'y distingue plus de stries radiaires, mais elle montre au centre une petite saillie, et sur tout le pourtour, une zone plus épaisse qui porte les cils raides, ces deux parties étant séparées l'une de l'autre par un large sillon qui occupe presque toute la base de la ventouse ; — En dehors de la ventouse se voit, de 1 à 2, une zone plus claire, qui correspond à la portion de couronne ciliaire, qui est venue recouvrir la face aborale, et de 2 à 3, une zone plus sombre qui correspond aux parties latérales externes de la peau : le milieu de la zone plus claire : 1 à 2 est orné d'une bande pigmentaire blanche très-visible sur le fond jaune de l'embryon, mais qui ne résulte, je crois, que de granules de pigment placés dans la peau, et n'a aucune espèce de signification : — vers le bas de la figure, paraît exister une échancrure, qui résulte de la présence du sillon buccal qui détermine en cette ligne, une dépression générale.

La face orale nous montre (fig 13) la même alternance de trois zones concentriques : elle correspond ici de la même façon, à la partie libre de la face orale (1), à la partie de la couronne qui est venue la recouvrir (2) et enfin aux portions latérales de la même couronne (3) : la première (portion libre de face orale) présente au milieu une ligne obscure que je considère comme représentant la cavité digestive vue par transparence; le sillon buccal qui, ainsi que nous l'avons vu dans ce qui précède, vient au sortir de la couronne, se terminer dans cette partie, semble ici se perdre d'une manière insensible (fig. 13) dans cette ligne obscure, avec laquelle il se confond ; ce sillon détermine, comme le montre la fig. 13, une échancrure profonde dans la partie inférieure. — La seconde zone (1 à 2) est entièrement recouverte de taches pigmentaires blanches régulièrement disposées en petites traînées qui correspondent aux cellules de la couronne, et qui semblent simplement logées dans l'épaisseur de la peau.

Les trois fig. 11, 12, 13, donneront, je l'espère, une assez bonne idée de la structure de la larve de Cuscutaire : on voit, en résumé, qu'elle représente simplement une larve du type ordinaire des Chilostomes, dans laquelle la couronne ciliaire se serait étalée de manière à recouvrir en grande partie les deux faces : ici encore, nous pouvons constater que cette extension de la couronne ne se fait pas tout-à-fait de la même manière suivant les deux faces : vers le pôle aboral, elle parait liée à la division de l'embryon en face évasée et masse aborale, déjà constatée chez l'Alcyonidium, et ne semble même être le résultat que d'un approfondissement de plus en plus grand, du sillon *sb,* qui finit par ne plus former qu'une cavité interne séparant la face aborale recouverte, de la couronne qui la recouvre. — Vers le pôle oral, nous voyons au contraire la couronne s'étaler simplement à la surface de la peau, sans que cela soit précédé d'aucun autre processus : d'un côté, il s'agit d'une espèce de reploiement au-dessus de la face aborale, tandis que de l'autre, il n'y a qu'un simple accroissement direct; les dimensions comparées des deux fentes *cs* et *sb* qui séparent, chez la larve, la couronne, de chacune des deux faces qu'elle recouvre, rend sensible pendant tout l'état larvaire, cette différence importante dans le mode d'extension : nous avons déjà vu qu'une différence semblable existait de même chez les Cellularines, néanmoins chez les Vésiculaires, l'accroissement de la couronne au-dessus de la face orale, n'est pas direct au point d'amener la soudure entre ces deux parties, ce qui est plutôt le cas chez les Cellularines.

Les larves de Vésiculaires que j'ai pu étudier, sont bien loin d'avoir la même transparence que celles des Cellularines, aussi, l'extension de la couronne à la surface rend-t-elle très-difficile l'étude approfondie des organes internes; je n'ai pu par suite, arriver à me convaincre, chez la Cuscutaire, de la présence des parties jusqu'ici distinguées à l'intérieur chez toutes les autres larves que nous avons étudiées : tout indice des masses graisseuses du mésoderme m'a complètement échappé, et je n'ai d'un autre côté jamais nettement vu dans toute son étendue l'estomac caractéristique en fer à cheval si visible chez toutes les autres larves de Chilostomes, néanmoins, la présence du pharynx encore bien net, et de la fente *C D* visible dans les vues du pôle oral, ne me laissent pas de doutes sur son existence; il est même certain, d'après l'aspect renflé de la petite portion de face orale qu'on voit encore faire saillie à l'extérieur (fig 11 S), que son intérieur se trouve occupé comme partout ailleurs, par un sac interne (signalé du reste par Metschnikoff, et qui représente l'estomac).

MÉTAMORPHOSE.

Je n'ai pas suivi d'une manière détaillée la métamorphose de la Cuscutaire, néanmoins, j'ai pu recueillir un stade, qui montre que

Dalyell ne s'était pas trompé en décrivant la métamorphose de la Bowerbankia d'une manière analogue à celle des Chilostomes : l'embryon formait une masse aplatie (fig. 14) d'une forme ovale assez irrégulière, et consistait, comme chez l'Alcyonidium, en un sac interne, à ectocyste mou étalé sur les bords, et complètement rempli par une masse graisseuse ; cette dernière contenait à sa partie antérieure, une tache blanche creusée d'une cavité, et qui représente le rudiment de polypide : la masse graisseuse, colorée en jaune, est destinée à se résorber peu à peu, à mesure que le polypide s'accroît et que la loge prend sa forme définitive.

La comparaison des fig. 4, 5, 7, 10, 12, 13, montre que l'embryon a d'abord, vu de face, une forme allongée, qui passe ensuite, comme chez l'Alcyonidium, à une forme circulaire tout-à-fait complète ; la couronne ciliaire est toujours extrêmement nette chez la Cuscutaire, même après l'éclosion, et se voit aisément sans aucun réactif.

II

SERIALARIA LENDIGERA

(Pl. 11, fig. 15 à 22).

Je ne me suis pas appliqué, bien que l'embryogénie de la Serialaire ne présentât pas de difficultés particulières, à suivre avec détail les différents stades, qui m'ont du reste paru entièrement identiques à ceux que je viens de décrire pour la Cuscutaire : j'ai cru plus utile de concentrer toute mon attention sur la larve libre qui mérite en effet de nous occuper un instant : la fig. 15 montre seulement un stade analogue au stade fig. 9-10 de la Cuscutaire, dans lequel la couronne ciliaire, déjà munie de ses cils, a déjà commencé à s'étendre d'une manière active sur toute la surface de l'embryon uniformément coloré en jaune.

Cette larve, que j'ai observée pour la première fois en août 1874, s'obtient facilement à Wimereux dans cette saison, soit en laissant séjourner des cormus dans l'eau de mer, soit en allant simplement puiser de l'eau qu'on laisse reposer dans un aquarium : elle y est très-abondante à cette époque de l'année, et il est facile de se la procurer en grande quantité ; elle a, vue de face, une forme ovale (fig. 17, 18), un peu comprimée suivant les deux faces si on la regarde de profil (fig. 16), elle est de couleur jaune, se trouve revêtue sur toute sa surface, d'un manteau général de longs cils vibratiles, et porte en son milieu une épaisse bande pigmentaire d'un jaune plus foncé ; son organisation est complèxe, et très-difficile à débrouiller, si on cherche, comme je l'avais fait au début à en faire l'étude sans marche méthodique, mais elle s'éclaircit sans difficulté si on commence par étudier avec soin la structure externe à la lumière réfléchie, pour ne passer qu'ensuite à la structure interne.

L'étude de la larve à la lumière réfléchie nous montre immédiatement, que, dans la masse ovale qui paraissait uniforme, on peut en réalité distinguer trois parties (fig. 17) : deux taches plus pâles dépourvues de cils, qui occupent les deux pôles, et une longue zone moyenne qui forme presque toute la peau de la larve : — l'étude plus attentive nous montre sans peine, que ces deux taches blanches correspondent simplement aux deux extrémités des faces orale et aborale (ventouse) qui font saillie en dehors de la couronne ; la ventouse (fig. 16-19) petite, et un peu saillante, paraît être ici complètement uniforme, elle présente toujours une couronne de cils raides, mais ne possède plus ni stries radiaires, ni épaississements comme chez la Cuscutaire ; la partie libre de face aborale qui présente dans son ensemble un aspect identique à celui décrit chez la Cuscutaire, porte de plus ici, à sa partie postérieure, quelques cils courts qui s'allongent vers le milieu en deux rangées de poils plus raides fig. 17, on distingue en son milieu une bande obscure qui représente d'après moi la cavité digestive, et au-dessus de laquelle vient se perdre insensiblement le sillon buccal qui se prolonge jusque-là. — Les fig. 17 et 20 nous montrent dans deux vues, correspondant aux vues fig. 11 et 13 de la larve de Cuscutaire, que sa disposition chez la Serialaire est bien identique à ce que nous avions chez ce premier type : la large zone moyenne qui occupe tout le corps paraît au premier coup d'œil complètement uniforme comme le montre la fig. 17, mais on arrive sans grande peine, en examinant l'embryon à la lumière réfléchie, à distinguer les traces fort nettes des cellules de la couronne qui s'étendent comme le montrent les fig. 16, 18, 19, du pôle occupé par la ventouse, au pôle occupé par la partie libre de la face orale. — Les cellules sont moins visibles que chez la Cuscutaire, et il faut certainement s'appliquer davantage pour les découvrir, mais on ne manque jamais, avec un peu d'attention, d'arriver à les suivre avec une grande netteté sur toute la peau de la larve fraîche, et sans avoir besoin d'employer de réactifs : il suffit pour cela, que l'éclairage soit suffisant : — au milieu de cette zone moyenne, à longs cils vibratiles, qui représente par conséquent, la couronne ciliaire, s'étend, sur les deux tiers de la face antérieure, la fente buccale surmontée du plumet ciliaire ordinaire, et qui se trouve comme enclavée au milieu de la couronne ; à sa partie inférieure, elle se prolonge comme nous l'avons dit, jusqu'au milieu de la partie libre de face orale, la figure 20 montre sa terminaison insensible en ce point, ainsi que la profonde échancrure qu'elle occasionne sur toute la portion médiane de la face antérieure.

Nous voyons, d'après cette description, que la structure externe de la larve de Serialaire est en somme complètement identique à celle de la larve de Cuscutaire, dont elle ne diffère que par sa forme plus allongée ; la fig. 16 nous montre d'une manière bien visible, que cette extension de la couronne à la surface du corps, détermine chez les larves de Vésiculaires, de même que chez celles des Cellularines, un changement général dans la symétrie : la division en faces orale et aborale, faisant place, par suite de la différence de longueur entre les deux faces opposées de la couronne (fig. 16 : *pl.* à *vt* et *vt* à *s*) à une division en face antérieure et face postérieure, comme nous l'avons vu chez la Bugula flabellata : ce changement dans la symétrie existait aussi de la même manière chez la Cuscutaire, comme le montre la comparaison des figures 11 et 17, où l'écartement entre le plumet et la ventouse, est exactement le même, c'est une modification qui paraît inséparable de l'extension de la couronne, et je la crois due au volume plus considérable de la partie postérieure, renflée par l'intestin, qui fait que la couronne a de ce côté un plus long espace à parcourir que du côté antérieur : — malgré ces analogies avec les Cellularines, les larves de Vésiculaires présentent néanmoins un fait qui leur est spécial : c'est la présence constante d'une partie libre de face orale, opposée à la ventouse, et toujours visible au pôle inférieur ; nous voyons de plus, que la couronne ciliaire au lieu de se mouler pendant son extension sur la forme générale du corps de la larve, comme cela arrive chez les Cellularines, conserve au contraire toute sa rigidité, et prend la forme d'une espèce d'étui hors duquel continue à faire saillie à chaque extrémité, ce qui reste libre des faces orale et aborale.

Si, après avoir étudié la structure externe à la lumière réfléchie, on cherche à connaître la structure interne en regardant par transparence des larves soumises à une légère compression, on remarque (fig. 17) que la zone pigmentaire moyenne paraît diviser le corps en deux parties égales : l'antérieure présente des fentes spacieuses *sb* (*si* sur les fig. 17-18), terminées en cœcum qui semblent s'incurver vers la face postérieure, pour rejoindre la ventouse, et qui, en effet, vont déboucher à l'extérieur sur les bords de cet organe (fig. 18 : *sb*). Ces deux fentes circonscrivent une partie centrale centrale *I* qu'on voit se terminer dans la ventouse même, qui vient s'y insérer par sa base rétrécie (sillon *si*). — La seconde moitié de la larve, située au-dessous de la bande pigmentaire, a une structure beaucoup plus confuse : elle paraît constituée par une masse compacte plus obscure et un peu graisseuse sur les bords (fig. 17) ; on a peine d'abord, à distinguer sa structure, mais on peut la reconnaître avec de l'attention, comme se composant d'un sac central (estomac), prolongé vers le haut en deux branches ascendantes entre lesquelles se trouve le pharynx *ph*, et entouré de globules graisseux ; ces derniers, joints aux nombreuses couches étroitement superposées et à peine distinctes les unes des autres, qui recouvrent la peau de la face orale, contribuent beaucoup à donner l'aspect confus qui caractérise toute cette dernière moitié de la larve.

Ces divers faits s'interprètent sans difficulté pour peu que l'on tienne compte de ceux que nous enseignent l'embryogénie de la Cuscutaire, ainsi que l'étude de la structure externe de la larve libre de Serialaire : il ne me semble pas pouvoir être mis en doute, que la masse interne, avec les deux branches ascendantes entre lesquelles se trouve le pharynx, corresponde d'une manière tout-à-fait complète à l'estomac en fer à cheval déjà distingué chez toutes les autres larves, et dont on voit de plus, la cavité interne, apparaître par transparence quand on regarde la larve par le pôle inférieur (fig. 20, *C D*) ; la difficulté de l'apercevoir d'une manière bien nette, résulte principalement de la superposition de la couronne à la peau de la face orale ; les deux fentes *sb* avec la masse *I* qu'elles comprennent, correspondent aussi d'une manière certaine, à la face aborale, et à l'espace qui la sépare de la partie externe constituée par la couronne. La figure 19 représente la structure interne dans son ensemble, telle que je la conçois d'après ces données, tandis que les fig. 17 et 18 représentent simplement les aspects observés : dans cette fig. 19, je représente chacune des portions de la peau qui recouvre les deux faces, comme composée de deux feuillets accolés : l'un constitué par la couronne même, l'autre par une espèce de doublure, formée de la portion des faces orale ou aborale, par l'accroissement progressif de la couronne qui s'est trouvée entraînée ; cette structure est certaine pour la face aborale, comme le montre dureste la fig. 18, qui ne représente comme je l'ai dit, que l'aspect strictement observé, mais elle n'est que probable pour la face orale, où les différentes lames qui enveloppent l'estomac, sont trop intimement accolées les unes aux autres, pour qu'on puisse démêler leur nombre bien exact. — La cavité *cs* a été exagérée dans cette figure. — Je n'ai pu m'assurer d'une manière positive si la disposition de globules granulo-graisseux mésodermiques, et de la masse aborale volumineuse *mi* était bien la même que chez les Escharines ; un fait bien positif que nous pouvons constater, c'est la présence simultanée chez la Serialaire, comme chez la Cuscutaire, du sillon *si* et de la dépression *sb* ; la partie recouverte de la face aborale, correspond à l'espace *si, sb*.

MÉTAMORPHOSE

Je n'ai pas plus suivi pour la Sérialaire que pour la Cuscutaire le processus complet de la métamorphose, mais j'ai observé quelques stades qui peuvent compléter ceux de l'espèce précédente : le premier (fig. 21) avait déjà la forme d'un zœcium complètement formé, avec polypide déjà bien complet, mais estomac encore dépourvu de granules hépatiques : à la partie inférieure de ce dernier se trouvait suspendu le reste de l'amas de globules-graisseux, réduits à une petite masse compacte de couleur jaune ; la loge avait une forme renflée vers la base, avec ouverture située en avant, et présentant un endocyste extrêmement net, doublé d'un ectocyste formant comme chez l'adulte, une mince couche chitineuse. Au stade suivant (fig. 22) la structure n'était pas changée, seulement, la masse graisseuse était disparue, et l'estomac avait acquis des granules hépatiques ; la loge primitive ne présentait aucun bourgeon, mais avait émis deux stolons vers la base : l'un très-développé, l'autre rudimentaire ; il est fort probable qu'aux dépens de ces stolons commencent ensuite à se former immédiatement des groupes de loges analogues à ceux qui apparaissent dans les cormus plus âgés, néanmoins, je n'ai pas assisté à leur naissance aux dépens de ce stolon primitif.

3. — AFFINITÉS.

Les larves du groupe des Vésiculaires sont comme celles du groupe des Cellularines, de simples larves du type ordinaire des Chilostomes, dans lesquelles la ceinture ciliaire s'est étendue, de manière à recouvrir en très-grande partie les faces orale et aborale, en causant en même temps une modification dans la symétrie (division en face orale et aborale remplacée par la division en faces antérieure et postérieure). Tel est immédiatement le résultat général, auquel nous conduit, du premier abord l'étude des larves de Vésiculaires, néanmoins, malgré cette ressemblance frappante entre les larves de cette famille, et celles des Cellularines, il ne me semble pas possible de les réunir ; nous voyons en effet par l'embryogénie, que chacune se rattache à un type très-différent : les *Cellularines*, au type des *Escharines*, et les *Vésiculaires*, au type de l'*Alcyonidium :* les premières passent par le stade fig. 23 pl. 8, les secondes par le stade fig. 5-6 pl. 5 (masse aborale et face évasée) : plus tard, cette différence s'atténue beaucoup, et semble disparaître à cause de l'identité dans le processus d'extension de la couronne, qu'on voit s'effectuer de la même façon sur ces deux organismes distincts au début, mais quelle que grande que soit cette dernière ressemblance, on conçoit que les caractères originairement différents, n'en continuent pas moins à demeurer tels, aussi en retrouve-t-on toujours des traces visibles : nous voyons en effet, que chez les larves de Cellularines, c'est le sillon *si* qui en s'appro\u00b7fondissant, forme la cavité située entre la face aborale et la couronne, tandis que chez les Vésiculaires ce sera le sillon *sb* qui formera la même partie : chez les premières, la portion recouverte de la face orale, correspond à la ventouse, chez les secondes, elle ne correspond qu'à la partie inférieure de la face aborale, la ventouse (très-réduite) faisant toute entière saillie à l'extérieur.

Une autre différence moins fondamentale, mais qui a peut-être une influence plus grande encore sur l'aspect général, consiste dans le mode d'extension de la couronne, qui, au lieu de se mouler sur les contours du corps, comme chez les Cellularines, conserve sa rigidité chez les Vésiculaires, de manière à former une espèce d'étui ; cette dernière différence enlève une grande partie de la ressemblance superficielle de ces deux types larvaires qui deviennent même très-différents d'aspect, comme on peut le voir d'après les figures : — le premier mode d'extension de la couronne, venant se mouler sur la paroi du corps, est fréquent dans le groupe des Chilostomes, nous avons vu qu'il existait aussi, bien qu'à un moindre degré, chez les Mollia, les Cellepora, et même les Discopores, que nous avons placés comme termes de passage entre les Escharines et les Cellularines, le second mode d'extension que nous venons d'indiquer chez les Vésiculaires, ne nous offre au contraire aucun autre exemple connu, nous pouvons l'opposer, sous le nom d'*extension brusque de la couronne*, à l'autre mode considéré comme *extension graduelle* et susceptible d'être suivi avec tous les passages, depuis les Discopores jusqu'aux Cellularines.

V

CYPHONAUTES

Flustrella Hispida.
Membranipora Pilosa.

FLUSTRELLA HISPIDA

(Pl. 12, 13, 14 et 15 fig. 1).

La Flustrella hispida, dont chacune des loges porte à l'état adulte, un nombre variable de longues épines irrégulièrement disposées sur tout leur pourtour, est également caractérisée par la disposition de l'ouverture de la loge, portée sur une espèce de tube saillant beaucoup plus court et moins visible chez les cormus âgés que dans les loges primitives, et qui n'a été bien décrit par aucun auteur : ce tube est très-développé et coloré en violet dans les loges primitives (fig. 47 : T pl. 14) qui ne possèdent jamais plus de deux épines régulièrement disposées de chaque côté de l'ouverture (fig. 51 et 52, pl. 14). Les zœciums ont l'ectocyste complètement mou, comme l'Alcyonidium, ce qui est cause, probablement, de ce que Smitt le range dans ce groupe sous le nom de Alc. hispidum (ofversigt af K. akad forhandlingar 1866).

La Flustrella hispida est commune à Roskoff et surtout à St-Waast, où elle constitue sur toutes les plantes marines des plaques énormes ; elle possède comme larve, un Cyphonautes, dont le développement nous est d'un grand secours pour relier cette forme bizarre aux types embryonnaires que nous venons de décrire : cette larve avait déjà été vue par plusieurs observateurs, mais c'est à peine si (à part celle de Metschnikoff, faite sur une espèce indéterminée) leurs descriptions vagues permettent d'y reconnaître un Cyphonautes.

HISTORIQUE

{ Dalyell[*]
Hincks[**]
Redfern[***]
Metschnikoff'[****]

1. DALYELL 1847. — Il décrit les larves comme des gemmules elliptiques bordées d'une frange de cils vibratiles, et ayant une *forme différente des gemmules des Flustres* : il ne figure pas de trace de coquille, et la seule apparence qu'on puisse reconnaître d'un Cyphonautes dans sa description, est une division vague en deux moitiés symétriques qu'indique sa figure.

2. HINCKS, 1851. — Compare la larve à un petit bateau bordé au pourtour d'une frange de cils, et composé d'une coque transparente (qu'il représente sur ses vues de face, comme divisée en deux valves) et d'une masse obscure ; on peut plutôt d'après ses descriptions reconnaître les caractères d'un Cyphonautes. — Hincks n'a pas distingué d'organes internes, mais décrit seulement à une des extrémités un mouvement ciliaire spécial (probablement le plumet) au niveau duquel il semble y avoir à l'intérieur des complications qu'il n'a pu saisir. —

---

[*]   Dalyell. — Rare and remarquable animals of Scotland.
[**]   Hincks. - - Annals and mag. of nat. hist. 2° série vol. VIII 1851 p. 357.
[***]   Redfern.— Quaterly journal of micr. Science vol. VI. 1858 p. 96.
[****] Metschnikoff. — Bulletins acad. St-Pétersbourg XV p. 507, 1871.

Il signale aussi la présence d'un prolongement en forme d'un bouton (ventouse) placé à l'extrémité supérieure de la larve.

3. REDFERN, 1858. — Ne paraît pas avoir vu de larves libres, car il ne représente comme telles, que des sphérules ciliées qui n'ont rien de commun avec elles, mais figure la coquille d'une manière reconnaissable, après la fixation.

4. METSCHNIKOFF, 1871. — C'est très-probablement à la Flustrella hispida qu'on doit rapporter le *Cyphonautes en forme de haricot* pris en abondance et étudié par Metschnikoff, à St-Waast-la-Hougue : cet auteur le décrit comme possèdant un tube digestif non apte à fonctionner, ainsi qu'un groupe de muscles permettant les mouvements de la coquille, et un organe en forme de pied ; il indique le bord externe comme muni d'une frange de cils vibratiles.

J'ai trouvé les Flustrella hispida remplies d'embryons, aussi bien pendant mon séjour à Roskoff, qu'à St-Waast, et pendant toute la durée des mois de Mai, Juin et Juillet, durant lesquels j'ai pu étudier son développement en même temps que celui de l'Alcyonidium : l'absence d'incrustation calcaire, et la mollesse de son ectocyste permettent aussi d'obtenir ses embryons en très-bon état et à tous les stades, en employant le même procédé qui nous servait déjà pour l'Alcyonidium, c'est-à-dire en dilacérant les cormus avec soin dans une cuvette pleine d'eau, et en recueillant avec une pipette ceux des embryons que je voyais bien intacts : — je n'ai pas usé de réactifs dont aucun ne m'a donné jusqu'ici de bons résultats pour combattre l'opacité si grande des embryons ; la méthode qui, chez ce type comme chez l'Alcyonidium, m'a le mieux réussi, a été l'observation directe à la lumière réfléchie, accompagnée de l'étude par transparence après compression, en ayant soin, pour la première, d'examiner l'embryon sous toutes ses faces, en le retournant à l'aide d'aiguilles à dilacérer : c'est en usant de ces moyens d'observation que je suis arrivé à voir la série des différents phénomènes que je vais décrire.

1° FORMATION DE LA LARVE.

Les œufs murs de la Flustrella hispida sont composés d'un proto-plasme transparent renfermant dans son intérieur une grande quantité de granules opaques ; ils sont blancs à la lumière réfléchie, noirs à la lumière transmise. — Leur segmentation se fait tout-à-fait de la même manière que nous l'avons vu pour l'Alcyonidium et la Cuscutaire, seule-ment, l'inégalité entre les deux moitiés de l'œuf séparées l'une de l'autre par le plan équatorial, au lieu de ne se produire, ou du moins de ne devenir bien visible que plus tard, apparaît ici dès la segmentation en huit sphères vitellines, comme le montrent les fig. 2 et 22 : j'ai pu suivre aisément chez les Flustrella, les stades deux, quatre (fig. 1) et enfin, huit (fig. 2, 22) dont je viens de parler. — Les œufs de cette espèce peuvent encore, quand on les place soigneusement dans un verre de montre après les avoir dégagés, continuer à se développer pendant 24 heures d'une manière normale hors du corps de la mère, c'est même ainsi que j'ai pu obtenir le stade 16 (fig. 3, 23) que je n'avais pas pu me procurer d'une manière directe, il est formé comme de coutume, par deux nouveaux plans de segmentation, parallèles au premier plan méridien. — Les fig. 4, 5, 24. 32 représentent enfin le stade trente-deux déjà avancé et dans lequel la petite moitié (aborale) de l'œuf (fig. 24) se compose déjà de 20 cellules au lieu de 16, tandis que la plus grosse (orale) présente nettement la division en 4 cellules centrales plus grosses et 12 périphériques qui forment la couronne. — La fig. 4 représente le même stade vu de côté, la fig. 5 de devant : dans la première, le nombre des cellules visibles de la petite moitié est plus grand que dans la seconde, ce qu'on s'explique aisément par leur disposition, en comparant les fig. 4, 5 et 24. — La fig. 25 nous montre un état plus avancé, dans lequel les cellules de la petite moitié ont continué à se segmenter suivant la même loi de parallé-lisme, pour donner naissance à un nombre d'éléments beaucoup plus considérable : — la fig. 6 nous montre, de profil, un embryon compa-rable à la blastula des fig. 4, 5, mais dans laquelle les 4 grosses cellules de la grosse moitié, de même que toutes celles de la petite moitié se sont segmentées en un nombre indéfini de sphères de segmentation; la couronne possède déjà un plus grand nombre d'éléments, mais se trouve encore parfaitement distincte : c'est un stade qui ressemble énormément à une simple morula, avec laquelle on la confondrait bien certainement, s'il n'était facile avec un peu d'attention de distinguer toujours la couronne ciliaire séparant l'embryon en deux parties distinctes, la fig. 6 nous montre qu'il est identique au stade fig. 3, pl. 5 de l'Alcyonidium, et je suis convaincu que c'est également à cette époque que se produit ici le stade gastrula ; en effet, bien que je n'aie jamais réussi à assister à sa formation, il est de fait, que les premiers stades assez transparents pour permettre de distinguer quelque chose à la structure interne, m'ont toujours montré, même fort peu après le stade de la fig. 6, le tube digestif complètement formé, absolument comme cela était chez l'Alcyonidium.

Peu après la production du stade fig. 6, l'œuf s'allonge et prend la forme de la fig. 7, dans laquelle la couronne ciliaire, à cellules plus longues et plus étroites sépare toujours les deux faces opposées de la même manière, puis, en même temps que les limites entre les différentes sphères de segmentation tendent à s'atténuer de plus en plus, on voit la face aborale s'enfoncer bientôt à l'intérieur de l'autre, qui la déborde avec la couronne ciliaire, pour donner naissance à la division en *masse aborale et face évasée* (fig. 8) : — nous arrivons ainsi à un stade identique à celui des fig. 5-6 de l'Alcyonidium : les fig. 26-33 représentent les faces orale et aborale de l'embryon à ce stade : on voit qu'il a déjà pris une forme allongée, plus renflée en arrière ; la face orale porte en avant une dépression qui s'approfondit à la partie inférieure, pour s'enfoncer à l'intérieur en formant la bouche, tout l'intérieur de cet embryon est rempli d'une masse très-opaque, directement appliquée contre toute la peau, et qui figure l'endoderme déjà complètement formé à cette époque.

Jusqu'à ce moment, le développement de l'embryon a suivi une marche identique à celle que nous avions chez l'Alcyonidium, et nous sommes arrivés au stade caractérisé par une *face évasée*, et *masse aborale*, sans pouvoir constater une seule divergence entre les deux types, mais à partir de ce stade, il n'en est plus de même ; bientôt, on voit apparaître de nouveaux processus propres à chacun des groupes et à partir desquels s'effectue la divergence.

Nous avons vu, que peu de temps après la formation du stade fig. 5, pl. 5, la masse aborale de l'Alcyonidium ne tardait pas à s'aplatir pour se transformer tout entière en ventouse, en même temps que la forme allongée de la larve disparaissait pour faire place à la forme arrondie ; la larve se trouvait dès lors constituée dans tout ce que sa structure a de plus essentiel, et il ne restait plus pour arriver à l'éclosion, qu'à éprouver les phénomènes de différenciation des tissus. — Chez la Flustrella, il n'en est pas ainsi : la masse aborale y joue un autre rôle : au lieu de disparaître, la forme allongée visible dès le stade trente-deux comme le montrent les fig. 4 (vue de côté) 5 (vue de devant) 24, 32, ne fait au contraire que s'accentuer, et nous voyons de plus, qu'au stade de la fig. 8, succède une importante série de phénomènes, dont il n'existait rien chez l'Alcyonidium.

La fig. 9 représente le premier état que j'ai vu après le stade de la fig. 8 ; la masse aborale y a conservé tous ses caractères, et se présente sous forme d'une masse pédonculée toujours de plus en plus épaisse et renflée : la face évasée (face orale et couronne) a commencé au contraire à s'incurver vers le bas, et présente déjà au niveau de la couronne, des traces d'une division en deux parties symétriques : la fig. 15 est le même stade vu de côté pour montrer la disposition générale sur toute la longueur.

Au stade fig. 10, nous voyons que les processus d'incurvation, et de division de la face orale en deux parties symétriques, commencent à s'accuser d'une manière très-visible, et prennent les caractères d'un véritable reploiement des deux moitiés latérales symétriques de la couronne, au-dessus de la face orale qui fait bientôt à l'extérieur une saillie de moins en moins forte : — Par suite de cette espèce de reploiement vers le bas, le sillon *sb*, d'abord enfoncé entre la couronne et la masse aborale, commence à revenir graduellement au dehors, néanmoins, la masse aborale, n'en conserve pas moins son aspect pédonculé et renflé au milieu, insérée qu'elle est toujours par une base plus étroite distincte de la portion *c, sb* qui la relie à la couronne, — La fig. 16 représente le même embryon vu de côté : il nous montre que la dépression *of* (fig. 33) au fond de laquelle se trouve la bouche, s'est accentuée, et a pris la forme d'une fente allongée qui s'étend jusqu'au bord en divisant la couronne ; nous voyons de plus, que la masse endodermique qui remplissait l'intérieur paraît s'être écartée de toute la paroi antérieure de l'embryon pour donner naissance à un espace plus clair *ph* ; — cette apparence est due à un processus de différenciation de la masse interne, la partie claire constituant simplement une portion moins chargée de granules opaques, et qui est le pharynx : la même division en pharynx et masse endodermique obscure, se voit également quand on regarde l'embryon par le pôle aboral (fig. 27), le premier apparaît sous forme d'une tache blanche comprise dans la portion antérieure de la courbe formée par la couronne et qui semble s'isoler de la masse aborale : cette dernière demeure située en arrière sous forme d'un renflement opaque considérable qui renferme dans son intérieur le reste de la masse endodermique. Vers la face orale (fig. 34) on ne voit encore rien de cette division, l'espace renfermé en dedans de la couronne se montre simplement moins saillant que précédemment, mais possède encore une couleur uniforme : à sa partie antérieure se voit la fissure *of* qui aboutit en bas à l'ouverture buccale. — Les fig. 27 et 34 montrent le changement de forme générale qui s'est effectué depuis les stades fig. 8, 26-33 : l'embryon paraît un peu plus rétréci, et la division en partie antérieure plus mince, et postérieure plus renflée, est devenue plus marquée.

La fig. 11 nous montre, dans une vue de devant, la continuation du reploiement de la couronne au-dessus, et de chaque côté de la face orale, qui, déjà à ce stade, ne fait plus aucune saillie à l'extérieur : dès ce moment l'embryon ne se compose déjà plus que d'une épaisse masse aborale fortement renflée et constituant la peau toute entière qui se trouve limitée en bas par la couronne, tandis que la face orale ne forme guère plus qu'un simple diaphragme fermant en dessous l'espace circonscrit par cette même couronne, absolument comme nous l'avons vu pour la larve de l'Eucratée. — La figure 17 comparée à la fig. 16 du stade précédent montre la différence que la continuation du reploiement de la couronne, amène dans les vues de profil de l'embryon : la même figure montre aussi pour les organes internes, une modification extrêmement importante : nous voyons que la masse opaque endodermique, qui, jusqu'ici, ne laissait de libre à la partie antérieure, que le pharynx *ph* (fig. 17) s'est écartée de la couronne tout le long de la base, de manière à donner naissance à un espace transparent dans lequel on distingue alors dès le début une vésicule claire *est* placée en arrière et qui représente l'estomac, avec un espace libre, de forme triangulaire *c m* de cavité du corps séparant l'un de l'autre l'estomac et le pharynx : — le reste de la masse opaque endodermique demeure situé à la partie supérieure, où il continue à former une lame graisseuse *mi* qui revêt la partie supérieure, et couvre encore au stade fig. 17, la presque totalité des deux nouveaux organes (*ph* et *est*) que nous venons de voir s'en isoler ; cette masse diminue pendant les stades qui suivent, et je crois devoir la considérer comme l'homologue de la masse du mésoderme aboral que nous avons vu exister chez tous les types précédents, sous forme d'une épaisse masse granulo-graisseuse occupant la même place.

La fig. 28 et 29 représentent les faces orale et aborale de l'embryon au même stade : la première (28) montre le pharynx bien distinct de la masse aborale renflée en arrière à la partie postérieure, il est recouvert par la portion de la peau *c, sb* qui réunit la couronne à la masse aborale: — dans la face orale, (fig. 35) on voit de même que le pharynx est devenu distinct, et paraît séparé du reste de l'intestin par un étranglement; la même figure montre de plus, que l'échancrure *of* s'est divisée en deux parties différentes : l'une qui reste située au-dessus du pharynx, et qui forme la bouche, l'autre plus en avant, qui conserve encore la forme d'échancrure, et est destinée à donner naissance à la fossette dans laquelle est implanté le plumet ciliaire (organe en forme de pied de Metschnikoff) : — les deux figures 28 et 35 montrent aussi l'accentuation toujours de plus en plus grande du renflement des parties antérieure et postérieure de la peau autour du pharynx et de l'estomac : elles nous font voir en même temps, que l'embryon a, par suite de l'incurvation des deux moitiés de la couronne, éprouvé un rétrécissement très-considérable, qui lui donne une forme tout-à-fait différente de celle que nous avions dans les stades précédents.

Jusqu'ici, le processus de rapprochement des deux moitiés de la couronne ne s'est encore fait sentir directement que sur elle-même; à partir du stade de la fig. 12, on voit également son influence s'étendre sur la masse aborale qui se rétrécit bientôt à vue d'œil (fig. 12-13) comme si elle était comprimée latéralement de chaque côté, et finit par présenter elle-même une division en deux moitiés symétriques (fig. 14) : — la figure 12, dans laquelle le reploiement des deux moitiés de la couronne a encore fait d'importants progrès, montre déjà le commencement du rétrécissement de la masse aborale. La fig. 18 qui représente le même stade vu de côté, nous montre une structure analogue à celle du stade précédent (fig. 17), mais plus nettement accusée : la masse graisseuse, que nous avons, dans ce qui précède, considérée comme homologue de la masse *mésodermique aborale*, s'est tout-à-fait retirée vers le haut de l'embryon, de sorte que le pharynx *ph*, l'estomac *est* et la partie triangulaire *c m* de cavité du corps qui les sépare l'un de l'autre, se voient maintenant d'une manière très-nette ; le pharynx semble de plus s'être porté un peu en avant, ce qui donne à la couronne ciliaire, l'aspect ondulé (fig. 18) qu'elle paraît toujours posséder à ce stade. — Dans les vues de face du pôle aboral, comme dans la fig. 29, on voit que la division de l'embryon en partie plus mince entourant l'œsophage, et partie plus renflée entourant l'estomac et portant comme l'indique surtout la fig. 28 la portion essentielle de la masse aborale renflée en arrière, tend à disparaître pour faire place à une nouvelle division, dans laquelle les deux extrémités antérieure et postérieure, également renflées, sont séparées par une portion moyenne plus étroite, en même temps que le point de renflement maximum de la face aborale, au lieu d'être en arrière comme précédemment, tend à devenir médian, de manière à correspondre, comme l'indique la fig. 29, à la portion rétrécie de couronne ciliaire; — l'embryon, vu de face, change la forme renflée en arrière qu'il possédait jusqu'ici comme les larves d'Escharines, en une *forme en biscuit*, tandis que la masse aborale au lieu d'être également renflée en arrière a adoptée en même temps, *un aspect fusiforme*, comme on le voit déjà dans la fig. 29, et mieux encore dans les fig. 30 et 31. — Examiné par la face orale pendant ce même stade, l'embryon semble présenter sur cette portion un système complexe de cavités qui apparaissent à l'observateur sous formes de taches plus transparentes : l'étude et la détermination de ces cavités n'est pas chose facile, aussi est-ce là un des stades de l'embryogénie qui ont le plus besoin de nouvelles recherches; il m'a semblé cependant que de toutes ces cavités, une seule, placée un peu en arrière de l'extrémité antérieure, correspondait à une ouverture réelle, et représentait l'ouverture buccale, tandis que, derrière, l'espace clair *CD* indiqué sur les figures, représente par transparence la cavité digestive; l'espace triangulaire de la cavité du corps, situé entre le pharynx et l'intestin, m'a semblé n'être pas visible par la face orale; — au devant de la bouche se trouve sur la même figure une espèce d'enfoncement triangulaire *f* dérivé probablement de l'échancrure *fo* du stade précédent (fig. 35) et qui, selon moi, représente la fossette où naîtra le plumet ciliaire. — La fig. 36 ne paraîtra peut-être pas concorder pour la position de l'œsophage avec la fig. 37 où il semble situé plus en arrière, cela est dû à ce que, dans le premier stade (fig. 36) la face orale n'est pas vue complétement de face, mais un peu de devant, pour bien montrer la forme de la fossette *f*; les fig. 29 et 36 montrent aussi le commencement de l'apparition des cils sur la couronne.

Les trois figures 13, 19 et 30 montrent les mêmes phénomènes plus accentués; la fig. 30, qui correspond à un état un peu moins avancé que la fig. 19, montre en particulier l'aspect fusiforme de la masse aborale rétrécie, avec la forme en biscuit de l'embryon tout entier : —. le changement le plus important qu'il subit à cette époque, consiste dans l'apparition de la ventouse *v t* (fig. 19), déterminée par la formation du sillon *si* qui divise la masse aborale en deux portions distinctes : nous constatons donc ici comme chez les Vésiculaires, la coexistence des deux sillons spéciaux *sb* et *si*, et nous voyons de plus, que, comme chez ce dernier, l'apparition du second *(si)* est extrêmement tardive : — la même figure nous montre de plus que la masse graisseuse du mésoderme aboral, jusqu'ici rassemblée en une couche fort bien circonscrite, commence à se résoudre en globules-graisseux, qui s'écartent les uns des autres, de manière à former un amas irrégulier qui ne tarde pas à laisser voir par transparence l'estomac arrondi venant, en s'amincissant en avant , rejoindre la partie postérieure du pharynx. A cette époque, les cils de la couronne sont déjà bien formés.

La fig. 14 représente le stade qui précède immédiatement l'éclosion de la larve : le reploiement de la couronne en deux moitiés qui viennent s'appliquer l'une contre l'autre en enfermant entre elles l'ancienne face orale transformée ainsi en une espèce de vestibule, se trouve maintenant complètement effectué, et la division en deux parties symétriques s'est de plus, étendue à la masse aborale qui présente même en son milieu un sillon de séparation des deux faces latérales. — Examiné de côté (fig. 20), l'embryon, dont la transparence a graduellement augmenté à partir du stade de la fig. 17, commence à présenter une différenciation de sa peau externe, qui semble se transformer comme chez l'Alcyonidium, en une espèce d'épithélium, et prend l'aspect cellulaire représenté dans la figure 20 : la ventouse y est plus petite qu'au stade précédent, mais elle se trouve munie de faisceaux de poils raides : la masse graisseuse du mésoderme aboral dont nous avions décrit, un peu plus tôt, la destruction partielle, se trouve, au stade de la fig. 20, résolue entièrement en globules disséminés qui viennent s'appliquer autour de l'intestin et de la paroi du corps pour y former une couche obscure qui donnera naissance aux éléments musculaires : par suite de cette disparition de la masse graisseuse, l'estomac devient visible sur toute son étendue, et sa paroi jusqu'alors transparente, commence à se charger de granules hépatiques noirs opaques; nous voyons de plus, que ce sac stomacal, avec le pharynx auquel il fait suite, au lieu d'être comme aux stades précédents, directement appliqués contre la face aborale, de manière à ne laisser libre qu'une portion triangulaire *cm* de cavité du corps comprise entre deux, se sont au contraire, probablement à la suite d'un simple mouvement de contraction, rapprochés tous deux de la face orale, de manière à se superposer directement l'un à l'autre, comme dans la figure 20, en supprimant la cavité triangulaire *cm*, tandis qu'au contraire, entre eux et la face aborale, se forme une fente très-spacieuse *cc*, susceptible d'être comblée ou laissée libre, suivant que la larve est à l'état de retrait ou d'extension.

Lorsqu'on regarde l'embryon par la face orale pendant ce même stade (fig. 37) on peut, par suite de ce rapprochement de l'estomac et du pharynx, voir sans difficulté leur continuité, le pharynx portant la fente buccale, surmontée par la fossette *f* munie maintenant du plumet ciliaire. — Vu par la face aborale (fig. 31) l'embryon montre la même structure qu'au stade fig. 30, mais plus accentuée.

Cet état, dans lequel, la masse aborale divisée déjà en deux parties symétriques (fig. 31) a acquis tout-à-fait un aspect fusiforme, ne précède que de peu l'apparition de la coquille : cette dernière se forme immédiatement après, par suite de la simple chitinisation de chacune des deux moitiés de la face aborale; le sillon médian de la fig. 14 devient la charnière, au milieu de laquelle reste comprise la ventouse. Dans la larve libre (fig. 21), qui ne diffère guère du stade fig. 20, que par l'apparition brusque de la coquille, cette ventouse, déjà moins volumineuse au stade fig. 20 jusqu'au stade fig. 19, a. par suite, de cet espèce d'emprisonnement entre les deux valves éprouvé une réduction bien plus complète : elle a perdu sa touffe de poils raides, a considérablement diminué de taille, et se trouve réduite à une petite masse jaune comprise entre les deux valves, dans laquelle il serait littéralement impossible de reconnaître la ventouse si l'on ne pouvait suivre sa réduction graduelle : dans les fig. 19 et 20, l'embryon ressemble encore assez, au reploiement pris, à la larve d'Eucratée, mais dans la fig. 21, il ne se rapproche plus que du Cyphonautes. Chez la larve libre (fig. 21), on constate que la couche graisseuse résultant de la dissémination des globules-graisseux qui formaient le mésoderme aboral, a disparu pour donner naissance à des fibres musculaires : parmi celles-ci, on distingue surtout un gros faisceau

qui relie le pharynx au sommet de l'embryon (fig. 21 *r*) et qui sert à
rétracter cet organe à l'intérieur, mais je n'ai jamais vu, comme le dit
Metschnikoff, de groupes de muscles servant aux mouvements de la
coquille : cette dernière, susceptible de se refermer à volonté au-dessus
de la couronne, m'a semblé ne consister qu'en deux valves parallèles
collées à chacune des deux faces latérales, et qui peuvent s'écarter ou
se rapprocher, par suite de simples mouvements de contraction ou d'extension de l'ensemble du tégument auquel elles adhérent. — La fig. 21
montre l'aspect général du Cyphonautes de la Flustrella, lorsqu'il nage
librement, la couronne ciliaire était déployée.—La formation des muscles
aux dépens de la masse graisseuse confirme bien l'interprétation de
cette dernière comme mésoderme, puisque c'est toujours la même partie
qui peut à volonté prendre l'un ou l'autre aspect, graisseux ou musculaire.

2. — MÉTAMORPHOSE.

L'absence, chez la larve de la Flustrella, de l'organe de fixation
ordinaire, que nous avons vu se réduire par suite de l'apparition des
coquilles, à un simple point, nous conduit naturellement à une différence entre la Flustrella et tous les autres types de Bryozoaires; comme
la face aborale ne présente aucun point par lequel la larve puisse adhérer
au sol, ce sera ici la face orale, qui contrairement à ce que nous voyons
partout ailleurs formera toute la face inférieure, fixée, de la loge primitive.
Le Cyphonautes de la Flustrella ne subit jamais de phénomène de
fixation proprement dite, mais s'étale seulement sur la face orale (fig.
38) ; peu d'instants après avoir adopté cette position, on voit les cils de
la couronne se flétrir et les limites de cette dernière disparaître graduellement , en même temps que la peau entière éprouve un retrait, et que
les organes internes entrent en dégénérescence; bientôt, à la suite de ces
processus, la peau qui paraissait d'abord étalée (38) s'est retirée de

manière à venir se placer au niveau de la coquille (1); elle cesse alors son mouvement de retrait, et commence à secréter une enveloppe chitineuse qui cimente entre elles les deux moitiés de la coquille. Ainsi prend naissance une espèce de sac chitineux dont la paroi se trouve en partie formée par les deux valves qui occupent la face supérieure, comme on peut le voir d'après les fig. 39-40 etc., et qui représente l'ectocyste définitif dont continue toujours à faire partie la coquille bivalve du Cyphonautes, tandis que l'ensemble de la peau de la larve devenue uniforme, passe à l'endocyste. Dans les cas réguliers, comme dans l'embryon représenté fig. 44 et 45, le processus de retrait de la peau de la larve ne continue plus après ce phénomène de secrétion de l'ectocyste, et l'on commence de suite à voir s'effectuer les phénomènes internes du développement; l'endocyste ne cesse jamais dans ce cas, d'adhérer au sac chitineux qui constitue l'ectocyste.

A côté de ces cas de développement normal, dans lesquels le retrait postérieur à la secrétion de l'ectocyste, ou, ne se produit pas (fig. 44, 45),ou, s'arrête très-vite (fig. 40, 41, 42, etc.), se trouvent d'autres cas, chez lesquels nous le voyons au contraire se continuer pendant beaucoup plus longtemps : il peut même arriver dans ces circonstances, que l'endocyste, par suite d'un retrait exagéré, finisse par venir s'appliquer contre la masse graisseuse interne, de manière à ne former avec elle qu'une seule masse compacte; règle générale, les jeunes loges qui ont éprouvé ce phénomène, ne se développent plus, et tombent en pourriture, mais j'ai également observé quelques cas, dans lesquels on voyait cette marche rétrograde s'arrêter brusquement sans raison apparente, et commencer ensuite à éprouver les phénomènes réguliers qui donnent naissance à une loge complète ; ces derniers, qui nous montrent une espèce de reprise du développement normal succédant à une période de dégénérescence presque générale (histolyse) peuvent nous faire comprendre l'erreur de Schneider, à propos de la métamorphose du Membranipora pilosa; dans un de ces

---

(1) Dans beaucoup de cas cependant, la secrétion cuticulaire ne se fait qu'un peu plus tard et lorsque la peau a déjà dépassé les limites de la coquille, comme cela est arrivé pour les loges fig. 48, 51, 52.

cas anormaux, où l'endocyste après avoir éprouvé le retrait prolongé dont je viens de parler, s'était de nouveau accru en un vaste sac irrégulier fortement écarté de la masse interne, il m'est arrivé de voir avec une grande netteté le polypide se former par bourgeonnement, aux dépens de l'endocyste, ce qui montre, que du moins dans certaines circonstances, il peut en être ainsi chez les loges primitives, bien que l'observation ne soit pas concluante pour les cas normaux à l'étude desquels nous allons passer.

Au moment où les processus de retrait de la peau et de secrétion de l'ectocyste ont pris fin, c'est-à-dire un peu près *douze* heures après la fixation dans le cas normal (fig. 40) le contenu du sac formé par la peau tranformée en endocyste consiste simplement en une masse granuleuse opaque qui dérive de la dégénérescence du tube digestif et des muscles de la larve, mais ne présente encore aucune apparence de polypide ni d'aucun des organes définitifs : trois heures après, en examinant le même embryon, je vis au centre (fig. 41) une masse plus obscure, de forme allongée, formée par des granules accumulés en un point *pol*, et séparée de la couche plus externe de granules opaques, par une zone claire qui en était dépourvue. Le lendemain, au milieu de cette masse obscure centrale *pol*, était apparue une tache claire qu'on pouvait dès lors reconnaître comme constituant le rudiment de polypide. Cette tache claire s'accroît d'une manière rapide, et au quatrième jour (fig. 43) elle a déjà pris l'aspect de polypide, avec couronne et gaine tentaculaires. Je n'ai pas observé le changement produit pendant le cinquième jour, j'y supplée en figurant (fig. 44 et 45) suivant ses deux faces, un autre embryon âgé de cinq jours, et chez lequel la peau ne s'était pas écartée de l'ectocyste chitineux : on voit qu'il possède, sauf pour le polypide qui s'est encore accru, la même structure que le stade fig. 43 de l'embryon précédent : la disposition du polypide y est encore parfaitement symétrique, le rectum étant tourné vers la face inférieure. Le sixième jour (fig. 46) le polypide a, par suite de son accroissement, perdu la forme symétrique qu'il possédait jusqu'alors, l'estomac s'étant déjeté vers la droite : la gaine tentaculaire s'est de plus fortement accrue, et commence à venir se souder à la peau ; le même stade nous montre, que le sac endocystique s'est déjà depuis le premier jour, considérablement renflé, et est arrivé à presque rejoindre la limite inférieure de l'ectocyste chitineux (fig. 46). Au stade fig. 46, l'épaisse couche graisseuse qui borde l'endocyste apparaît encore un peu près au même état que nous l'avons vue dans la fig. 41 : la série des changements qu'elle a éprouvés pendant les cinq jours qui se sont écoulés, consistent simplement en ce que les granules, qui, au stade fig. 40 formaient toute la masse obscure interne sont graduellement augmentés en volume par soudure réciproque en amas de plus en plus volumineux (fig. 41, 42, gr.) jusqu'à la dimension de gros globules graisseux, comme on le voit dans la fig. 46. Le septième jour est marqué par un changement beaucoup plus important : cette couche formée de globules graisseux se différencie en muscles sur tout son pourtour, pour arriver à former les *muscles pariétaux* et les *gros rétracteurs*. Au neuvième jour (fig. 47) cette transformation est déjà effectuée d'une manière complète pour les parties latérales, qui ont donné naissance aux muscles pariétaux, et il ne reste plus que la partie inférieure, qui enveloppe la base du polypide rétracté, et donnera naissance aux gros rétracteurs *r* complètement formés dans la fig. 48 : au même stade (neuvième jour, fig. 47) on voit que le polypide et les tentacules ont acquis enfin leur taille définitive, mais sans que l'estomac soit encore pigmenté, de plus l'endocyste a donné naissance, au point où le sixième jour, venait se souder la gaine tentaculaire, à un long prolongement tubulaire T ouvert à son sommet, coloré en violet, et dont la formation a amené l'endocyste à venir s'appliquer de nouveau complètement contre la paroi antérieure de l'ectocyste, dont il était resté jusqu'ici écarté ; la même figure nous montre également l'existence, au 9me jour, de deux bourgeons latéraux 1. 1, insérés comme le montrent les figures suivantes, sur la face inférieure, et qui ont probablement commencé à apparaître dès le 7me jour.

BOURGEONNEMENT

Je n'ai plus continué, après le stade de la fig. 47, à examiner le développement ultérieur de la loge primitive déjà achevée, et le bourgeonnement se suit mieux d'ailleurs, sur les jeunes cormus complètement formés qu'on trouve en quantité fixés sur toutes les algues qui avoisinent les grandes masses de Flustrella.

Le bourgeonnement débute, comme nous l'avons vu, par la formation de deux loges latérales bien visibles dans la fig. 49, et qui demeurent simples tant que l'intestin n'est pas pigmenté : Les fig. 48-49 qui les représentent chez une loge primitive un peu plus âgée que dans la fig. 47, nous montre sur cette dernière, l'apparition des épines, au nombre de deux, qui se sont développées de chaque côté du tube T formant l'ouverture de la loge. A ce stade, les bourgeons m'ont semblé encore en communication avec la loge mère : les cloisons qui les en séparent ne m'ont paru faire leur apparition que chez les loges à polypide déjà pigmenté, comme le montrent les fig 51, 52. Lorsqu'enfin, ce cloisonnement arrive à se produire, il semble s'effectuer en même temps sur tout le pourtour de la loge primitive, de sorte, qu'au lieu d'isoler simplement les bourgeons 1. 1. déjà très-renflés, il sépare en même temps de la loge primitive, les bourgeons 2. 2. situés latéralement par rapport aux premiers (1. 1) et qui sont au début visibles seulement quand on regarde la loge par la face inférieure. Au stade fig. 50 qui montre cet état, on voit qu'aux dépens de la paroi des bourgeons 1. 1. se sont formés deux rudiments de polypides déjà visibles sous forme de deux grosses masses arrondies munies d'une petite cavité interne, et composées de leurs deux feuillets. Dans le jeune cormus de la fig. 52, chacun de ces bourgeons 1, 2, 3 s'est de plus en plus accru, et ils commencent tous à dépasser beaucoup la loge primitive dont ils sont dérivés : les polypides des loges 1. 1 sont bien développés, ceux des loges 2. 2 ne sont pas encore formés, mais les loges 2 situées en avant sont arrivées, par suite de l'accroissement, à se rejoindre au-dessus de la loge primitive, de sorte que cette dernière se trouve, par devant, complètement entourée par les bourgeons : les loges 2 de la partie postérieure, se sont, de leur côté, renflées de manière à présenter déjà la trace d'une division en deux loges futures (3. 3).

Jusqu'ici, nous voyons persister dans ce bourgeonnement la régularité la plus parfaite ; cette régularité peut être troublée beaucoup plus bonne heure, et dès le stade fig. 50, comme cela arrive même le plus souvent, mais elle peut dans d'autres cas persister plus longtemps, ainsi, il m'est arrivé de rencontrer un stade formé de huit bourgeons, et présentant encore une régularité aussi parfaite que celle représentée dans la fig. 52 : néanmoins, il est rare qu'il en soit ainsi, et la plupart du temps, la régularité commence à disparaître après le stade 52 : la fig. 53 représente un cormus dans lequel la division de la loge 2 du bas en deux loges distinctes s'est effectuée d'une manière régulière pour la loge de gauche, mais ne s'est pas faite pour celle de droite, — cette loge 2 qui s'est ainsi divisée, nous présente déjà un rudiment de polypide ; à cette époque, on commence à voir naître à la surface du cormus, et à la limite des différentes loges, des épines qui paraissent déjà irrégulièrement disposées : les polypides des loges 1. 1 sont presque entièrement constitués, ainsi que les tubes terminaux *T*, dont celui de gauche fait saillie au delà du bord. L'environnement complet de la loge primitive n'est pas encore atteint, mais il ne tardera pas à l'être tout-à-fait par suite du développement des bourgeons 2. 2 du bas ; à partir de cette époque, le bourgeonnement s'effectue d'une manière régulière par les bords d'accroissement de la plaque discoïde ainsi constituée.

Pendant toute la durée de la vie du cormus, la coquille bivalve **du** Cyphonautes continue à faire partie de la loge primitive qu'elle permet toujours de reconnaître, comme le montre du reste la fig. 51, etc.

RÉSUMÉ

1. Formation de la larve.

En somme, lá Flustrella nous présente d'abord, jusqu'à la formation du stade caractéristique à *masse aborale* et face *évasée*, une embryogénie complètement identique à celle de l'Alcyonidium et des Vésiculaires (fig. 1 à 8, etc.) : son embryon continue même après ce stade, à se rattacher à certains égards, au type ordinaire par l'aspect plus renflé de sa partie postérieure, tandis que l'extrémité antérieure s'effile en pointe autour du pharynx (fig. 26 à 28 et 33 à 35) ; les premiers stades de reploiement de la couronne et de formation de la ventouse, le ramènent ensuite à des dispositions qui rappellent beaucoup celle de l'Eucratée (fig. 10, 11, 19) ; mais plus tard interviennent une série de phénomènes (1) dont la réunion finit par supprimer toutes les analogies, et par arriver à produire d'une manière complète la forme Cyphonautes (fig. 21). Nous voyons que l'embryon passe avant d'arriver à ce dernier état, par le stade caractéristique à masse aborale et face évasée (fig. 8) puis, par le stade de l'Eucratée (fig. 11 et 19) ; les homologies des différentes parties du Cyphonautes de la Flustrella avec les larves ordinaires du type des Escharines, se déduisent d'elles mêmes de cette série et je ne crois pas utile de prendre la peine d'y insister davantage : le grand développement de la face aborale, se séparant partiellement de la couronne ciliaire, et devenant pédonculée, me semble constituer plus que tout autre motif la cause déterminante de la modification du Cyphonautes, aussi, pouvons-nous, je crois, considérer tous les types qui présentent la division en masse aborale et face évasée, comme se rattachant directement, par la base, au Cyphonautes. — La formation tardive de la coquille, tout d'une pièce, et par chitinisation directe de la surface, montre jusqu'à quel point elle est peu analogue avec la coquille des Lamellibranches avec laquelle certains auteurs semblent s'obstiner à la comparer ; il serait certes beaucoup plus vraisemblable, si l'on tient absolument à établir un rapprochement, de comparer la coquille du Cyphonautes, à la carapace bivalve de certains Rotifères (Colurella uncinata) avec laquelle elle s'accorde au moins par le mode de formation.

---

(1) Continuation du reploiement de la couronne, division de l'embryon en deux parties symétriques (fig. 12 à 14), renflement égal des deux extrémités le faisant passer à la forme en biscuit, en même temps que la masse aborale se renfle au milieu pour prendre l'aspect fusiforme (fig. 29 à 31), enfin, formation de la coquille, et disparition presque complète de la ventouse.

2. Métamorphose.

La masse graisseuse se divise dès le début, en deux parties distinctes : la première qui reste située au centre, et au milieu de laquelle on voit apparaître le rudiment de polypide, la seconde qui se condense à la périphérie, où elle donnera naissance aux muscles de l'adulte. — Ce mode de développement diffère assez bien de celui qui a été étudié par Repiachoff, et que nous avons retrouvé, pour les apparences, chez la plus grande partie des larves de Chilostomes; il nous montre que non seulement cette masse graisseuse peut, comme l'a montré Repiachoff, concourir à la formation du tube digestif (estomac et rectum), mais qu'elle peut aussi donner naissance aux muscles; notre masse graisseuse du stade fig. 40 provient de la dégénérescence de l'intestin larvaire, ainsi que de celle du mésoderme aboral transformé aussi en muscles provisoires chez la larve de la Flustrella; nous pouvons donc dire que, du moins dans certains cas, cette masse opaque granulo-graisseuse du stade rétrograde qui suit la fixation, provient des feuillets interne et moyen de la larve libre, et donne de même naissance, à l'intestin et à la musculature de l'adulte : rien ne prouve, il est vrai, que chez les Flustrella le rudiment de polypide provienne de la partie centrale de la masse graisseuse, au milieu de laquelle on le voit apparaître, car cette partie est directement appliquée contre l'endocyste, et, comme le polypide apparaît entre les deux, il est bien difficile de dire au juste auquel des deux nous devons attribuer sa formation; quoi qu'il en soit, il n'est guère probable que la portion de globules qui s'applique en ce point, ne soit pour rien du tout dans cette formation, et nous devons, je crois, considérer le rudiment du polypide de la fig. 42, comme pouvant être produit, au moins dans une certaine mesure, par la masse graisseuse demeurée au centre.

II

MEMBRANIPORA PILOSA

1. — HISTORIQUE.

Cette forme singulière, d'abord comparée à la Mitraria par Muller [*] 1845, puis aux larves de Lamellibranches par Semper 1857, et Claparède, 1863 a été définitivement rapportée aux Bryozoaires depuis la belle découverte de Schneider [**] sur la métamorphose du Cyphonautes. Ehrenberg [*] (1833-38), Claparède [**] (1863), Schneider [***] (1869), et plus récemment, Allmann [****] (1872) se sont successivement livrés à l'étude de cette forme curieuse; tous quatre nous en ont laissé d'excellentes descriptions.

Vu dans son ensemble le Cyphonautes, a la forme d'un triangle, dans lequel on peut avant tout distinguer une base et un sommet, le second occupé par la ventouse, la première munie de franges vibratiles : Ehrenberg a donné à ces deux parties les noms de tête (organe vibratile) et queue ; Claparède, ceux d'extrémités ventrale et dorsale; Schneider, d'extrémités antérieure et postérieure, tandis qu'Allmann se contente de

---

[*] Müller's Archiv. 1845.

[**] Semper. (Arbeiten aus dem zootomischen institut, in Wursburg, 2e vol., 1875, p. 65) persiste encore néanmoins, à vouloir trouver dans le Cyphonautes. des analogies avec les Lamellibranches, et réunit cet exemple, à celui que présente le jeune polypide du Rhabdopleura environné aussi, au début, d'une coquille, pour conclure à une parenté entre les deux groupes des Bryozoaires et des Lamellibranches. — Allmann, qui le premier émit l'hypothèse de cette parenté, ne semble pas éloigné (Quarterly journal of micr. Science XII, p. 395) d'adopter la même idée : il me semble pour ma part impossible de comparer cette coquille à celle des Lamellibranches, comme je l'ai dit d'ailleurs pour la Flustrella.

[*] Ehrenberg. Beitrag zur erkenntniss grosser organisation in Kleinsten raume.

[**] Claparède. Beob. über anat and entw. wirbelloser thiere.

[***] Schneider. Archiv. für micr. anat. vol. V, fasc. 2.

[****] Allmann. Quarterly journal of micr. Science XII, p. 395.

les désigner sous les noms plus simples de base et sommet ; je leur donnerai pour continuer à suivre la nomenclature jusqu'ici adoptée, les noms d'extrémités orale et aborale.

D'après les descriptions de tous les observateurs, la frange ciliaire du Cyphonautes se trouve disposée autour de la base, en trois lambeaux tout-à-fait distincts : deux plus importants qui occupent les angles, et un troisième plus petit situé entre deux et qui ne se compose que de quelques cils très-courts : chacun de ces lambeaux circonscrit une ouverture, la base est percée par ces trois ouvertures dont chacune conduit dans une cavité : la première de ces cavités est distincte des autres, et contient l'organe en forme de pied (Schlundkopf de Ehrenberg, pied de Claparède, organe conique de Schneider), les deux autres sont réunies et seulement maintenues séparées l'une de l'autre par le deuxième grand lambeau ciliaire infléchi en dedans, la première constitue l'entrée du pharynx évasée en entonnoir vers sa partie supérieure ; là, elle passe insensiblement à l'intestin proprement dit, qui, après s'être infléchi vers le bas, vient déboucher par l'ouverture anale vers le haut de la seconde cavité ; cette dernière reçoit donc l'ouverture anale ; sa communication avec la première (pharynx) est décrite par Allmann comme se faisant par une grande fente courbe à bords épaissis et ciliés (deuxième grand lambeau ciliaire infléchi en dedans) qui se continuent jusqu'à la base en deux courts tentacules déjà vus par Ehrenberg, et qui maintiennent distinctes les deux dernières ouvertures de la face basilaire.

Jusqu'ici, ces deux dernières cavités (partie pharyngienne : page 239, Schéma *I, s, ce,* et partie anale du vestibule : Schéma *I, ph*) ont été considérées par tous les auteurs comme n'en formant qu'une seule, qui occupe presque tout l'intérieur du corps du Cyphonautes, et à laquelle ils ont donné le nom de *vestibule,* aussi, d'après eux, cette larve singulière peut-elle être considérée comme formée d'une peau qui, s'invagine en elle-même pour former le vestibule, et se recourbe ensuite pour former l'intestin ; le Schéma 1 (page 239) exprime d'une manière facile à comprendre, cette façon d'envisager la structure générale du Cyphonautes, qui résume l'ensemble de nos connaissances actuelles sur ce sujet.

2. — LARVE LIBRE

Pour chercher à vérifier si cette vue schématique de l'organisation était bien exacte, il importait avant tout de suivre en détail le développement ; j'ai longtemps cherché avec persistance à voir les divers stades antérieurs à l'éclosion, mais, bien que, pendant toute la durée de l'été, les cormus du Membranipora fussent pleins d'œufs et de spermatozoïdes, bien que les Cyphonautes libres et les jeunes loges fixées fussent également toujours abondants, je n'ai cependant jamais réussi à obtenir d'embryons, aucun des nombreux œufs qu'on trouve toujours contenus dans les zœciums, ne semblent en général propres à arriver à se développer : tous, après s'être accrus jusqu'à un certain volume, et après s'être chargés de deutoplasma, paraissent éprouver une dégénérescence : ils se flétrissent, se ratatinent et donnent bientôt naissance à des corps irréguliers qu'on trouve en abondance dans tous les cormus, et qui ne sont évidemment plus propres au développement. Ce phénomène singulier, que j'ai observé aussi chez la Laguncula repens (Van Beneden) rend très-difficile, sinon impossible, l'étude du développement ; j'en étais venu à supposer que les œufs normaux du Membranipora pilosa ne se développaient pas dans l'intérieur des loges, mais étaient rejetés au dehors pour effectuer leur développement à l'extérieur, comme Van Beneden paraît aussi le croire pour la Laguncula, lorsque je parvins enfin, après avoir sacrifié un très-grand nombre de cormus, à découvrir en avril, dans une loge ordinaire, deux œufs régulièrement segmentés : ils ne paraissaient qu'un peu plus avancés que le stade trente-deux, malheureusement je n'ai pas réussi à les dégager, et n'ai par conséquent pu me rendre bien compte de leur disposition : nous voyons seulement que le développement s'effectue ici comme chez la Flustrella, dans l'intérieur des loges, de sorte qu'il est probable, qu'avec de la patience, et en sacrifiant des cormus en grande quantité, on arriverait à suivre le développement.

Malgré cette observation, qui peut-être pourra être d'un certain secours pour faciliter les recherches ultérieures, cette première tentative d'étude du développement nous laisse stationnaire, et ne nous fournit absolument rien qui puisse servir à avancer la question. J'ai été plus heureux en me livrant à l'étude de la larve libre : les Cyphonaütes pêchés au filet, me sont toujours apparus sous deux formes bien distinctes : les uns comparables à ceux décrits par Claparède, Schneider, Allmann, et remarquables par leur grande netteté, leur étonnante transparence, la beauté et la complexité de leur organisation, les autres plus petits, *encroûtés de sable*, et offrant en général tous les caractères d'une organisation beaucoup moins avancée; ces derniers, chez lesquels la seconde partie (anale : fig. 2, 3 pl. 15 *ph*) du vestibule, n'apparaît plus, que sous forme d'une tache blanchâtre qui rappelle le *pharynx* des larves d'Escharines (fig. 1 p. 15 *ph.*) doivent vraisemblablement, avant de passer au second état, se dépouiller de leur enveloppe encroûtée de sable, et subir une mue, aussi leur découverte m'a-t-elle rappelé de suite d'anciennes observations dues à Semper et qui semblaient un peu être tombées dans l'oubli : dans une courte note publiée en 1857 (1) cet auteur dit aussi que l'anus d'Ehrenberg (et des auteurs) lui semble être la bouche, et parle de plus : « d'une enveloppe pigmentée de jaune, qui paraît provisoire, et dont l'animal se dépouille avant que les valves de la coquille n'apparaissent. » Néanmoins, chez mes exemplaires encroûtés de sable, les deux valves de la coquille étaient déjà présentes, et de plus l'animal ne paraissait pas devoir subir des modifications aussi étendues, que le dit Semper.

Il est en général extrêmement difficile, à cause de l'encroûtement de sable qui la distingue, de bien se rendre compte de la structure interne de cette première forme du Cyphonautes ; une fois, cependant, il m'est arrivé, en laissant séjourner des cormus de Membranipora dans un aquarium, d'obtenir un jeune Cyphonautes, à un état analogue, mais encore dépourvu d'incrustation de sable; la peau y présentait encore une structure vaguement cellulaire, analogue à celle de la fig. 20 pl. 12

---

(1) Semper : Bulletins de l'Académie de Bruxelles, 2e série, tome 3, p. 352

de la larve de Flustrella ; la seconde portion (anale des auteurs) de la cavité du vestibule, (fig. 1 *ph.*) n'était pas encore en communication avec la portion pharyngienne (*ce*) de cette cavité, mais formait au contraire, une partie spéciale, qui n'offrait encore aucun des caractères qu'elle possède plus tard chez le Cyphonautes (fig 2, 3) et paraissait au contraire parfaitement comparable au pharynx des larves d'Escharines ; à la partie antérieure elle venait s'ouvrir sur la face basilaire (face orale) par une étroite ouverture, et aboutissait en arrière à l'estomac, beaucoup plus spacieux sur cette jeune larve que sur les Cyphonautes complètement formés (fig. 2, 3). La portion pharyngienne *ce* de la cavité du vestibule était déjà visible, mais m'a toujours paru ne communiquer ici, ni avec l'extérieur, ni avec l'estomac ; elle représente une cavité spéciale, bien distincte du système continu constitué par le pharynx *ph* et l'estomac *est* qui forment un tube digestif entièrement analogue au tube digestif des larves d'Escharines. La cavité (*f*) de l'organe en forme de pied, était déjà visible, mais ne se distinguait encore que par l'épaisseur très-considérable de sa paroi non encore différenciée en organe spécial, et portant seulement à sa partie antérieure, une touffe de cils reconnaissable pour le plumet ciliaire si souvent décrit chez les larves d'Escharines. — Nous avons déjà vu, que chez la Flustrella, il se formait aussi au niveau du plumet, une dépression spéciale de la face orale ; à l'état représenté dans la fig. 1 pl. 15, la cavité *f* du Cyphonautes compressus est encore parfaitement comparable à l'enfoncement décrit chez la Flustrella. Enfin, les deux portions *f* et *ph* au lieu d'être, à l'état de la fig. 1, séparées par une longue distance correspondant à l'ouverture de la cavité *ce* au dehors, venaient directement à la suite l'une de l'autre, et offraient encore à très-peu de choses près, la même position relative, que le plumet ciliaire et le pharynx chez la Flustrella et les Escharines ; les deux lobes principaux de la frange ciliaire, qui, de même que plus tard, garnissent les bords de la face orale au niveau de ces deux parties, sont aussi, par suite de ce voisinage, encore très-rapprochés et forment ainsi une couronne ciliaire à peu près complète. — Enfin, j'ai également observé à ce stade, une épaisse masse graisseuse *mi* tapissant toute la portion supérieure de l'estomac, et que je considère comme formant ici le mésoderme aboral.

Si l'on compare cet état, qui me paraît correspondre à la forme encroûtée, avec l'état ordinaire (fig. 2, 3) du Cyphonautes, on voit que dans ce dernier, la cavité *c e* s'est mise en communication avec l'extérieur par une spacieuse ouverture pratiquée au milieu de la face orale, et avec la partie postérieure de l'estomac, par une autre ouverture qui devient la bouche ; la partie que nous avons appelée le pharynx (*ph* fig. 1) s'est développée en une spacieuse cavité irrégulière, fortement ciliée, dont l'ouverture de communication *o* avec l'extérieur s'est considérablement accrue, tandis que la portion médiane de sa paroi s'est détruite entre les cavités *ph* et *ce* de manière à permettre leur communication ; par suite des relations qui se sont établies, entre la cavité *ce* et l'estomac, l'ouverture buccale a changé de place. et le point d'insertion du pharynx à l'estomac est devenu l'anus. La cavité *f* s'est également accrue, et sa paroi qui n'était d'abord (fig. 1) qu'épaissie, s'est développée (fig. 2 et 3) en un volumineux organe conique à structure très-complexe *pl*, et que je n'ai pas étudié en détail ; enfin, par suite de l'éruption de la cavité *ce* au dehors, les deux portions *f, ph* ainsi que les lobes ciliaires qui bordaient la face orale à leur niveau, se sont écartés, et entre deux, autour de l'ouverture de *ce* au dehors s'est développé le petit cercle de cils courts dont nous avons parlé au commencement (1) ; à la même époque, l'estomac s'est très-fort réduit, et le mésoderme aboral *mi* a disparu.

Sauf ces deux états auxquels j'attache ici une grande importance, les Cyphonautes m'ont paru varier très-peu pendant toute la durée de leur vie errante, et je partage complètement l'opinion de Schneider d'après laquelle les derniers stades observés par Claparède ne sont que pathologiques ; il est néanmoins incontestable, que la portion pharyngienne *ce* du vestibule diminue (par suite de l'augmentation en volume des organes environnants) avec le temps, et il m'a aussi semblé qu'il

____

(1) La distinction de ces trois divisions de la frange ciliaire a été omise par erreur sur les fig. 1, 2, 3, pl. 15.

s'effectuait à mesure que l'animal avançait en âge, une complication
spéciale entre le pharynx et l'estomac, au niveau de *cœ* (fig. 2 et 3) au
point ou se trouve l'organe ovale énigmatique de Schneider (muscle de
Claparède, ovaire de Ehrenberg, glande stomacale de Semper) il semble
en effet, qu'en même temps que cet organe énigmatique, se développe
dans la paroi supérieure de la cavité *ph* un amas de granules (hépatiques?)
fig. 3, *h*, qui parait bientôt rejoindre la paroi inférieure de l'estomac, en
isolant de la cavité *ce*, un diverticulum latéral *cœ*; ce sont là des complications spéciales qui apparaissent autour de l'organe énigmatique de
Schneider, et qui peut-être aideront à en trouver la nature, elles me
semblent favorables à l'opinion qui fait de cet organe un appendice de
l'intestin.

Si nous jetons, avant de terminer, un dernier coup d'œil sur nos deux
formes essentielles, nous voyons que la première se ramène encore sans
difficultés à la forme ordinaire des larves des Escharines : le corps y
présente d'une manière très-distincte, la grande division (voy. fig. 4) en
deux faces opposées (orale et aborale) séparées par la couronne, cette dernière étant ici représentée par les deux grands lambeaux très-faiblement
séparés; la face orale est continue, possède les mêmes caractères
que chez la Flustrella, présentant en avant la dépression du plumet,
en arrière la fente buccale avec le pharynx, à ce dernier fait suite un
estomac très-renflé et en forme de sac comme chez les Escharines; en un
mot nous retrouvons ici d'une manière très-satisfaisante tous les caractères principaux de la forme ordinaire, la seule différence consiste dans
la présence de la spacieuse cavité *ce, distincte de la cavité du corps,* et
dont nous ne pouvons préciser l'origine.

Dans la seconde forme, la grande division en faces orale et aborale,
disparaît, par suite de l'éruption de la cavité *ce* à l'extérieur, de sa
réunion avec *ph* en une seule grande cavité, de l'agrandissement des
ouvertures *o, f, ce,* qui arrivent à occuper toute la face orale, et de la
discontinuité entre les deux lobes principaux de la couronne; le corps
prend dans son ensemble la forme d'une cloche, bordée d'une frange de
cils, et qui à ce niveau, s'invagine directement en dedans pour venir

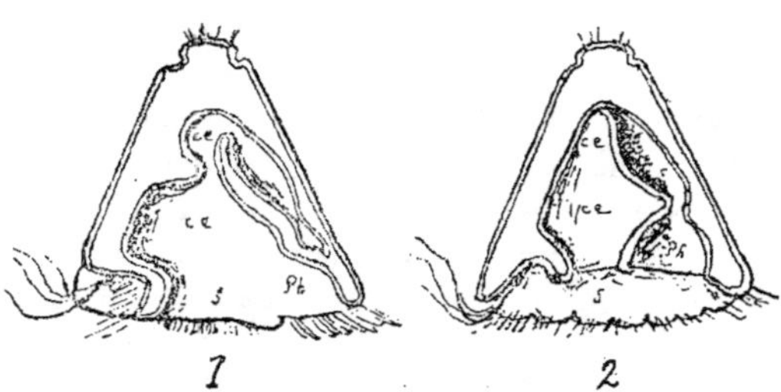

tapisser, l'intérieur de la cloche (1) et former, comme l'indique la Schéma 1 ci-dessus, la branche ascendante d'un tube digestif dont l'estomac constitue la branche descendante; nous en sommes ainsi ramenés à la structure schématique expliquée au début.

Néanmoins, il existe un fait, sur lequel à mon avis, les différents auteurs ont passé trop légèrement, et qui rend difficile, même pour la seconde forme, l'adoption de la structure schématique ci-dessus, fig. 1 : c'est que les deux portions ascendante et descendante (vestibule et estomac du tube digestif, possèdent une paroi commune et ne forment jamais deux branches distinctes; nous retrouvons aussi la même chose au début, dans la première forme, dans laquelle nous voyons que la cavité *ce* (seule partie absente chez les Escharines, et point de départ de toutes les modifications du Cyphonautes) n'a de paroi propre que du côté qui regarde le plumet, et se trouve limitée en arrière, par l'estomac ; cette circonstance m'engage à la considérer comme étant l'homologue de la dépression au fond de laquelle le pharynx s'insère à l'estomac chez

---

(1) Il faut se garder de confondre le vestibule (auteurs) ainsi produit, avec le vestibule formé pendant le retrait, par la face orale (Schéma 2, ci-dessus), ce dernier seul correspond au vestibule des larves d'Eutoproctes et de Lophopodes ; dans la seconde forme, il se trouve par suite de l'envahissement de la face orale par les ouvertures, confondu avec les cavités *ph* et *ce* pour former le vestibule des auteurs (voy. le Schéma).

les larves d'Escharines, et comme étant formée ici par une grande extension de cette dépression se rejoignant en cavité fermée sur la face dorsale
de l'intestin ; ce ne serait du reste pas le premier cas (Lepr. Spinifera,
Mollia hyalina) dans lequel nous verrions l'accroissement démesuré de cette
dépression causer dans l'organisme des perturbations, toujours extrêmement difficiles à expliquer ; le Cyphonautes de la seconde forme, doit donc
d'après tout cela, se représenter par le Schéma 2, page 239, et non par
le Schéma 1, qui exprime sa structure d'après les anciens auteurs.

2. — MÉTAMORPHOSE

Il reste peu de choses à dire sur ce sujet, après les belles observations
de Schneider, confirmées plus tard par Metschnikoff ; la marche générale
qu'ils nous décrivent tous deux, et la transformation en Membranipora
sont de la plus exacte vérité, aussi, ai-je été étonné de voir que récemment,
Allmann élevait encore des doutes sur ce sujet (1). On trouve en abondance,
sur les côtes de la Manche, et surtout à Wimereux, des Cyphonautes fixés
à tous les états, et il m'a été facile de suivre pas à pas la transformation :
elle ne m'a paru ni aussi complexe que le dit Schneider (histolyse) ni
aussi simple que le dit Metschnikoff (persistance de l'estomac larvaire,
qui ne subirait pas de dégénérescence) mais elle m'a semblé identique
en tout à la métamorphose des autres Chilostomes, c'est-à-dire que l'ensemble des organes internes subit une dégénérescence en masse graisseuse, au milieu de laquelle apparaît le polypide, tandis que la peau
prend graduellement la forme d'une loge ; je n'ai jamais pu voir comme
l'a dit Schneider, de changement dans le grand axe du rudiment de la
loge, qui d'abord allongé dans le sens transversal, le deviendrait dans
le sens longitudinal, mais j'ai toujours trouvé que dès le début, la peau
adoptait la forme définitive, et ce n'est, je crois, que la secrétion de l'ectocyste définitif qui occasionne la chûte de la coquille larvaire. —
La masse graisseuse du Cyphonautes est d'abord diffuse, mais un peu

____

(1) Allmann. Quarterly journal of micr. Science XII, p. 895.

concentrée vers la partie postérieure ; c'est au milieu de cette portion plus épaisse qu'on voit apparaître sous forme d'une tache blanche, le premier rudiment de polypide ; les globules graisseux s'amassent ensuite en une masse plus compacte qui entoure ce rudiment.

3. — BOURGEONNEMENT.

On trouve également avec les loges en voie de formation, une quantité de jeunes cormus à tous les états, et qui permettent de suivre assez loin la marche graduelle du bourgeonnement : la fig. 5, pl. 15, représente la loge primitive au moment où elle vient d'achever de se former ; elle possède un ectocyste encore légèrement étalé sur les bords en une zone transparente, et porte déjà deux bourgeons latéraux (1. 1) ; un peu plus tard (fig. 6) on voit ces deux bourgeons déjà fort accusés, et présentant de plus à leur intérieur un polypide assez avancé né à la base du bourgeon par épaississement de son endocyste : entre ces deux bourgeons, s'en voit un troisième plus petit, et né plus tard, par bourgeonnement apical de la loge primitive ; ces trois bourgeons 1. 1. 1 continuent ensuite à s'accroître, et bientôt, on voit que les deux bourgeons latéraux 1 ont acquis leur structure définitive (fig. 7) et ont, de plus, produit par bourgeonnement apical, de nouveaux bourgeons 2. 2. : le bourgeon médian 1 plus petit et né plus tard que les autres, est moins avancé et n'a pas encore donné naissance à son bourgeon terminal. — La fig. 8 nous montre un autre cormus, dans lequel les deux bourgeons 2, 2. des loges latérales sont à leur tour arrivés à l'état de loges complètes, tandis que le bourgeon 2 de la loge médiane, non encore formé au stade précédent, est aussi déjà presque arrivé à l'état complet ; toutes trois, ces loges 2. 2. 2, donnent de même naissance à trois nouveaux bourgeons 3. 3. 3. disposés de même, et dont le médian est toujours en retard sur les latéraux : le même processus continue ainsi indéfiniment, de sorte que les trois loges 1. 1. 1. finissent par donner naissance à trois longues séries.

Dans la fig. 8, on remarque en outre, que les loges latérales 2. ont, en outre de leur bourgeon apical 3, donné naissance à un nouveau bourgeon latéral 3ª tandis que les loges latérales 1 qui avaient cessé de fournir des bourgeons commencent à en émettre par leur extrémité inférieure, deux nouveaux 2', 2'. La fig. 9 montre un cormus déjà fort avancé, dans lequel le système des loges 1. 1. 1, 2. 2. 2, etc. a donné naissance par sa partie supérieure à trois longues séries de zœciums : vers le bas, on voit qu'entre les loges 2' 2', la loge primitive a donné naissance à un troisième bourgeon 1' compris entre les deux autres, puis, ces trois loges 2' 1' 2' ont formé ensuite par bourgeonnement terminal, trois séries complètes 2' 1' 2', 3' 2' 3' etc. analogues aux séries 1, 1, 1, 2, 2, 2 mais dirigées en sens contraire.

Pendant que les loges 1. 1. 1., 2. 2. 2; — 2' 1' 2', 3' 2' 3' s'accroissaient ainsi en deux séries continues, les deux bourgeons 3ª des stades précédents ont aussi commencé à s'accroître de leur côté par bourgeonnement tantôt sériaire, tantôt dichotomique; chacune des loges 3, 4, 5, peut ensuite ainsi que la loge 2 émettre également un bourgeon latéral qui s'accroît de même en se ramifiant. — Ces processus nous conduisent à la formation de deux séries latérales disposées en éventail (3ª, 4ª, etc.) et situées de chaque côté de la médiane.

De semblables séries latérales (désignées fig. 9 par la lettre a) peuvent aussi se produire dans la partie inférieure (3ª', 4ª') de chaque côté de la série médiane 2', 1', 2', etc. mais comme leur développement est beaucoup moins rapide, elles ne tardent pas à être renforcées par de nouvelles séries 3ᵇ' 4ᵇ' de loges formées à la partie inférieure des loges 2, et qui descendent en s'appliquant le long des séries latérales 3ª', 4ª' qu'elles sont venues renforcer : les autres bourgeons 4ᵇ qui se forment ensuite, aux dépens des loges 3ª, de la même manière que les bourgeons 3ᵇ aux dépens des loges 2, ne s'incurvent plus autant vers le bas : leur rôle est de boucher le faible espace qui subsiste encore entre les deux séries 1, 2, 3, 4, — 1' 2' 3' 4' de loges supérieures et inférieures ; le cormus prend ainsi une forme discoïde entourée de toutes parts par un bord d'accroissement continu, et qui commence dès lors à s'accroître régulièrement suivant le mode ordinaire.

En somme, nous voyons que la loge primitive finit bien par produire, comme le dit Schneider, quatre bourgeons, dont deux terminaux et deux latéraux, mais le bourgeon inférieur n'apparaît d'après moi, que beaucoup plus tard, et le bourgeonnement est d'abord latéral, puis apical. — Les deux loges 2 nous montrent que les zœciums peuvent encore, indépendamment de ces quatre bourgeons, en fournir deux autres de chaque côté, dans l'espace compris entre le bourgeon latéral et l'inférieur, de manière à en émettre à la fois sur toute leur périphérie ; cela nous prouve bien que la faculté de bourgeonnement appartient à la fois à toute la surface du zœcium, et n'est dévolue en propre à aucune partie, bien qu'il faille reconnaître d'après ce que nous avons vu chez toutes les autres formes, qu'en règle générale, elle est plutôt localisée au sommet et sur les côtés.

RÉSUMÉ

Les Schémas 1 et 2 de la page 239, représentent placées l'une à côté de l'autre, les deux manières différentes d'envisager la structure du Cyphonautes compressus : la première (1) qui appartient aux auteurs, et en particulier, à Claparède et Schneider, la seconde (2), que je base sur les observations qui viennent d'être rapportées et en particulier sur le stade fig. 1 pl. 15.

Dans la première conception (fig. 1) page 239 de l'organisation du Cyphonautes, on voit que la peau, après s'être renflée en avant pour former l'organe en forme de pied, s'invagine sur toute son étendue, pour donner naissance à la spacieuse cavité du vestibule ; cette dernière remplit toute la cavité interne de l'animal et se termine en haut en infundibulum, qui se recourbe en tube, pour former l'intestin, et vient se rejeter dans sa propre cavité, dans la portion élargie du vestibule, en un point entouré par une courbe spéciale de la frange ciliaire ; en somme, la larve entière peut être considérée comme formée d'une peau invaginée en dedans pour former le vestibule, et recourbée ensuite en sens inverse pour former l'intestin.

Dans la fig. 2, nous voyons au contraire, que la larve se compose d'une face aborale portant la coquille, et d'une face orale, séparées par la couronne : cette dernière face, à laquelle on doit d'après moi, réserver le nom de vestibule déjà appliqué à la même portion (cavité comprise entre la face orale et la couronne) chez la Flustrella et les Entoproctes, porte comme parties essentielles le pharynx *ph* et la bouche *o*. — Comme organes internes, on distingue un pharynx *ph*, un estomac *est* et enfin, une cavité spéciale *ce* (partie essentielle du vestibule des auteurs) d'abord fermée, située entre le pharynx et l'estomac, et qui constitue la seule partie du Cyphonautes compressus dont on ait peine à déterminer les homologies avec certitude ; je ne puis pour le moment que la comparer à la dépression *ce* des larves d'Escharines, ramenée en avant par suite du refoulement graduel du pharynx vers la partie postérieure, et qui se serait accusée au point de se fermer en une cavité spéciale : un fait qui confirme cette manière de voir, c'est que les deux branches du tube digestif du Cyphonautes adulte des fig. 2 et 3 pl. 15 ne sont jamais distinctes l'une de l'autre, par exemple comme les deux branches du polypide, mais possèdent au contraire une paroi commune, comme je l'ai indiqué dans le Schéma 2, il faudrait cependant pour résoudre la question d'une manière décisive reprendre l'embryogénie dès les premiers stades.

Dans tous les cas, la comparaison du Cyphonautes compressus tel que je le représente dans le Schéma fig. 2, avec le Cyphonautes de la Flustrella ne peut offrir aucune difficulté sérieuse ; nous voyons qu'on y retrouve comme partout ailleurs, la grande division en faces orale et aborale séparées par la couronne, avec la ventouse, le plumet ciliaire, le pharynx et l'estomac, le tout encore reconnaissable dans les stades jeunes, mais modifié ensuite d'une manière plus étendue : en somme nous pouvons maintenant établir une série commençant à l'Alcyonidium, et se terminant au Cyphonautes compressus, et qui rattache d'une manière extrêmement graduelle, cette forme complexe à la forme typique des larves de Chilostomes, en passant par l'Eucratée et le Cyphonautes de la Flustrella ; nous voyons que la modification du Cyphonautes a cela de commun avec d'autres types, tels que les larves d'Entoproctes, qu'elle se trouve comme elles, susceptible, de recourber la couronne au-dessus de la face orale, fait dont nous avons déjà constaté du reste l'existence plus directe chez notre troisième type larvaire, à propos du retrait de la larve libre d'Alcyonidium, seulement, chez les Cyphonautes, cette occlusion se fait d'une manière toute spéciale.

La métamorphose du Cyphonautes compressus se fait d'une façon identique à celle des Escharines, par dégénérescence des organes internes en une masse graisseuse, suivie de la formation du polypide, et ne se rattache ni à la dialyse (Schneider) ni au passage direct (Metschnikoff).

Le bourgeonnement, d'abord latéral, produit deux systèmes de loges inférieur 1, 2, 3, et supérieur (1' 2' 3') qui sont ensuite réunies par des loges 4^b de manière à donner naissance à une plaque discoïde qui s'accroît par les bords.

VI

RÉSUMÉ GÉNÉRAL

En résumé, nous voyons, qu'en suivant l'embryogénie des différents groupes des Chilostomes et des Cyclostomes, nous avons toujours à la base, les mêmes phénomènes, caractérisés par la grande régularité de la segmentation et donnant bientôt naissance à une Blastula (pl. 5 fig. 2) puis à une Gastrula (pl. 5 fig. 3) composées de deux faces opposées séparées par la couronne, stades à la suite desquels on voit la face aborale se diviser, par l'apparition du sillon *si* en deux parties distinctes (ventouse et partie inférieure) pl. 8 fig. 23 en même temps qu'apparaissent les phénomènes de différenciation, qui offrent comme fait le plus essentiel l'accumulation au centre, des éléments deutoplasmiques pour former à l'intérieur la masse mésodermique granulo-graisseuse de la partie aborale, à laquelle s'ajoute aussi quelquefois une bande plus ou moins épaisse de mésoderme oral.

Au moment de l'éclosion, l'embryon éprouve toujours un mouvement de retrait de la face aborale en dedans de la couronne, qui le fait passer de l'aspect arrondi de la fig. 10 pl. 16, à l'aspect discoïde, mais il peut se faire que ce processus apparaisse beaucoup plus tôt, et précède même le sillon *si*, ce qui nous conduit à distinguer chez certains types, la présence, peu après la gastrula, d'un stade à masse aborale et face évasée (fig. 5-6 pl. 5) séparées l'une de l'autre par le sillon *sb ;* nous sommes ainsi amenés à distinguer dans le grand groupe des larves de Cyclostomes, deux formes essentielles : celle qui présente chez les embryons la division en masse aborale et face évasée (fig. 13 pl. 16, fig. 5 pl. 5, fig. 6 pl. 11 fig. 8 pl. 12 : (*forme Alcyonidium ou pédonculée*) et celle qui ne la présente pas chez les embryons (fig. 10 pl. 16, et fig. 23 et 36 pl. 8) (*forme Escharine ou Sessile*) de ces deux divisions nous savons que, seule, celle qui est déterminée par le sillon *si* correspond à un trait de structure constant, réellement fondamental ; nous placerons donc à la base la *forme Escharine,* et nous considèrerons la *forme Alcyonidium* comme dérivée.

Nous aurons ainsi, à partir des Escharines placées à la base, deux divisions distinctes, la première qui continue à ne pas présenter d'autres phénomènes que la division de la face aborale en deux parties distinctes, la seconde chez laquelle nous voyons en outre, se former, par apparition beaucoup plus précoce de l'enfoncement de la face aborale à l'intérieur de l'autre, un sillon· *sb* qui devient le point de départ d'une nouvelle division (face évasée et masse aborale) ; de chacune de ces deux grandes divisions, peuvent dériver ensuite d'autres complications.

Les types qui se rattachent à la forme Escharine (*forme Sessile*) ne présentent qu'une seule modification : elle est due à une extension lente à la surface du corps, de la couronne venant se mouler graduellement sur chacune des deux faces à mesure qu'elle les enveloppe, et occasionnant en même temps, un changement dans la symétrie générale du corps : nous sommes ainsi amenés aux larves de *Cellularines,* reliées au type normal par les *Mollia* et les *Cellepora.*

Le type Alcyonidium (*forme pédonculée*) semble beaucoup plus riche en modifications, on doit y rattacher les trois formes aberrantes, des Vésiculaires, de l'Alcyonidium et du Cyphonautes.

1. La forme larvaire des Vésiculaires se produit par les mêmes modi-

fications que celle des Cellularines, c'est-à-dire, par une extension de la couronne ciliaire à la surface du corps, avec changement dans la symétrie ; seulement, la différence dans le point de départ amène des dissemblances entre ces deux types : la couronne ne recouvre chez les Vésiculaires, que la portion inférieure de la face aborale : (*sb* à *si*) tandis que chez les Cellularines, elle recouvrait la|ventouse (*si* à *rv*) ; de plus, l'extension de la couronne est beaucoup plus brusque, et, au lieu de se mouler sur la surface du corps, elle demeure rigide et enveloppe ce dernier comme d'un espèce d'étui, c'est ce qui cause la grande différence d'aspect qu'on remarque entre les larves de Vésiculaires et de Cellularines.

2. Les deux dernières formes : l'Alcyonidium et le Cyphonautes, sont caractérisées par une tendance à la disparition du sillon *si* producteur de la ventouse, tandis qu'au contraire la nouvelle division déterminée par l'apparition précoce du sillon *sb* tend à prendre une importance de plus en plus grande ; mais cette tendance se manifeste d'une manière différente suivant les deux types : chez l'Alcyonidium, le sillon *si* tend à disparaître en se rapprochant de plus en plus de la base, de manière à arriver enfin à se confondre avec le sillon *sb* qu'il vient renforcer ; chez le Cyphonautes, il tend, au contraire, à remonter vers le haut, de manière à causer une diminution graduelle, de plus en plus forte de la ventouse, jusqu'à ce que cette dernière se trouve réduite à néant : ces deux processus inverses arrivent au même processus général qui est de remplacer la face aborale avec sa ventouse, par une masse volumineuse fortement saillante, et qui forme la majeure partie (fig. 8, pl. 5 et 18, pl. 6 de l'Alcyonidium, et toutes les fig. du Cyphonautes et de l'Eucratée) de la peau de l'embryon : chez l'Alcyonidium, cette masse toute entière se transforme en ventouse, à cause de la fusion du sillon *si* avec *sb*, et l'embryon est alors ramené brusquement à un aspect voisin de celui des larves d'Escharines (fig. 20, pl. 6), mais chez le Cyphonautes, elle devient le siège de différenciations plus étendues qui conduisent à la formation d'une coquille bivalve ; — le grand développement de cette masse aborale me semble être une des grandes causes déterminantes de l'empiétement de la couronne qui la limite au-dessus de la face orale ; cet empiétement, qui

ne se produit que temporairement; et dans une faible mesure, chez l'Alcyonidium (fig. 8, pl. 5 et 18, pl. 6) demeure persistant chez le Cyphonautes, dans lequel la couronne se reploie en deux moitiés symétriques qui viennent se rejoindre au-dessus de la face orale transformée en vestibule, tandis qu'elles sont elles-mêmes renfermées pendant le retrait, entre les deux valves de la coquille formée directement sur la masse aborale (portion située entre *sb* et *si*). — L'Alcyonidium peut être regardé comme une complication de la forme pédonculée, voisine de celle du Cyphonautes, mais en sens contraire; il est seul de son genre, tandis que le Cyphonautes possède la Flustrella et l'Eucratéa comme types de passage, et revient ainsi graduellement aux Escharines typiques; tous deux peuvent être considérés comme constituant un état permanent de la forme pédonculée, et peuvent à ce titre être rapprochés des Vésiculaires, qui, par suite de l'extension de la couronne à la surface, ne représentent plus à l'état complet, la forme pédonculée d'une manière frappante, et possèdent du reste des analogies avec les larves de Cellularines. En tenant compte de ces différentes considérations, nous pourrons construire le tableau suivant qui représente les différentes formes de chacun des trois types avec tout ce qui s'y rapporte.

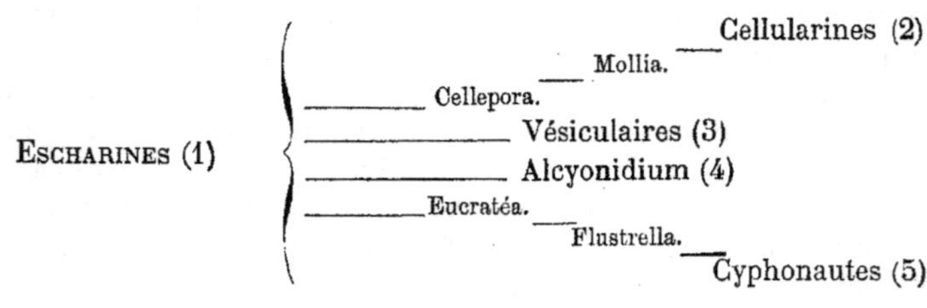

(1) Pl. 16, fig. 10.
(2) Pl. 16, fig. 12.
(3) Pl. 16, fig. 11.
(4) Pl. 16, fig. 13.
(5) Pl. 16, fig. 14.

Nous voyons que la forme primitive, celle des Escharines, dessinée d'une manière conforme à la nature dans les pl. 7 et 8, et d'une manière schématique, fig. 10, pl. 16, donne naissance à deux modifications extrêmes : celle des Cellularines, et celle du Cyphonautes, toutes deux passant par une série de formes de passages, au type primitif : les Cellepora et Mollia pour les Cellularines, et les Eucratéa et Flustrella pour le Cyphonautes. Se rattachant à chacune de ces deux grandes modifications, et parallèlement à elles, se trouvent deux autres modifications plus petites, l'une plus voisine du Cyphonautes, l'autre plus voisine des Cellularines, mais se rattachant néanmoins de loin au Cyphonautes par l'existence de la forme pédonculée, et qui constituent les deux modifications de l'Alcyonidium et des Vésiculaires. Les fig. 11, 12, 13 et 14 de la pl. 16, représentent ces quatre formes. — Il est remarquable que tous les types de larves si divers chez lesquels nous avons constaté la forme pédonculée (Vésiculaires, Alcyonidium, Flustrella, Eucratéa), se rattachent au groupe des Cténostomes, ou du moins, à des formes qu'on a tenté d'y réunir, à cause de la présence d'une couronne de soies (borten-kranz) sur la gaine tentaculaire. — La même concordance ne se retrouve plus pour le Membranipora Pilosa, qui, bien que se rattachant évidemment par sa larve à la Flustrella, ne semble cependant à l'état adulte avoir (à moins que par l'Eucratéa) rien de commun avec les Cténostomes ; cette discordance est due aussi bien à l'insuffisance de nos connaissances sur les rapports des formes adultes entre elles, qu'à la petite quantité du nombre de larves encore connues, car ces deux études ne peuvent se scinder : il est possible qu'on doive séparer les formes de Chilostomes à ectocyste Chitineux et aire buccale très-grande en deux groupes distincts, correspondant aux deux grandes modifications de la forme larvaire, et comprenant d'une part les Membranipora, les Eucratéa, etc., de l'autre les Cellularines, et reliées entre elles par les Cténostomes proprement dits (Alcyonidium et Vésiculaires, tandis que les formes à ectocyste calcaire et à plaque operculaire, sans aire buccale, seraient les formes primitives donnant naissance à chacun de ces trois groupes (deux groupes correspondant aux deux grandes modifications extrêmes, un groupe (Cténostomes) correspondant aux deux petites); telle est du moins la nouvelle classification à laquelle nous conduisent les formes larvaires. Je ne crois pas inutile d'attirer l'attention sur les discordances importantes qui existent entre ce groupement et celui auquel Smitt est arrivé (1) par l'anatomie : il me semble en effet tout-à-fait indispensable, pour des animaux à caractères si difficiles à saisir que les Bryozoaires, de tenir compte en même temps de toutes les formes à la fois. Une classification basée sur la seule forme des zœciums est encore, quelle que parfaite qu'elle soit, très-insuffisante.

Toutes les larves des groupes des Chilostomes et des Cténostomes, étant ainsi réduites à un type unique, qui est la larve du groupe des Escharines (pl. 16 fig. 10) il ne nous reste plus qu'à comparer cette dernière aux deux grandes formes larvaires précédemment distinguées chez les Entoproctes et les Cyclostomes : leurs relations intimes se déduisent aisément de la présence chez toutes trois, du stade commun qui suit la gastrula (fig. 3 pl. 1, fig. 14 pl. 3 et fig. 3 pl. 5) et dans lequel est déjà visible la division en deux faces opposées séparées par la couronne : on peut les rendre beaucoup plus saisissantes encore en rappelant le retrait observé chez l'Alcyonidium, et qui montre que cette forme du groupe des Chilostomes est susceptible de contracter la face aborale en sphincter au-dessus de la face orale et de la couronne, de manière à passer ainsi brusquement à l'état caractéristique des larves d'Entoproctes; les fig. 8, 9, 10 de la pl. 16 feront du reste bien voir ces liaisons.

---

(1) Smitt : Kritisk forteckning (ofversigt af Kongl vetenkaps akademiens forhandlingar, années 1866-67-68) et Floridan Bryozoa collected by Pourtales. 1872.

FORMATION DU POLYPIDE

Le mode de formation du tube digestif de l'adulte, a une telle importance en embryogénie, qu'il ne m'est pas permis de terminer ce travail sans m'y arrêter au moins un instant. — Plusieurs observateurs du plus grand mérite se sont depuis peu livrés à cette étude : Nitsche, en particulier, après y être revenu à diverses reprises, en a fait récemment l'objet d'un mémoire détaillé accompagné de coupes et de figures magnifiques (1). Je n'ai, pour opposer à ces recherches si complètes, que quelques modestes figures d'aspects faciles à voir, et qui sont familières à quiconque s'est livré à l'étude de ce groupe, néanmoins, comme on ne me parait pas avoir tiré encore de ces aspects si fréquents, tout le parti possible, et que d'ailleurs ils semblent donner lieu à des objections contre la marche générale actuellement admise, je ne crois pas inutile de m'y arrêter un instant (2); les deux points sur lesquels j'insisterai surtout

---

(1) Nitsche : Zeitschrift für wiss-Zoologie, 1875.

(2) Mes dessins ont été faits sur des cormus d'Alcyonidium mytili fixés sur la tunique des grosses Ascidies (A. Sanguinolenta); il est facile en coupant des tranches de cette tunique, très-transparente, de pouvoir observer le bord d'accroissement complètement intact.

sont relatifs 1° à la structure du premier rudiment de polypide (3) et 2° à la formation de la couronne tentaculaire.

1° **Structure du rudiment.** — D'après Nitsche, et je crois, tous les auteurs qui se sont occupés de ce sujet, le phénomène essentiel de la formation du polypide, consiste dans un pincement d'une vésicule creuse, comparable à celui qui se produit quand on enfonce les deux doigts au milieu d'un ballon, et qui transforme cette vésicule en un anneau creux qui figure tout l'ensemble du tube digestif recourbé du bryozoaire ; c'est là une vérité que je crois incontestable ; mais il reste à savoir comment et à quelle époque se fait ce pincement : d'après Nitsche le tout se fait en un seul temps : nous avons au début une vésicule uniforme, qui se pince et s'étrangle comme il vient d'être dit un peu au-dessous du centre, de manière à donner naissance à un anneau creux à cavité plus large vers le haut que vers le bas ; la partie la plus spacieuse de cette cavité formera la gaine tentaculaire, et les deux branches plus étroites qui s'y rendent, l'œsophage et le rectum.

Il me semble extrêmement difficile d'admettre, comme le fait Nitsche, que le rudiment de jeune polypide, constitue jamais une vésicule *uniforme*, mais je la trouve au contraire divisée dès le début (fig. 18, 17, 16) en deux portions séparées par une saillie circulaire de la paroi à l'intérieur, comme l'indiquent théoriquement les schémas page 254 (fig. 1) ; jamais en effet, je n'ai pu réussir à voir l'intérieur du jeune rudiment occupé par une seule spacieuse cavité, mais, seulement, par une ligne obscure CD (ou un simple point dans les états les plus jeunes : fig. 16) extrêmement étroite, et nous voyons de plus, par les stades qui suivent, que cette ligne obscure se trouve surmontée par une cavité beaucoup plus spacieuse, invisible à l'observation directe dans les vues de face, mais dont l'existence précoce se révèle d'une manière incontestable au moment (fig. 18)

---

(3) Je ne m'occuperai, dans tout ce qui va suivre, que du feuillet interne (épithelial) qui seul, détermine les traits généraux du développement et ne parlerai pas du feuillet externe formant les *gros rétracteurs, l'épithelium interne des tentacules*, etc., et qui n'est, en somme, qu'une couche de revêtement.

où le rudiment de couronne tentaculaire né sur ses bords, commence
à faire saillie à son intérieur. — La manière dont on voit apparaître la
fente *CD* montre que ces cavités sont bien distinctes dès le début.

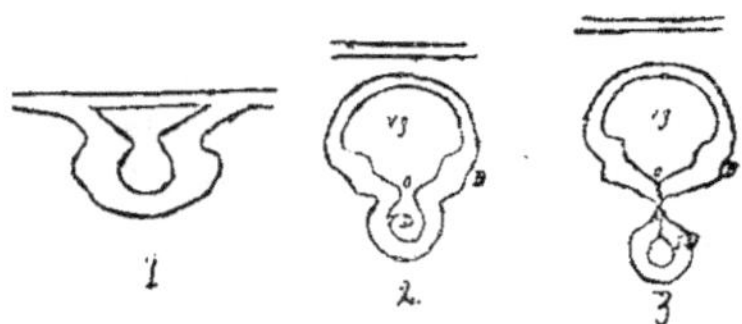

Je crois donc que le prétendu état de vésicule uniforme doit se représenter par le schéma ci-dessus (fig. 1) où les deux cavités *t d* et *v g* sont
déjà distinctes; elles sont séparées *non par un pincement*, mais par une
saillie circulaire de la paroi, qui forme entre elles deux, une espèce de plaque
que je considère comme l'homologue de l'espace intratentaculaire des
Entoproctes, et à laquelle je donnerai ici le nom de *plaque basilaire*.

Ce n'est jamais qu'après cette première division, qui permet de distinguer
dès le début la cavité digestive de la gaine tentaculaire, qu'apparaît le
véritable processus de pincement : ce dernier peut se concevoir ici comme
n'étant qu'un simple rapprochement des bords qui forment la plaque
basilaire, rapprochement qui aboutit à la fermeture de la fente qu'ils
comprenaient entre deux, comme je l'ai figuré dans les schémas fig. 2, 3
Cette fermeture ne se fait ici qu'au milieu, et les deux extrémités
de la fente primitive, persistent pour former la bouche et l'anus.
— Nous voyons, que la *distinction originelle des deux cavités* (que me
semble nécessairement indiquer les aspects fig. 16, 17, etc.), a l'avantage
de ramener le pincement de Nitsche, à un genre de processus plus généralement connu dans le règne animal que le pincement en ballon dont
nous avons parlé; nous pouvons par exemple parfaitement comparer,
le mode de fermeture de la fente de communication des deux cavités,

à la fermeture de la gastrula, ce qui nous conduira à classer à ce point de vue les Bryozoaires, dans le type dont la Clepsine et l'Euaxes constituent jusqu'ici les exemples les plus frappants.

 2. *Formation de la couronne tentaculaire.* — Nitsche décrit la formation de la couronne tentaculaire comme résultant d'un épaississement qui fait dans la partie supérieure de sa cavité en forme d'anneau, une saillie de plus en plus forte, mais sans y signaler rien de plus remarquable ; il y a pourtant dans le mode de naissance et la disposition primitive de la couronne, chez les Chilostomes, un fait d'une haute signification, qui mérite d'être étudié ici en détail.

Au moment où commencent à naître les tentacules (fig. 18), le jeune polypide, est, comme nous l'avons vu dans ce qui précède, composé de deux cavités *vg* et *CD* (ou *td* dans les schémas) séparées l'une de l'autre par la *plaque basilaire* (représentée dans les schémas fig. 1, 2, 3, par l'espace *ob*) entourant la fente de communication non encore fermée, et dont les deux extrémités *o* et *an* fig. 18 représentent déjà la bouche et l'anus ; la couronne commence à apparaître au début sous forme de deux épaississements symétriques (fig. 18 et schéma 2), situés au point de jonction de la plaque basilaire avec la paroi, puis en même temps que chacun de ces renflements prend l'aspect festonné qui indique l'apparition des premiers tentacules, on les voit s'étaler graduellement sur les bords, de manière à arriver à se rejoindre l'un à l'autre en entourant complètement la plaque basilaire (fig. 19) nous avons alors un état qui correspond tout-à-fait à la disposition Entoprocte et dans laquelle la plaque basilaire figure l'espace intratentaculaire, portant à la fois la bouche *o* et l'anus *an*, et complètement entouré par la couronne tentaculaire ; cet état n'est cependant pas de longue durée ; bientôt en effet, à l'époque où le milieu de la fente de communication commence à se fermer (fig. 20) on voit l'extrémité anale de cette fente se prolonger en avant jusqu'à venir déboucher à la périphérie de la plaque basilaire, divisant ainsi la couronne primitivement continue qui la bordait de toutes parts, en deux moitiés symétriques (1). Cet état de division de la couronne en deux moitiés symétriques, pendant toute la durée duquel l'anus est compris *dans son intérieur*, persiste et s'accuse dans le stade qui suit (fig. 21) et on peut parfaitement rapporter à cette disposition transitoire, l'origine du *Lophophore* des Phylactolœmates; mais ensuite les deux moitiés se rapprochent de nouveau (fig. 22) se réunissent au-dessus de l'ouverture anale (fig, 23) et enfin, l'excluent tout-à-fait de l'intérieur de la couronne ainsi que de l'espace qu'elle circonscrit, ce qui nous fait passer définitivement à la disposition Ectoprocte et Gymnolème, ainsi qu'on le voit dans la fig. 24.

Pendant que s'effectuaient ces différents changements qui nous font passer successivement par les dispositions *Entoprocte, en Lophopode*, et *Ectoprocte,* et permettent par conséquent de placer ces trois grandes familles en une seule série progressive, la fermeture de la fente *o, an,* qui correspond au pincement, s'est complètement effectuée, et le tube digestif ainsi formé s'est accru vers le bas de façon à dépasser en dessous en se recourbant, la plaque basilaire, comme le montrent les fig. 21 à 24, de plus le nombre des tentacules a graduellement augmenté, les inférieurs s'accroissent plus vite que les supérieurs comme on le voit dans les fig. 22-24, de manière à coïncider avec le changement général d'orientation, qui s'effectue à cette époque; leur multiplication m'a paru suivre une marche assez régulière : il y en a huit au stade fig. 18, dix bien formés au stade fig. 19, quatorze au stade fig. 20 et dix-huit au stade fig. 21.

RÉSUMÉ

En résumé, cette étude sur la formation du polypide, nous permet de formuler deux résultats essentiels : 1° la formation de l'intestin recourbé

---

(1) Le stade fig. 20 correspond aussi un peu près à l'époque où la gaine tentaculaire jusqu'ici simplement étendue au-dessus de la plaque basilaire, commence dans son accroissement rapide en avant, à la déborder de manière à apparaître en avant en *vg'* ; il faut se garder de prendre l'espace *an, vg,* pour une partie de la plaque basilaire, cette dernière, à partir du stade fig. 20 s'arrête en *an*.

des Bryozoaires résulte d'une fermeture de l'ouverture en forme de fente de la cavité digestive, analogue à la fermeture du blastoderme chez les Clepsines et chez l'Euaxes, 2° les Ectoproctes passent pendant la durée du développement, par un état Entoprocte,. dans lequel la partie qui représente *l'espace intratentaculaire* ou *plaque basilaire* qui sépare la cavité digestive de la cavité de la gaîne, porte les deux ouvertures du tube digestif, et se trouve complètement entourée par les tentacules. — Ces deux résultats essentiels ont échappé à Nitsche, apparemment parce que cet habile observateur a négligé de suivre le développement dans les vues de face, mais elles ne sont en somme aucunement en désaccord avec ses données : le seul point de divergence consiste dans la séparation primitive de la cavité interne en deux portions distinctes, qui, d'après Nitsche, semble n'apparaître que beaucoup plus tard.

On sait que dès l'année 1861, Allmann (a monograph of freshwater Polyzoa) avait essayé, par une comparaison de la couronne tentaculaire des Pedicellines, avec le Lophophore, de rattacher ce type singulier aux autres divisions des Bryozoaires ; plus tard, Nitsche a démontré que cette comparaison ne pouvait se soutenir, et a établi d'une manière bien nette la distinction entre les dispositions *Entoprocte* et *Ectoprocte* ; mais il ne me paraît pas avoir été aussi heureux dans les relations à établir entre ces deux états, lorsqu'il dit que les Entoproctes, représentent des polypides à vie indépendante, tandis que les Ectoproctes, résultent de la réunion d'un polypide et d'un cystide ; il me semble pour ma part infiniment plus naturel de considérer les Ectoproctes, comme des organismes en tout comparables aux Entoproctes, mais chez lesquels la couronne tentaculaire est venue s'incurver en dedans de l'anus, comme je viens de le montrer dans le bourgeonnement ; il est même très-probable, que l'état de passage (fig. 21) dans lequel la couronne est interrompue du côté de l'anus, est le point de départ de la formation du Lophopore ; nous aurions ainsi une phylogénie générale de la classe des Bryozoaires, basée sur l'évolution de la couronne tentaculaire, et disposée comme il suit : Entoproctes — Lophopodes — Gymnolèmes.

Nous avons successivement dans ce qui précède, passé en revue les trois grands groupes des Entoproctes, Cyclostomes, Cténostomes et Chilostomes, nous avons étudié leurs principales familles ; il nous reste à coordonner ces différents résultats ; nous le ferons brièvement en énonçant la conclusion : nous passerons ensuite à deux sujets importants : 1° la détermination du Cycle embryonnaire. — 2° Celle des affinités des Bryozoaires ; dont le premier dépend de deux questions secondaires : la signification du passage de l'adulte et celle de la forme primitive du groupe.

CONCLUSION

Nous arrivons enfin graduellement à ramener toutes les formes de Bryozoaires à un type unique composé d'une gastrula à deux faces opposées séparées par la couronne, l'une (aborale) beaucoup plus volumineuse opposée à la bouche, et susceptible de se contracter en sphincter au-dessus de la première, l'autre (orale) portant à son centre l'ouverture buccale, et susceptible d'être recouverte, de manière à former le vestibule : toutes les larves possèdent un feuillet moyen musculaire ou graisseux, et qui se compose généralement d'une portion formée par la face orale (mésoderme labial) et d'une portion dépendant de la face aborale (*mi*) : cette dernière est plus constante, plus volumineuse, et constitue la portion essentielle du mésoderme ; elle dérive dans la plupart des cas, d'une simple délamination de l'exoderme ; mais chez les Entoproctes, l'intestin paraît aussi prendre part à sa formation, il est même possible, chez la Pedicelline qu'elle dérive d'un pincement du bout de l'intestin, ce qui permettrait de retrouver chez les Bryozoaires, des traces d'Enterocœle.

De ce type, déjà très-complexe, et qui doit être considéré comme constituant la forme primitive du groupe tout entier, on voit dériver les larves d'Entoproctes, par différenciation des masses mésodermiques, allant se mettre en relation avec la peau, en trois points différents, pour former les organes *vt, va, bl,* les larves de Cyclostomes, par une extension de la couronne en forme de manteau, sur la face aborale, et enfin, les larves de Chilostomes et Cténostomes, par une division de la face aborale en deux parties (ventouse, et partie inf.) suivis du retrait de cette même face.

Cette troisième forme donne ensuite naissance comme nous l'avons vu, à ses formes dérivées, de sorte que l'ensemble des formes larvaires peut se représenter par le tableau suivant (1) :

---

(1) Dans l'état actuel de nos connaissances, nous sommes encore forcés de considérer les trois grandes formes dérivées (Entoproctes, Cyclostomes, Escharines) comme étant trois modifications parallèles d'une forme primitive idéale, mais il n'est pas certain qu'il en soit ainsi, et il est même plus probable, d'après les relations des deux groupes des Entoproctes et des Ectoproctes, révélées par l'étude du bourgeonnement (voy. formation du polypide) que les larves d'Entoproctes représentent la forme primitive dont dérivent les deux formes des Cyclostomes et des Escharines ; les larves de Lophopodes, chez lesquelles, ainsi que nous l'avons vu, la couronne ciliaire passe successivement par les deux états des Entoproctes et des Cyclostomes, seraient peut-être l'intermédiaire entre ces deux formes larvaires (comme c'est confirmé par le bourgeonnement qui nous montre que le Lophophore dérive probablement de l'interruption causée (fig. 21 pl. 16) dans la couronne d'abord continue, par le passage de l'anus de dedans en dehors). Le tableau prendrait alors la forme suivante :

ENTOPROCTES	Chilostomes à face orale rétractile.	Escharines.
	Lophopodes	Cyclostomes.

Cette idée est du reste entièrement subordonnée à de nouvelles études sur les larves très-insuffisamment connues des Lophopodes, nous pouvons néanmoins, d'après la phylogénie générale déduite de l'évolution de la couronne tentaculaire, considérer la larve des Entoproctes, comme la moins éloignée de la forme primitive.

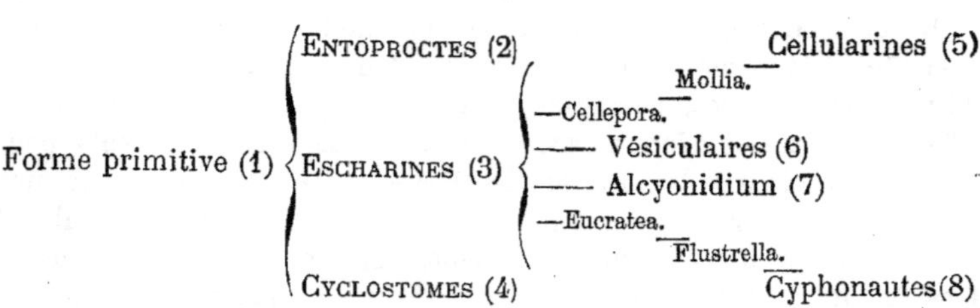

Nous voyons que les Bryozoaires présentent, en ce qui concerne la première partie du développement, une uniformité parfaite dans le groupe entier, toutes les formes larvaires étant comparables entre elles et se réduisant sans difficulté à un type unique.

Nous avons vu de même que la seconde partie présentait partout une marche identique, et que le passage de la larve à l'adulte par dégénérescence suivie de néoformation, n'était pas localisée aux seuls *Chilostomes*, mais existait aussi chez les *Cténostomes*, les *Cyclostomes* et même dans le groupe des *Entoproctes*, le prétendu passage direct n'étant fondé que sur une erreur d'observation.

Nous pouvons donc conclure à l'unité de plan.

I

CYCLE EMBRYONNAIRE

Nous avons déjà vu dans l'introduction, que toutes les idées jusqu'ici émises, pouvaient, en laissant de côté les questions secondaires, (alternance, etc.) se ramener toutes à deux grandes théories : l'une basée sur le développement de l'Alcyonelle (Allmann): la *théorie de l'évolution directe*, l'autre basée sur le développement de la Pedicelline (Uljanin) : la *théorie de la métamorphose*.

(1) Pl. 16, fig. 7. — (2) pl. 16, fig. 8. — (3) pl. 16, fig. 10. — (4) pl 16, fig. 9. — (5) pl. 16, fig. 11. - - (6) pl. 16, fig. 12. — (7) pl. 16, fig. 13. — (8) pl. 16, fig. 14.

1. *Signification du passage de l'adulte.* — Quelle que soit la valeur de leur point de départ (faux, comme nous l'avons vu, pour la Pedicelline) chacune de ces deux théories essentielles rencontre dans l'étude du passage à l'adulte des faits en sa faveur.

1° Cas d'inactivité de la masse graisseuse. (1) — Si la masse graisseuse de dégénérescence disparaît sans donner naissance à aucun organe, on ne doit lui attribuer aucune importance, les organes larvaires dont elle dérive sont dans le même cas, on ne peut donc les considérer que comme des produits d'adaptation, formés en dehors du Cycle normal, et sans influence, sur la marche générale de l'embryogénie ; leur destruction, lors de la période de dégénérescence, ne peut, par suite, être attribuée qu'à un retour au Cycle normal, qu'à une reproduction de *l'état de cystide*, ramenant brusquement l'embryogénie au Cycle ordinaire de l'Alcyonelle ; en un mot, *toute la période larvaire, ne sera qu'un état de développement aberrant intercalé au milieu du Cycle normal, qui consiste dans la production directe du cystide.* — Cette première manière d'envisager la question a été soutenue avec talent par Nitsche, qui l'a développée avec toutes ses conséquences : (théorie du *cystide* considéré comme forme primitive du groupe, et comparable aux larves de cœlentérés).

2° Cas d'activité de la masse graisseuse. — La masse graisseuse concourt-elle au contraire à la formation de certaines parties, comme nous avons vu que c'était le cas dans de nombreuses occasions, alors on est forcé de lui accorder une importance plus grande : Repiachoff en fait un *vitellus nutritif*, et je la considère pour ma part comme représentant les deux feuillets internes. (2) — Nous avons ainsi dans quelques cas, une masse directement issue des deux feuillets internes de l'organisme

---

(1) Exemples : Scrupocellaria Scruposa, Serialaria Lendigera.

(2) Nous avons vu en effet, que la masse graisseuse pouvait non-seulement passer dans la paroi du polypide, comme l'a fait voir Repiachoff, mais était aussi apte à concourir à la formation de son premier rudiment, et de plus à donner naissance, dans un trés-grand nombre de cas, aux fibres musculaires de la forme adulte.

larvaire, et qui passe ensuite en totalité, aux deux feuillets internes de l'animal adulte ; il y a donc encore continuité entre ces deux feuillets chez la larve et l'adulte, bien que tous deux soient un moment confondus, **et** rien n'empêche d'admettre le passage des uns aux autres, bien que ce passage ne soit plus *qu'indirect*. — D'après cette seconde manière de voir, *la forme larvaire normale serait réellement une forme complexe, et passerait à l'adulte par une métamorphose*. — Maintenant, comment se fait-il qu'au lieu d'y avoir transformation immédiate de chacun des organes larvaires à ceux de l'adulte, comme on le voit par exemple, chez les Brachiopodes, il y ait ainsi dégénérescence ? Je serais disposé à expliquer ce fait par une abréviation de la métamorphose (3) renforcée par la tendance générale que possèdent toujours les feuillets internes, à se charger d'abondants éléments nutritifs, à mesure qu'on s'élève dans une série. (4)

Les deux principaux modes de passage à l'adulte nous ramènent donc d'une manière directe aux deux grandes théories précédemment distinguées, auxquelles elles constituent maintenant deux bases solides ; reste à déterminer lequel de ces deux cas d'activité ou d'inactivité de la masse graisseuse, il faut considérer comme l'état primitif ; je crois bien, pour ma part, à l'inverse de Nitsche, que c'est le premier cas qu'on doit mettre à la base (5), mais afin d'éviter toute discussion stérile, je laisserai à ce

---

(3) Les divers processus de transformation de chacun des organes en particulier, étant remplacés par un seul processus général de différenciation simultanée de tous les organes, aux dépens d'une masse commune.

(4) Comme on le voit dans le passage de l'holoblastie à la méroblastie. qui se produit presque chaque fois qu'on s'élève un peu dans un groupe quelconque. — Si l'accumulation de substance graisseuse (deutoplasmique) ne se fait que tard, comme c'est le cas pour l'endoderme du Lineus obscurus (voir mon travail sur l'embryogénie des Némertes) on obtient de véritables dégénérescences, analogues à celles de la période rétrograde des Bryozoaires et qui n'ont peut-être pas d'autre cause que le passage de l'holoblastie à la méroblastie.

(5) Nous savons aujourd'hui par de nombreux exemples : insectes (Kowalesky), Aplysie (Ray lankester). Céphalopodes (Bobretzky). Poissons osseux (auteurs). — Que le vitellus nutritif des œufs méroblastiques finit souvent par perdre ses qualités formatrices, de sorte que

sujet, la question en suspens, me contentant d'insister sur ce résultat : que l'étude du passage à l'animal adulte fournit des arguments aux deux grandes théories, mais ne décide rien en faveur de l'une ou de l'autre.

2. *Signification de la forme primitive.* — Au lieu de nous épuiser vainement à résoudre, par les cas d'activité ou d'inactivité de la masse graisseuse, la question de savoir jusqu'à quel point les complications de l'organisme larvaire, sont, ou ne sont pas dues à l'adaptation, il me paraît beaucoup plus simple et plus naturel de déterminer par l'étude directe et la comparaison des différentes larves, quels sont les caractères de la forme primitive, en considérant comme normaux tous les faits constants, et comme adaptatifs, tous ceux qui sont variables, comme la coquille du Cyphonautes. — Nous avons vu qu'en opérant de cette façon on arrivait à la forme primitive de la fig. 7, pl. 16. — Cette forme est très-loin de ressembler à un *Cystide*, elle représente un organisme complexe, formé de trois feuillets, et tout aussi élevé que l'animal adulte ; toute l'embryogénie se ramène donc, en somme, à la succession de deux formes équivalentes, faisant toutes deux parties du Cycle normal, et dont il n'est possible de comprendre l'existence simultanée, qu'en admettant le passage de l'une à l'autre par un phénomène de métamorphose.

3. *Établissement du Cycle.* — Malheureusement, la manière spéciale dont s'opère cette métamorphose rend ici difficile toute étude ultérieure, et bien que connaissant les relations générales, nous sommes encore forcé d'avouer notre ignorance en ce qui concerne les homologies d'organe à

---

c'est l'exoderme qui donne aussi naissance au feuillet interne ; les exemples d'inactivité de la masse graisseuse des Bryozoaires me semble devoir se ramener au même cas, et ne représenter comme eux que des états dérivés.

Du moment où la masse de vitellus nutritif est devenue inutile comme partie formatrice, on comprend qu'elle décroisse graduellement, et finisse par ne plus apparaître du tout ; ainsi se produirait une homoblastie d'un second genre *dérivée de la disposition méroblastique,* et dont les mammifères présentent un exemple. — L'Alcyonelle me semble se rapporter au même type.

organe. Si pourtant, l'on accepte, que la grande ressemblance (prise jusqu'ici pour une identité) de la forme larvaire de la Pedicelline avec la forme adulte, puisse, malgré l'absence de passage direct, nous permettre de maintenir leurs homologies, nous pourrons, appuyés sur tout ce qui précède, construire le tableau suivant, qui nous montre surtout comme

PEDICELLINE (larve)	ENTROPROCTES	ECTOPROCTES	LARVE LIBRE (forme primitive)
Vestibule	Espace intratentaculaire	Gaine tentaculaire	Face orale
Peau	Calyce	Endocyste	Face aborale
Tube digestif	Tube digestif	Tube digestif	Tube digestif

fait essentiel l'homologie de la face orale de la forme larvaire avec la gaîne tentaculaire de la forme adulte, fait qui paraît du reste être confirmé par la faculté, inhérente à toutes les larves (voir le retrait exceptionnel de la larve d'Alcyonidium) de rétracter leur face orale en vestibule.

II

AFFINITÉS DES BRYOZOAIRES

Les affinités des Bryozoaires peuvent se déduire de la comparaison de la couronne ciliaire de leur forme larvaire; cette couronne peut successivement être rapprochée : 1º de l'organe rotateur des Rotifères, 2º du segment thoracique (manteau des Brachiopodes), et 3º de la couronne ciliaire de la Trochosphère.

1. *Rotifères.* — La comparaison avec l'organe rotateur des Rotifères résulte de l'analogie de position, puisqu'elle forme de part et d'autre un

anneau moyen séparant l'une de l'autre les deux faces orale et aborale, la première susceptible de se rétracter pour former le vestibule, tandis que la seconde constitue la peau ; les analogies des larves de Bryozoaires avec les Rotifères sont certes dignes de remarque, elles se déduisent de cette concordance générale dans la disposition, aussi bien que de la grande ressemblance avec les larves d'Entoproctes ; nous avons déjà insisté sur cette dernière, et il est inutile d'y revenir de nouveau.

2. *Brachiopodes.* — Les formes larvaires des Brachiopodes se rattachent, d'après le travail de Kowalesky, d'une manière extrêmement intime, par les Thécidies et les Argiope, à celles des Serpules (voyez fig. 4 de la gravure page 267), et par suite des Chœtopodes (fig. 2) dont la couronne ciliaire divise le corps en *tête* et en *corps*, ce dernier portant l'ouverture buccale à sa portion antérieure. Les larves de Serpules, d'Argiope et de Thécidies sont en somme de simples larves d'Annélides, comparables à celles de la fig. 2, dans lesquelles la seconde division *(corps)* s'est partagée en trois segments distincts (Céphalique, Thoracique et Caudal), en même temps que la première *(tête)* a éprouvé une réduction ; cette réduction de la tête, bien plus considérable chez la Thécidie que chez les Serpules, finit enfin par aboutir à une disparition tout à fait complète, comme on le voit chez les Terebratules et Terebratulines ; à ce dernier état, les larves de Brachiopodes ne présentent plus de couronne ciliaire, et ne nous offrent plus qu'une division en trois segments, dont le premier (Céphalique) porte la bouche ; elles deviennent ainsi parfaitement comparables à la forme primitive (fig. 7, pl. 16) des Bryozoaires : le segment thoracique transformé en manteau joue tout à fait le rôle de la couronne ciliaire chez les Bryozoaires, tandis que les segments céphalique et caudal représentent les faces orale et aborale ; nous avons vu de même, que chez les Cyclostomes, la couronne perdait ses cils vibratiles pour s'étendre en arrière en une espèce de manteau tout à fait comparable à celui des larves de Brachiopodes ; les longs flagellums des larves d'Escharines rappellent également jusqu'à un certain point, les faisceaux de soies du segment

thoracique des Brachiopodes : les larves de Terebratule et Terebratuline présentent donc réellement une ressemblance étonnante avec la forme primitive des Bryozoaires.

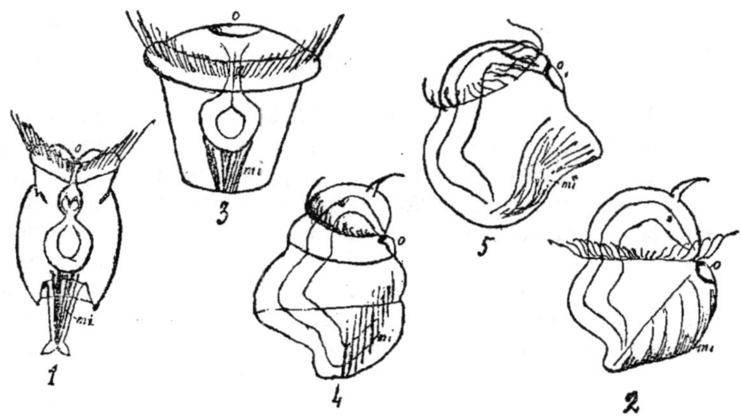

3. *Trochosphère*. — A un point de vue plus général, cette forme primitive des Bryozoaires présente également des ressemblances évidentes, avec le stade embryonnaire important sur lequel Ray Lankester a le premier attiré l'attention (1), et qu'il a désigné sous le nom de *Trochosphère*, seulement, nous voyons que la couronne ciliaire y occupe une position tout-à-fait différente de celle qu'elle a chez les Annélides (2)

---

(1) Ray Lankester dev. du Lymnée (quart journal of micr science).

(2) On trouve dans H. Fol (dev. des Ptéropodes) des essais d'un grand intérêt pour déterminer la place des pôles oral et aboral (nutritif et formateur) chez les trochosphéres de Ptéropodes ; d'après lui, le pôle aboral, d'abord directement opposé à la bouche, se trouve ensuite refoulé vers le haut, de manière à occuper, chez la Trochosphère (Firoloïdes Desmarestii) le milieu de l'espace circonscrit par la couronne (tête) : la position de la

les Mollusques (fig. 5) (1) et les Brachiopodes (Kow) (fig. 4) ; au lieu d'être placée *au-dessus* de la bouche, et perpendiculairement aux deux faces dorsale et ventrale (fig. 2, 4, 5), elle se trouve placée *au-dessous de la bouche*, et parallèlement aux deux faces (orale et aborale) de l'embryon (fig. 3). Cette différence dans les Trochosphères nous conduit à distinguer dans cette dernière, deux types bien distincts : celui des Annelides, Brachiopodes, Mollusques (fig. 2, 4, 5) et celui des Bryozoaires (fig. 3) dont feraient peut-être aussi partie les Rotifères (fig. 1) ; les Rotifères (fig. 1, et les larves d'Annélides (fig. 2) représenteraient ainsi deux formes essentielles de la Trochosphère : les premiers donnant naissance aux Bryozoaires, les seconds, aux Brachiopodes et aux Mollusques, comme le montre le tableau des cinq figures p. 267 ; nous arrivons ainsi à une confirmation des analogies avec les Rotifères, tandis qu'au contraire celles des Brachiopodes se trouvent affaiblies, puisque chacun des deux groupes des Brachiopodes et Bryozoaires diffère essentiellement dans le point de départ ; il est vrai que les documents embryologiques que nous possédons jusqu'ici sur les Rotifères (Salensky : Brachion) sont tout-à-fait contraires à cette manière d'envisager la question ; mais il ne me semble pas du tout probable, que la forme observée chez le Brachion, représente la forme primitive des Rotifères, d'autant plus qu'il faudrait admettre dans ce cas, que les Rotifères dérivent des Mollusques (2) ;

couronne est donc la même que chez les Trochosphères des Bryozoaires, mais avec perturbation dans la symétrie, à la suite de laquelle les deux pôles se rapprochent l'un de l'autre ; ces résultats, bien qu'encore incertains peut-être, à cause de la valeur douteuse du point de repère (globules polaires), n'en possèdent pas moins un très-haut intérêt, et méritent en tous points d'attirer l'attention. — Je crois, de mon côté, d'après l'extrême régularité de la segmentation chez les Bryozoaires, que mes deux pôles oral et aboral correspondent chez la larve, aux deux pôles visibles dès le stade huit, et qui correspondent aux pôles nutritif et formateur des embryons de Ptéropodes.

(1) Voyez : Ray Lankester (Gastéropodes), H. Fol (Ptéropodes), Löven (Lamellibranches.)

(2) L'établissement de la Trochosphère comme forme primitive du groupe des Mollusques me semble être trop bien établie pour qu'on puisse considérer la Calyptrée comme autre chose qu'une forme abrégée, et du moment où il en est ainsi, cette dernière ne peut plus être considérée comme dérivant d'un groupe étranger ; il n'y a du reste pas plus de

il est fort probable que cette forme du Brachion ne représente au contraire qu'une forme abrégée (1) et, que l'on peut espérer rencontrer des espèces de Rotifères nous présentant un état de Trochosphère : c'est de la recherche de cette forme que dépend désormais la détermination des affinités des Bryozoaires : si l'état de Trochosphère n'existait pas chez les Rotifères, on serait forcé de considérer les Bryozoaires comme dérivés des Brachiopodes par accentuation de l'état des Terebratules et Terebratulines.

A force de tentatives de rapprochement, on était arrivé dans ces derniers temps, à comparer les Bryozoaires à presque tous les groupes du règne animal : en dehors des Brachiopodes (Agassiz) et des Rotifères (Nitsche) pour lesquels on avait déjà invoqué des ressemblances tirées de l'anatomie, on avait trouvé des rapprochements non moins solides en apparence, avec les Ascidies (auteurs), les Lamellibranches (Allmann), les Cœlentérés (Nitsche, Reichert), les Echinodermes (Metschnikoff) et les Géphyriens (Phoronis) (2) ; nous voyons, qu'au milieu de cette quantité de rapprochements, deux seulement sont soutenables d'après l'embryogénie : ces deux derniers (avec les Brachiopodes et les Rotifères) s'appuient sur les relations générales de la Trochosphère, aussi bien que sur des relations particulières à chacun des groupes ; quant à savoir au juste de laquelle de ces deux classes les Bryozoaires se rapprochent le plus, nous ne pourrons le dire d'une manière certaine qu'à la suite d'études plus

---

raisons pour croire aux relations entre ces deux formes du Brachion et de la Calyptrée, qu'entre les embryons de Nephelis et de Purpura, les Planules des Nemertes et des Cœlentérés, etc. — Toutes ne sont probablement que des ressemblances adaptatives, produites par abréviation du développement.

(1) La naissance simultanée des différents appendices au pourtour d'une dépression qui figure la face ventrale, semble être de règle chez les Arthropodes dans les cas abrégés ; il est probable que la Calyptrée et le Brachion représentent des cas analogues ; ils n'ont de commun que cette naissance simultanée des différents appendices (velum, pied, etc.) autour d'une dépression de la face ventrale.

(2) La ressemblance de la Phoronis et des Bryozoaires, n'est pas confirmée par l'embryogénie ; le développement de cette forme étrange ne peut guère se comparer qu'à celui des Annélides et des Géphyriens.

approfondies sur l'embryogénie des Rotifères : la ressemblance générale des larves d'Entoproctes avec ces derniers, me porte cependant à conclure plutôt à une réunion plus intime avec eux (1).

Je profite de l'occasion que fait naître la comparaison des différentes Trochosphères des fig. 2, 3, 4, etc., pour ajouter ici seulement quelques mots sur les caractères de cette forme importante : jusqu'ici elle n'a été caractérisée que par la présence de la couronne ciliaire ; il me semble qu'on pourrait aussi y ajouter le mode de naissance de la musculature : chez les cinq types représentés dans les schémas 1, 2, 3, 4, 5, la musculature apparaît toujours sous forme d'une masse volumineuse occupant toute la partie postérieure de l'embryon ; chez les Bryozoaires, c'est la masse aborale, chez les Mollusques, le pied, chez les Brachiopodes, les muscles du pédoncule, et chez les Annélides, la ligne primitive, qui constituent cette masse musculaire primitive, comprise entre la bouche et l'extrémité du corps. Les Rotifères montrent également des muscles plus volumineux vers leur partie caudale ; mais l'absence de documents embryologiques suffisants nous empêche de rien dire de certain sur ce groupe. Dans certains cas, l'homologie entre ces masses musculaires apparaît d'une manière tout-à-fait probable, par exemple entre le pied des Mollusques et la bande primitive des Annélides, pour lesquels nous avons le Chiton comme terme du passage ; elle est moins visible pour les autres types, et aurait besoin d'être mise en lumière ; on les voit chez les Brachiopodes et les Sagitta, naître de diverticulums du feuillet interne (entérocœle) ; la chose n'a pas été encore constatée chez les autres groupes. J'ai voulu attirer l'attention ici sur la possibilité de ces homologies, à cause des lumières que leur démonstration jetterait sur les affinités de ces différents types ; il y a là un point de repère encore plus précieux et plus significatif que la couronne ciliaire, et qu'il importe beaucoup de ne pas négliger.

---

(1) La ressemblance avec les Brachiopodes ne serait alors que le résultat d'un simple parallélisme ; nous voyons en effet, que pour cette classe, la division primitive en faces ventrale et dorsale fait place de nouveau à la division en faces orale et aborale ; c'est ce retour à l'ancienne disposition qui correspond à ce que Morse a appelé la *Céphalisation*, et c'est probablement là ce qui cause la ressemblance avec les Bryozoaires.

EXPLICATION DES PLANCHES

LETTRES COMMUNES

S   Face orale ou du vestibule.
I   — aborale.
A   — antérieure.
P   — postérieure.
L   — latérale.
C   Couronne.
ph   Pharynx.
œ   Œsophage.
R   Rectum.
est   Estomac.
o   Bouche de la gastrula.
end   Endoderme.
ex   Exoderme.
ms   Mésoderme oral (labial).
mi   Mésoderme aboral.
z   Zone anhiste externe de l'animal primitif.
cc   Cavité de segmentation, ou cavité du corps.
CD   Cavité digestive.
pol   Rudiment de polypide.
en   Endocyste.
ect   Ectocyste.
y   Globules graisseux disséminés des stades qui suivent la fixation.

gr   Masses formées par la réunion de ces mêmes globules.
oc   Points oculiformes.
fl   Flagellums.
pl   Plumet ciliaire.
vt   Bouton terminal du corps (ventouse).
V   Organe interne de la ventouse (fossette adhésive ?).
sb   Sillon de séparation en masse aborale et face évasée (Alcyonidium, Vésiculaires, Cyphonautes).
si   Sillon de séparation en ventouse et portion inférieure de la face aborale (Escharines).
RM   Point de largeur, maximum de la masse aborale.
RV   Point de largeur, maximum de la ventouse (bord de la ventouse).
r   Gros rétracteurs.
pr   Pariétaux.
pg   Pariétaux vaginaux.
sp   Epines des loges.
tent   Tentacules.
ol   Ouverture de la loge.
vg   Gaine tentaculaire.
an   Anus.

LETTRES SPÉCIALES

1. — ENTOPROCTES (pl· 1. 2.)

vt
va
bl ou *bi* (*Loxosoma*) — Organes tactiles spéciaux des larves d'Entoproctes.

mo
mbl — Masses musculaires servant de soutien à ces organes et résultant de la division du mésoderme labial.

f — Fente semi-circulaire causant la division de la masse *bl*.

sph — Bord antérieur contractile de la face aborale.

ov — Ouverture du vestibule.

v — Vestibule.

ped — Masse à cellules fusiformes (funicule?) du pédoncule (Pédicelline).

gi — Masse obscure de la base (peut-être rudiment de la glande du pied ?).

2. — CYCLOSTOMES (pl. 3. 4.)

mt — Manteau.

cm — Cavité du manteau.

cy — Paroi du cystide.

pl — Plaque basilaire de la loge primitive.

T — Tube tentaculaire de la loge primitive.

D — Disque terminal du tube tentaculaire.

3. — ALCYONIDIUM (pl. 5. 6.)

G — Cercle de deutoplasme de la couronne ciliaire.

mp — Pigment du pharynx.

ma — Pigment de l'estomac (se concentrant vers l'anus).

4. — ESCHARINES (pl. 7. 8. 9).

ce — Portion obscure de cavité du corps comprise entre les deux branches de l'estomac (intestin de Repiachoff?)

5. — CELLULARINES ET VÉSICULAIRES (pl. 10. 11.)

si (*sb* pour les Vésiculaires). — Cavité comprise entre la couronne et la face aborale.

cs — Cavité comprise entre la couronne et la face orale.

op — Ouverture de cette dernière cavité à l'extérieur.

6. — CYPHONAUTES (pl. 12. 13. 14. 15.)

cm — Portion triangulaire de cavité du corps comprise entre la masse graisseuse *mi*, le pharynx, et l'estomac.

cœ — Diverticulum latéral de la cavité *ce* du Cyphonautes compressus.

h — Portion chargée d'éléments (hépatiques?) située sous l'organe enigmatique de Schneider.

coq — Coquille.

of — Rudiment commun de la bouche et de la fossette du plumet.

f — Fossette du plumet.

T — Tube tentaculaire.

7. — BOURGEONNEMENT.-LOXOSOMA (pl. 16).

vg — Portion principale de la gaine tentaculaire, recouvrant directement la plaque basilaire.

vg' — Portion libre débordant en avant la plaque basilaire.

gl — Glande du pied de Loxosoma.

PL. 1. — LOXOSOMA SINGULARE, Gross. 160 diam.

(fig. 1 à 14 faces antérieure et postétieure, 15 à 22 faces latérales.)

1	Stade huit.
2,3	Gastrula.
4 5,15 6,16	Transformation de la gastrula en embryon.
7	Embryon formé.
8,17 9,10,11 12,18 13	Perfectionnement de l'embryon.
14,19,20,21,22	Larve libre.

---

1. — Stade huit.

2, 3. — Blastula avancée, montrant la division en faces orale S et aborale I séparées par la couronne C; la dernière montrant déjà une faible dépression qui représente l'invagination de la Gastrula.

4,5,6. — Représentent, ainsi que les Schémas A et B, page 13, l'approfondissement de l'invagination du centre de la face orale (Gastrula) avec l'enroulement général qui en est la suite, de l'embryon de dehors en dedans; les différentes divisions (sphincter, couronne, face orale etc.) arrivent ainsi à leur place définitive (comparez avec les Schémas du texte) et l'embryon est formé.

7. — Face postérieure : montre le renflement du Sphincter en un épais bourrelet, et l'apparition des cils sur la couronne; on y voit de même que sur les fig. 8 et 9 le soulèvement graduel de la masse $m\,o$ (fig. 18) en bourrelet annulaire.

10 à 14 Montrent la transformation graduelle de ce bourrelet annulaire en écusson va.

10 et 11	Face postérieure, 10 vue un peu d'en haut — — 11 vue un peu d'en bas.
12 13	Face antérieure.
14	Larve libre, vue de devant.

15. — Montre le pincement du tube digestif, et le début de l'incurvation de l'embryon.

16. — Montre la forme semi-circulaire de la cavité du corps. Après ces phénomènes, cette cavité contient un mésoderme ms, mi qui paraît continu.

17, 17. — Montrent la division de ce mésoderme en trois rudiments : mbl, mo, mi et la différenciation de ces trois rudiments : la première mbl, par apparition à son intérieur, d'une fente qui la divise en deux parties différentes mb et ml qui servent de base aux organes b et i (fig. 21). La seconde mo qui fait saillie de manière à former un bourrelet semi-circulaire fig. 9 va qui se recourbe bientôt pour former l'écusson, la troisième mi autour de laquelle l'extrémité du corps s'effile en une pointe qui porte la touffe de poils raides.

19, 20, 21, 22. — Larve libre, à différents états de contraction : 19 est le maximum de retrait ; 22, le maximum d'extension ; 21 représente la larve en train de nager.

PL. 2. — PEDICELLINA ECHINATA

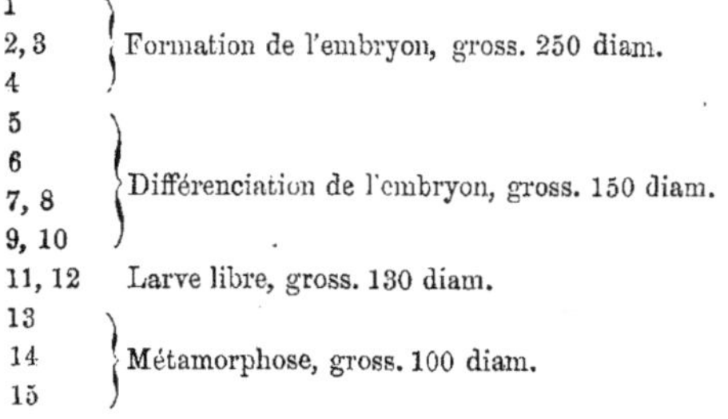

1	
2, 3	Formation de l'embryon, gross. 250 diam.
4	
5	
6	
7, 8	Différenciation de l'embryon, gross. 150 diam.
9, 10	
11, 12	Larve libre, gross. 130 diam.
13	
14	Métamorphose, gross. 100 diam.
15	

1. — Blastula, composée de deux moitiés distinctes (orale et aborale) séparées l'une de l'autre par la couronne C, mais encore égales.

2, 3. — Gastrula après la naissance des deux rudiments ms et mi du feuillet moyen, et la division de la masse endodermique, en œsophage et rectum. La couronne, non apparente à ce stade doit occuper la place de la lettre C, c'est un stade qui correspond à l'état du Schéma B page 13.

4. — Division de l'embryon en trois segments représentant : le 1er la face orale avec la couronne, les deux autres, la face aborale. — Les deux branches de l'intestin se prolongent de chaque côté de la masse ms.

5. — Stade immédiatement postérieur à la différenciation histologique, figuré pendant le retrait : la masse mi est venue se mettre en relation avec l'épiderme, en va, et les deux branches de l'intestin avec la peau du vestibule.

6 à 12. — Montrent la fusion graduelle des deux segments postérieurs en un vaste sac irrégulièrement plissé, et la différenciation de la masse mi.

6. — Apparition de la fente f dans la masse mi.

7, 8. — Embryons en retrait et en extension, montrant l'ouverture de la fente f à l'extérieur, et la division de la masse mi en deux portions.

9, 10. — Embryon à ses deux états d'extension et de retrait, pendant le stade d'affaissement de la face orale tout autour de l'organe central bl.

11, 12. — Larve libre, en retrait et en extension.

13. — Embryon plusieurs heures après la fixation.

14. — Stade plus avancé montrant déjà le rudiment de polypide.

15. — Individu primitif avant le bourgeonnement.

PL. 3 et 4 EMBRYOGÉNIE DE LA PHALANGELLA FLABELLATA

1		
2		
3		
4		
5		
6	}Formation de la gastrula, 1 à 6 gr. 300, reste 160.	
7		
8		
9		
10, 11		
12, 13		
14		
15		
16	}Formation du manteau.	
17		
18, 19		
20, 24	Larves libres.	
25		
26		
27		
28	}Métamorphose.	
29		
30		
31		
32		1 bourgeon.
33, 34, 35		2 bourgeons.
36, 37	}Bourgeonnement. . . . . .{	3 bourgeons.
38, 39		7 bourgeons (stade Idmonée).
40, 41, 42		13 bourgeons.

Fig. 25 à 30 gr. 110—31 à 35 gr. 80—36 à 39 gr. 40—40 à 41 gr. 20.

1. — Grosse cellule (œuf?) observée dans un ovicelle, et encore adhérente à son ectocyste; à côté, en 1' un corpuscule de l'endocyste du même ovicelle, dessiné au même grossissement.

2. — Corpuscule analogue divisé en deux, encore adhérent à l'endocyste.

3, 4. — Morula.

5, 6. — Apparition et accroissement de la cavité de segmentation.

7. — Blastula.

8, 9, 10, 11, 12, 13. — Gastrula aux différents stades de sa formation.

14. — Apparition du renflement moyen qui représente la couronne.

15. 16. — Développement de ce renflement, qui, de plus rapproché de la face orale (fig. 14) devient moyen (fig. 15) puis plus rapproché de la face aborale (fig. 16) : — les mêmes figures montrent la formation du mésoderme *mi* entre la face aborale et la paroi postérieure de l'intestin.

17. — Commencement de l'incurvation du renflement *C* pour former le manteau : — continuation du développement du feuillet moyen.

18. — Commencement du rétrécissement de l'embryon, amenant la saillie de plus en plus forte de la masse mésodermique et du manteau *C*.

19. — Aspect extérieur du même stade.

20. — Larve libre (coupe optique).

21. — Larve libre (aspect général).

22 à 24. — Larve libre de Crisia Eburnea.

22 De profil.

23 Pôle oral : *1* bouche, *2* portion de la peau qui recouvre l'intestin, *3* portion externe de la peau.

24 Pôle aboral : *1* ouverture du vestibule, *2* portion du manteau qui la recouvre, 3 portion externe du manteau.

25. — Premier stade de la fixation, composé d'une masse interne pyriforme et d'une couche externe étalée sur les bords et suivant tous les contours de la masse interne : — entre les deux se trouvent des globules-graisseux.

26. — La couche externe a quitté la masse interne pour se différencier en un sac discoïde dans lequel on peut déjà distinguer l'endocyste, l'ectocyste, et la zone anhiste *z* : à l'intérieur se voient les globules-graisseux, et la masse pyriforme, où on commence à reconnaître le rudiment de polypide.

27. — Même stade plus avancé : un peu au-delà du centre s'est formée la plaque discoïde D exhaussée par un soulèvement tubulaire de la peau.

28. — Le soulèvement de la peau au-dessous du disque D a donné naissance à un long tube T (tube tentaculaire) considérablement élargi : le disque D est passé de la disposition horizontale à la verticale par suite de l'accroissement inégal des deux faces du tube, et commence à se percer d'une ouverture (ouverture de la loge). Le rudiment de polypide commence à acquérir sa structure définitive.

29. — L'ectocyste s'est fort épaissi et s'est de plus formé, sur le tube tentaculaire ; les globules-graisseux se sont condensés en deux masses gr.

30. — Le tube tentaculaire commence à montrer un bourgeon sur la face inférieure : le polypide est achevé et la zone z s'est flétrie.

31. — Loge primitive à tube tentaculaire plus développé.

32. — Loge primitive achevée avec bourgeon inférieur 1.

33, 34, 35. — Division du bourgeon inférieur en deux loges juxtaposées (1. 1.) ; vues de profil, de dessus et de dessous.

36, 37. — Division de chacune des loges 1 en deux loges superposées 1, 2 : celle de droite n'est pas complètement achevée.

38. — Division de la loge 2 en deux nouvelles 2, 3 (stade Idmoné) : apparition entre les loges 1 d'une nouvelle loge 4 produite par bourgeonnement latéral.

39. — Même stade montrant la disposition échelonnée des loges 0, 1, 2, 3.

40, 41. — Jeune cormus plus avancé : entre les loges 2 et 4 s'est formée de chaque côté, par bourgeonnement latéral des loges 2, une nouvelle loge 5 : chacune des loges 4, 5. 5 s'est ensuite dédoublée (fig. 41) en deux loges juxtaposées 6. 6 — 7. 7, 7. 7, situées au-dessous.

42. — Amas des loges rudimentaires de la fig. 41 vue de face : on voit qu'à gauche il y a une petite irrégularité, l'une des deux loges 7 ayant été formée par la loge 2 au lieu de la loge 5 : on voit de plus, qu'une des deux loges 3 fait défaut.

PL. 5 ET 6 ALCYONIDIUM MYTILI

fig. 1 à 17 gr. 140.

<pre>
1
2, 9, 13
3, 14
4, 10   } De l'œuf jusqu'à la délamination des éléments mésodermiques.
5
6, 11, 15
7, 16
8,12,17,18   } Délamination du mésoderme.
19, 20, 21, 22, 23 Larve libre gr. 150. — fig. 23 gr. 80.
24
25   } Métamorphose fig. 24 gr. 80, — fig. 25 gr. 70.
26
27   } Bourgeonnement gr. 70.
28
</pre>

---

1. — Stade huit, montrant l'égalité des deux moitiés de l'œuf.

2. — Blastula (stade 16) : la moitié inférieure est devenue plus volumineuse, et se trouve divisée en quatre cellules centrales (face orale) et 12 périphériques (couronne) tandis que la supérieure forme toute entière la face aborale.

3. Gastrula : les 16 cellules de la face aborale et les 4 de la face orale se sont segmentées en un nombre indéfini, la seconde s'est invaginée : la différence de taille entre les deux moitiés est de plus en plus sensible.

4. — Aplatissement général de l'embryon : la grosse moitié (face orale et couronne) commence à déborder au-dessus de la petite (aborale).

5. — Continuation du même processus : la grosse moitié a pris une forme évasée, la petite, celle d'une masse arrondie qui fait saillie en dehors.

6. — Formation de la ventouse par aplatissement de la masse aborale dont le point de largeur maximum s'accuse en une crête aigue.

7, 8. — Changement général de forme occasionné à ce stade par l'accroissement de cavité du corps qui accompagne la différenciation histologique, la disposition générale restant d'ailleurs la même.

9. — Embryon vu par la face aborale peu après le stade 32, pour montrer la continuation du mode de segmentation par sillons parallèles.

10, 11, 12. — Embryons vus de dessus, montrant la transformation de la masse aborale en ventouse et les phénomènes de différenciation qui se passent à son intérieur.

13. — Stade 32 vu par la face orale.

14. — Gastrula vue par la face orale, montrant la place et l'étendue de l'invagination.

15. — Embryon déjà bien formé, mais avant la séparation des éléments deutoplasmiques.

16. — Embryon après la séparation des éléments deutoplasmiques.

17. — Commencement de la réduction du cercle de deutoplasme (mésoderme) de la face orale.

18. — Stade de la fig. 8 vu de profil pour bien montrer l'ensemble des organes internes et externes, et la disposition des deux faces orale et aborale à cette époque.

19   de devant.
20   de profil.
21   Larve libre . . . . . . par la face orale.
22   par la face aborale.

23. — Larve libre en retrait.

24. — Premier stade de la fixation, montrant le commencement de la dégénérescence des organes internes et de la fusion des différentes divisions de la peau en un sac continu (la couronne et une partie de la face aborale sont confondues en une large zone moyenne).

25. — Second stade : la peau forme un sac continu à endocyste et

ectocyste, contenant la masse des globules graisseux (réunion des feuillets interne et moyen) provenant de la dégénérescence des organes internes, et présentant de plus le rudiment de polypide.

26. — La loge primitive *o* complètement achevée, a donné naissance à un bourgeon 1 qui, lui-même, a émis deux bourgeons latéraux 2. 2.

27. — Les bourgeons latéraux 2 ont donné naissance aux bourgeons 3, et ces derniers aux bourgeons 4 : l'ensemble de ces sept bourgeons commence à entourer la loge primitive (le cormus est vu par la face inférieure).

28. — Autre cormus vu par la face supérieure : les bourgeons 4 se sont rejoints au-dessus de la loge primitive, et commencent déjà à se diviser pour former les loges 5, 5 ; tout le pourtour du disque formé par les neuf bourgeons 1 à 5 constitue dès lors un bord d'accroissement à l'aide duquel le cormus s'accroît suivant le mode ordinaire.

PL. 7 ET 8 (ESCHARINES, FLUSTRA, CELLEPORA)

	9, 13, 20, 17 Larve libre.
	2
Lepralia Pallasiana.	5
	3 Métamorphose gr. 50.
	1
	7, 4, 6 Larve libre.
Lepralia Ciliata.	15
	19 Métamorphose.
	18 Embryon.
Lepralia Spirifera.	8, 10, 11 Larve libre.
	21 Métamorphose.
Porella Lœvis.	12 Larve libre.
	16 Métamorphose.
Lepralia.	14 Larve libre péchée au filet.
	22
	23, 24, 31 Embryons gr. 90.
Discopora Coccinea.	28, 25, 26 Larve libre.
	40 Loge primitive.

36

Lepralia Unicornis	{ 30, 33, 35 Larve libre. / 37 Loge primitive.
Membranipora Nitida.	32, 27, 29 Larve libre.
Cellepora Pumicosa.	34, 38, 39 Larve libre.
Flustra Foliacea.	36 Embryon.

1. — (Lepr. Pall.) Loge primitive (4e stade) complète, avec bourgeon apical 1.

2. — (id.) Premier stade de la métamorphose vu de profil montrant l'ectocyste cellulaire et la disposition de la masse interne s'éclaircissant au centre pour former le polypide.

3. — (id.) 3e stade de la métamorphose : la loge a déjà pris sa forme définitive, mais le polypide ne possède encore que l'œsophage et le rectum, entre lesquels se trouve, conformément aux observations de Repiachoff, le reste de la masse graisseuse.

4. — (Lepralia Ciliata) larve libre vue par la face orale, montrant les gros éléments radiaires du mésoderme oral $gr = 100$.

5. — (Lepr. Pall.) 2me stade de la métamorphose montrant l'apparition du rudiment de polypide *pol* au milieu de la masse graisseuse.

6. — (Lepr. Cil.) larve libre : face aborale, montrant l'aspect radiaire de la ventouse, et la fossette adhésive ? *v.* — $gr = 100$.

7. — (Lepr. Cil.) de profil. $gr = 150$.

8. — (Lepr. Spinifera) larve libre montrant les gros éléments glanduleux? du mésoderme oral, et le développement de la dépression *ce.* $gr = 150$.

9. — (Lepr. Pallas.) larve libre montrant le mésoderme oral sous forme d'une bande de taches pigmentaires, et la dépression *ce* qui porte une tache pigmentaire rouge. — $gr = 159$.

10. — (Lepr. Spinifera) larve libre par la face orale montrant encore les gros éléments du mésoderme oral, et le développement de la dépression *ce* cachant en partie la cavité digestive. — $gr = 100$.

11. — (Lepr. Spinifera) face aborale. — $gr = 100$.

12. — (Porella Lœvis) larve libre de profil : la larve est représentée,

ainsi que celle de la fig. 14, à un état d'extension moindre que les précédentes, c'est ce qui est cause de leur forme arrondie et de la hauteur de
la couronne; le mésoderme oral se présente sous forme de granules
pigmentaires diffus. — $gr = 150$.

13. — (Lepr. Pall.) larve libre vue par la face orale, montrant la disposition de la bande pigmentaire, de la dépression *ce*, de la cavité digestive *CD*, et enfin des cils : (trois paires de flagellums comme dans les
fig. 6, 10, etc.). — $gr = 100$.

14. — Lepralia......... larve libre trouvée à St-Waast-la-Hougue.
$gr = 150$.

15. — (Lepr. Ciliata) larve fixée d'une manière un peu anormale par
dévagination de la fossette adhésive, mais montrant néanmoins les mêmes
modifications essentielles que le stade fig. 24 de l'Alcyonidium. $gr = 60$.

16. — Porella Lœvis : loge primitive presque complète : *Pol.* polypide
g, masse graisseuse.

17. — (Lepr. Pall.) larve libre vue de derrière. — gr 50.

18. — (Lepr. Spinif.) embryon encore peu avancé, à un stade correspondant au stade fig. 5, pl. 5 de l'Alcyonidium, montrant l'aspect uniform-
mément arrondi, et l'absence de toute prédominence d'une moitié de
l'œuf sur l'autre. — $gr = 70$.

19. — (Lepr. Ciliata) métamorphose (*pol* polypide, *g*, masse graisseuse).
$gr = 50$.

20. — (Lepr. Pall.) larve libre vue par la face aborale. — $gr = 100$.

21. — (Lepr. Spinif.) stade postérieur à la fixation, avant l'apparition
du rudiment de polypide : *g* masse graisseuse. — *end* endocyste. — $gr = 50$.

22. — (Disc. Cocc.) embryon encore jeune, vu par la face aborale.

23. —   Id.   embryon plus âgé (correspondant au stade fig. 5,
6 de l'Alcyonidium) déjà entièrement constitué, mais ne montrant aucune
trace de sillon *sb*. Le Deutoplasme est encore uniformément réparti.

24. — Même stade vu par la face aborale : (la ventouse porte déjà
ses stries).

25. — (Disc. Cocc.) larve libre vue par la face orale. — $gr = 100$.

26. —   Id.   larve libre vue par la face aborale. — $gr = 100$.

27. — (Membranip. Nitida) larve libre vue par la face orale.— $gr = 150$.

28. — (Disc. Coccinea) larve libre vue de profil — montre la disposition légèrement étalée de la couronne, et la taille relativement petite de la ventouse. — $gr = 150$.

29. — (Memb. Nitida) larve libre vue par la face aborale : on voit les éléments (cellulaires?) du bord de la ventouse, qui portent les poils raides. $gr = 150$.

30. — (Lepr. unicornis) larve libre. — $gr = 150$.

31. — (Disc. Coccinea) même embryon qu'à la fig. 23, vu par la face orale.

32. — (Membr. Nitida) larve libre, de profil. — $gr = 200$.

33. — (Lepr. unicornis) larve libre par la face orale : montre les stries rayonnantes (de signification inconnue) qui partent de la cavité digestive.— $gr = 100$.

34. (Cellepora Pumicosa) larve libre, montrant la réduction de la ventouse, l'extension de la couronne, avec disparition des cils remplacés par un revêtement général de cils plus courts, et enfin, l'aplatissement de la face orale. — $gr = 150$.

35. — (Lepr. unicornis) larve libre vue par la face aborale.— $gr = 100$.

36. — (Flustra foliocea) : embryon, au même stade qu'à la fig. 23, mais ressemblant beaucoup plus aux embryons de Cellularines. — $gr = 112$.

37. — (Lepr. unicornis) loge primitive complète, avec bourgeon apical 1, et deux latéraux 1', 1'. — $gr = 70$.

38. — (Cellep. Pumic.) larve libre vue par la face orale, montrant l'épaisse bande du mésoderme oral, et au milieu une petite portion libre de l'estomac. — $gr = 100$.

39. — (Cellep. Pumic.) vue par la face aborale, montre l'aspect de la ventouse, et la structure épithéliale de l'estomac. — $gr = 100$.

40. — (Disc. Coccinea) loge primitive. — $gr = 70$.

PL. 9. (MOLLIA).

Mollia granifera, 1, 2 3, Larve libre.

Mollia Hyalina.
4, 5, 6 Larve libre.
7
8 } Métamorphose.
9, 10
11, 12
13
14 Bourgeonnement.
15
16
17

1. — (Moll. Granif.) larve libre, de profil, analogue à celle de l'Hyalina, mais à ventouse encore munie de stries. — $gr = 150$.

2. — La même vue par la face aborale, montrant la disposition des stries de la ventouse. — $gr = 125$.

3. — La même vue par la face orale, montrant que la forme générale de l'estomac est analogue à celle de la M. hyalina. — $gr = 125$.

4. — Moll. hyalina, larve libre. — $gr = 150$.

5. — La même, face orale, montrant la structure singulière de l'estomac.

6. — La même, face aborale, montrant la simplicité de structure de la ventouse. — $gr = 125$.

7. — Même espèce : premier stade de la métamorphose, avant l'apparition de l'incrustation calcaire; le rudiment de polypide existe déjà : les globules graisseux sont fort peu abondants. — $gr = 125$.

8. — Même, plus avancé : l'ectocyste est visible. — $gr = 125$.

9. — Loge primitive complète, portant à droite un bourgeon latéral. $gr = 120$.

10. --- Autre exemplaire un peu plus développés. — $gr = 70$.

11. --- Stade ultérieur au stade fig. 9, dans lequel le bourgeon 1 s'est divisé par une cloison longitudinale, en deux loges juxtaposées : à gauche se voit le rudiment du bourgeon latéral de gauche, qui a avorté. — $gr = 120$.

12. — Stade plus avancé: le bourgeon 1ª s'est étalé de manière à former les expansions 2, 2ª qui donneront naissance à de nouveaux bourgeons. $gr = 100$.

13. — Les bourgeons 1, 1ª. 2, 2ª sont tous arrivés à leur taille définitive et ont donné naissance aux expansions 3, 3ª, 3ᵇ, 3ᶜ. — $gr = 70$.

14. — Les expansions 3, 3ª, 3ᵇ, 3ᶜ se sont développées et ont donné naissance aux expansions 4, 4ª, 4ᵇ etc. — $gr = 70$.

15. — Les expansions 1 se sont développées à leur tour et ont donné naissance à une nouvelle zone 5 de plus en plus nombreuse. — $gr = 60$.

16. — Stade plus avancé commençant à s'étaler en éventail. — $gr = 60$.

17. — Les deux extrémités de l'éventail se rejoignent du côté opposé de manière à entourer la loge primitive, et à donner naissance à une plaque discoïde qui s'accroît ensuite régulièrement par les bords. — $gr = 20$.

PL. 10. (CELLULARINES).

Bicellaria ciliata.	6, 7, 10,	Larve libre.
Scrupocellaria Scruposa.	4 / 2	Embryons.
	8	Larve libre.
Canda Reptans.	5	Embryon.
	11, 1, 3	Larve libre.
	14 / 16	Métamorphose
Bugula Plumosa.	9, 17,	Larve libre.
Bugula Flabellata.	13, 19,	Larve libre.
	18 / 12 / 15	Métamorphose.

1. — (Canda reptans) larve libre : face orale, montrant la dépression *ce* et les grosses cellules *op*. — $gr = 150$.

2. — (Scrup. scrup.) embryon au même stade que celui fig. 28 pl. 8 du Discopora, montrant l'extension plus grande de la couronne. — Cette figure de même que les suivantes, montre la netteté de la couronne chez les Cellularines, pendant les stades embryonnaires. — $gr = 140$.

3. — (Canda Reptans) face aborale. — $gr = 150$.

4. — (Scrup. Scrup.) face aborale, avant l'apparition du sillon *si* producteur de la ventouse, et à cellules de la couronne encore volumineuses. — $gr = 140$.

5. — Embryon de C. reptans, à un stade analogue à celui de la fig. 2, montrant la position des taches pigmentaires rouges sur la couronne. $gr — 140$.

6. — (Bicell Ciliata) de profil, montre comme toutes les autres, la disposition de la ventouse enfermée dans une espèce de gaine, et la largeur de la zone moyenne du corps constituée par la couronne. — Les deux paires de flagellums sont encore visibles.— $gr = 200$.

7. — Même larve : face aborale (on voit que la ventouse est située plus en avant). — $gr = 125$.

8. — (Scrup. Scruposa) de profil : même disposition que dans la larve de Bicellaria, mais plus écartée encore de celle des Escharines. — On y voit les limites des cellules de la couronne : les paires de flagellums sont remplacées par des touffes de flagellums plus petits, et des tiges cristallines. — Dans toutes les larves, le mésoderme oral paraît manquer, mais le mésoderme aboral *mi* est toujours visible. — $gr = 200$.

9. — Larve de Bugula plumosa (de profil). montre les limites exactes des cellules de la couronne, qui s'est allongée de l'ouverture *op* jusqu'au bord de la gaine de la ventouse, pour constituer toute la peau externe. — Le changement général de symétrie (faces orale et aborale remplacées par des faces antérieure et postérieure) commence à être bien sensible. $gr = 200$.

10. — (Bic. Cil.) larve libre : face orale : montre les gros éléments (cellulaires ?) *op*. — $gr = 125$.

11. — (Canda Reptans) de profil : même structure à peu de chose près que les larves précédentes. — $gr = 200$.

12. — (Bugula Flabellata) second stade de la fixation, montrant l'apparition du rudiment de polypide en avant de la masse graisseuse, et celle d'une masse de fibres musculaires (gros rétracteurs ?) entre ce dernier et l'extrémité de l'endocyste.— $gr = 80$.

13. — Même espèce, larve libre : montre le changement de symétrie effectué d'une manière complète. Outre les éléments radiaires (cellules ? Nitsche) de la ventouse, qui existent chez toutes les larves de Cellularines, on voit que sa gaîne est entourée de même que l'ouverture *op*, d'éléments spéciaux (sphères pédonculés) qui sont, d'après moi, les extrémités des cellules de la couronne. Les poils raides de la ventouse sont bifurqués, et des cinq paires de taches pigmentaires, trois sont presque imperceptibles. — $gr = 200$.

14. — (Canda Reptans) premier stade observé de la métamorphose. *R* racines. 1 bourgeon primitif. *P* saillie servant à mainteuir l'adhérence. *OL* aire buccale. — $gr = 70$.

15. — (Bug. Flab.) 3me stade de la métamorphose (stade en massue) analogue au stade de la fig. 12, mais plus développé. — $gr = 80$.

16. — (Canda Reptans) : loge primitive : même lettres que fig. 14 : des épines sont apparues autour de l'aire buccale. — $gr = 70$.

17. — (Bug. Plumosa) larve libre : face antérieure, commencement de la diffluence, montrant l'ouverture *op* qui se prolonge en une bande obscure *ci* de chaque côté de l'estomac. — $gr = 150$.

18. — (Bug. Flab.) premier stade de la métamorphose, avant l'apparition du rudiment de polypide. — $gr = 80$

19. — (Bug. Flab.) face antérieure, montrant les éléments sphériques, pédonculés, des extrémités du corps. — $gr = 150$.

PL. 11. (VÉSICULAIRES), gr. 160.

Vesicularia Cuscuta.
- 1
- 2, 3
- 4, 5
- 6, 7, 8 } Embryons.
- 9, 10
- 11, 12, 13 Larve libre.
- 14 Après fixation.

Serialaria Lendigera.
- 15 Embryon.
- 16, 17, 18, 19, 20 Larve libre.
- 21
- 22 } Loge primitive.

1. — (Vés. Cusc.) stade huit : les quatre sphères inférieures sont plus grosses que les supérieures.

2. 3. — Stade 16 de face, et de profil.

4, 5. — Stade 32 : faces orale et aborale : la seconde beaucoup plus petite.

6. — Stade comparable au stade fig, 4, 5 de l'Alcyonidium, peu après la Gastrula, montrant le commencement d'enfoncement de la face aborale dans l'espace circonscrit par la couronne déjà accrue en hauteur et à éléments nombreux.

7. — Même embryon vu par le pôle aboral.

8. — Même embryon vu de devant et en dessous, pour montrer la bouche.

9. — Stade correspondant au stade fig. 6 de l'Alcyonidium : on voit la couronne, très-haute et déjà ciliée, faire une saillie considérable au-dessus de la face aborale, et commencer à s'étaler sur la face orale.

10. — Même stade vu par la face aborale.

11. — Larve libre vue de devant : la couronne s'est étalée sur toute la surface, de manière à former une espèce d'étui à chaque extrémité duquel fait saillie une partie des faces orale et aborale ; au milieu on voit la fente buccale non recouverte par la couronne ; la ventouse, formée seulement à ce stade, porte des poils raides.

12. — Même larve ; face aborale, montrant la structure de la ventouse, limitée de tous côtés par la couronne ornée d'une bande pigmentaire blanche. — 1, 2, 3 zones successives produites par la ventouse, la portion de couronne qui la recouvre, et la portion de couronne située en dehors.

13. — Même larve : face orale, montrant la cavité digestive CD avec la fente buccale qui vient se perdre au-dessus. — 1, 2, 3, indiquent la portion libre de face orale, la portion de couronne (ornée de pigment blanc) qui la recouvre, et la portion de couronne située en dehors.

14. — Stade peu avancé de la métamorphose, présentant un ectocyste gélatineux, une masse graisseuse très-abondante, et un rudiment de polypide *pol*.

15. — Sertularia Lendigera : embryon à un stade analogue à celui de la fig. 10 de la Cuscutaire. — $gr = 70$.

16. — Larve libre de profil, montrant la même structure que la larve de Cuscutaire, avec changement de symétrie tout-à fait analogue à celui des larves de Cellularines.

17. — Même larve : aspect ordinaire de la face antérieure vue par transparence : au milieu se voit la bande pigmentaire qui appartient à la peau, en haut les deux cavités *si* qui séparent la face aborale terminée par la ventouse, de la portion de couronne qui la recouvre; en bas se voit une masse plus confuse qui correspond à la face orale renfermant l'estomac : sur toute la longueur se voit la fente buccale ciliée.

18. — Même larve ; face postérieure (la cavité *sb* a été par erreur indiquée *si*, dans cette figure et la précédente).

19. — Face antérieure un peu Schématisée pour faire comprendre la structure ; les deux branches ascendantes de l'estomac telles que je les ai représentées dans cette figure, sont souvent assez bien visibles dans les aspects ordinaires comme ceux de la fig. 17.

20. — Larve libre : pôle oral.

21. — Loge primitive, mais avant résorption complète de la masse graisseuse et apparition du pigment de l'estomac. — $gr = 50$.

22. — Loge primitive avec deux stolons. — $gr = 40$.

PL. 12, 13, 14. FLUSTRELLA HISPIDA.

(pl. 12 et 13, gr. $=$ 70. Pl. 14, gr. $=$ 60).

1
2, 22
3, 23
4, 5, 24, 32 } Formation de l'embryon.
6, 25
7

8, 26, 33
9, 15
10, 16, 27, 34
11, 17, 28, 35
12, 18, 29, 36 } Transformation de l'embryon en larve libre.
13, 19, 30
14, 20, 31, 27
21   Larve libre.
38
39
40
41
42 } Métamorphose.
43
44, 45
46
47
48, 49
50, 51
52 } Bourgeonnement.
53

---

1. — Stade 4 : de profil.

2. — Stade 8 montrant la dimension inégale de chacune des deux moitiés.

3. — Stade 16.

4, 5. — Stade 32, de côté et de devant, les cellules sont plus nombreuses dans les premières, de sorte qu'on peut déjà à ce stade, distinguer la structure bilatérale.

6 à 14 : Vues de devant.

6. — Toutes les cellules de la face aborale et les quatre grosses de la face orale se sont segmentées en un nombre indéfini tandis que celles de la couronne (12 périphériques de la grosse moitié) sont restées plus volumineuses. A ce stade l'œuf a encore une forme complètement sphérique, et ressemble à s'y méprendre à une morula ; c'est un état qui correspond d'une manière complète au stade fig. 3 de l'Alcyonidium, et représente par conséquent la Gastrula ; l'endoderme est déjà formé à son intérieur.

7. — L'embryon s'allonge, en même temps que la face aborale commence à s'enfoncer en dedans de la couronne.

8. — La face aborale a pris une forme arrondie, pédonculée, et s'est enfoncée dans la couronne (embryon à masse aborale et face évasée) c'est un stade qui correspond tout-à-fait aux fig 5-6 de l'Alcyonidium.

9. — La face évasée commence à s'incurver en dessous.

10. — Continuation du même processus, avec reploiement de la couronne au-dessus de la face orale.

11. — Le reploiement s'est accusé au point que la face orale ne fait plus aucune saillie en dehors de la couronne; la masse aborale arrondie constitue déjà la peau presque entière de l'embryon.

12, 13, 14. — L'embryon se rétrécit de plus en plus, à mesure que les deux moitiés symétriques de la couronne viennent s'appliquer l'une contre l'autre; par suite, on voit cette division en deux moitiés symétriques s'étendre graduellement à la masse aborale sur chacune des faces de laquelle apparaît alors une valve chitineuse.

15 à 21 : Vues de coté.

15. — Stade 9 vu de côté, montrant l'aspect un peu plus allongé, mais encore homogène de l'embryon.

16. — Vu de côté et en dessous, la masse interne (endoderme ?) s'est éclaircie en avant (*ph*) pour former le pharynx; vers la face orale, la bouche jusqu'ici très-peu visible s'est prolongée en une profonde échancrure *of* qui est le rudiment commun de la fente buccale et de la fossette du plumet ciliaire.

17. — La masse interne s'est écartée un peu de la couronne de manière à laisser voir par transparence un sac interne transparent *est* séparé du pharynx par une portion spéciale *cm* de cavité du corps.

18. — Continuation du même processus; la masse interne, restreinte à la partie supérieure de l'embryon se reconnait comme l'homologue de la masse du mésoderme aboral, tandis qu'au dessous se trouvent les deux divisions *ph, est* de l'intestin.

19. — Formation de la ventouse et des cils de la couronne, dissémination des globules-graisseux du mésoderme aboral, laissant voir la communication du pharynx et de l'estomac.

20. — Disparition de la cavité *cm* par rapprochement de l'intestin de la face orale, pendant l'extension. — Apparition de la différenciation histologique.

21. — Larve libre. — Les globules-graisseux disséminés, du mésoderme aboral, ont donné naissance à des fibres musculaires, dont un gros faisceau *r* rétracteur du pharynx : la ventouse a éprouvé une réduction considérable.

22 à 31 : face aborale.

22, 23, 24. — Stades 8, 16, 36, vus par la face aborale.

25. — Stade plus avancé à cellules de la face aborale plus nombreuses ; mais à arrangement encore régulier.

26 — Stade fig. 8 vu par la face aborale, montrant que la forme générale, ovale et renflée en arrière, est bien la même à ce stade que chez l'Alcyonidium.

27. — L'embryon se rétrécit, et le pharynx commence à devenir visible en avant.

28. — Montre que le pharynx se trouve recouvert par la peau qui tapisse le sillon *sb*, tandis que la masse aborale encore renflée en arrière fait à la partie postérieure une saillie volumineuse.

29. — L'embryon perd sa forme amincie en avant et renflée en arrière pour prendre une forme en biscuit, également élargie à ses deux extrémités, en même temps que la partie renflée de la masse aborale se porte plus en avant, pour donner à l'ensemble, un aspect fusiforme.

30, 31. — Continuation des mêmes processus montrant surtout l'amincissement graduel de la masse aborale, jusqu'à la production de l'aspect caractéristique du Cyphonautes.

32 à 37 : face orale.

32. — Stade 32 par la face orale.

33. — Stade fig. 8 par la face orale, montrant la bouche, et l'aspect saillant de la face orale.

34. — La face orale est devenue plate, et la bouche s'est prolongée en avant en une échancrure *of*.

35. — L'échancrure s'est divisée en bouche définitive et fossette du

plumet ciliaire, l'embryon s'est rétréci, la face orale est devenue concave.

36. — Embryon vu un peu de devant pour bien montrer la fossette ciliaire, cet embryon permet, de même que le suivant, de voir le passage à la forme en biscuit précédemment mentionnée.

37. — Stade plus avancé, et très-peu avant l'apparition de la coquille.

38 à 53 : Métamorphose.

38. — Cyphonautes étalé sur la face orale, pour la métamorphose.

40. — Premier jour (12 heures après la fixation) les organes internes se sont résolus à une masse granuleuse obscure, la peau s'est réduite à un sac uniforme (endocyste) qui s'est retiré vers le dedans et a secrété un ectocyste chitineux qui maintient unies les deux valves du Cyphonautes; la fig. 39 montre de profil la disposition de cet ectocyste, dont fait partie la coquille du Cyphonautes; il peut arriver que l'endocyste s'écarte ensuite un peu (fig. 40, 41, 42 etc) de l'ectocyste, mais cela n'est que temporaire et ne modifie en rien la marche normale.

41. (15 heures après la fixation). La masse interne granuleuse s'est divisée en une masse centrale, et couche périphérique appliquée contre l'endocyste.

42. — Deuxième jour : une tache claire (polypide) est apparue au milieu de la masse centrale.

43. — Quatrième jour : le polypide est déjà bien développé : les granules-graisseux de la couche périphérique se sont amassés en globules.

44, 45. — Autre embryon, au cinquième jour : la structure est analogue, mais le polypide plus développé.

46. — Premier embryon au sixième jour : le polypide est devenu asymétrique, sa gaine tentaculaire commence à venir se souder à l'endocyste.

47. — Neuvième jour : polypide presque complet; au point de soudure de la gaine tentaculaire s'est développé un long conduit tubulaire T, ouvert à l'extrémité; la couche graisseuse périphérique s'est différenciée sur les côtés en muscles pariétaux pr, on en voit encore en bas une petite partie, dont naîtront les gros rétracteurs ; la loge a développé deux bourgeons latéraux 1, 1, qui fònt saillie de chaque côté.

48, 49. — Autre loge primitive un peu plus développée. Le dernier reste de la masse graisseuse s'est différencié (fig. 48) en gros rétracteurs *r*, l'estomac n'est pas encore pigmenté ; le reste de la structure est le même que précédemment, mais on voit en plus deux épines de chaque côté de l'ouverture de la loge.

50, 51. — Loge plus avancée, à estomac pigmenté, et qui s'est cloisonnée de chaque côté des bourgeons primitifs 1. 1 en deux nouveaux bourgeons : 2. 2. 2, 2. — Un polypide est apparu dans les bourgeons 1.

52. — Tous les bourgeons se sont accrus ; les 2' se préparent à se diviser en deux, les 2 se sont rejoints au-dessus de la loge 0.

53. (Pl. 15). Même disposition, mais plus avancée, et dans laquelle on commence à voir se produire des commencements d'irrégularité ; le bourgeon 2' de gauche s'est seul divisé (bourgeons 2 et 3) : à ce stade les épines commencent aussi à apparaître entre les loges d'une manière irrégulière.

PL. 15 (MEMBRANIPORA PILOSA, EUCRATEA CHELATA).

Membranipora Pilosa.
1, 2, 3, 4 Larve libre.
5
6
7 Bourgeonnement.
8
9

Eucratea Chelata.   10, 11, 12 Larve libre. — gr. = 130.

---

1. — Cyphonautes compressus immédiatement après l'éclosion : (première forme) il a dans son ensemble une structure comparable au Cyphonautes de la Flustrella, avec pharynx *ph*, estomac *est*, masse aborale *mi* et fossette du plumet *f ;* la face orale y est très-nette et disposée comme chez la Flustrella. — La seule différence consiste dans la présence d'une cavité spéciale *ce*, distincte de la cavité du corps, et qui peut-être, correspond à notre dépression *ce* des larves ordinaires. — *gr* = 100.

2. — Même espèce (deuxième forme) : le pharynx s'est accru en une large poche ciliée, la cavité *ce* est venue se mettre en communication d'une part avec le dehors, en séparant le pharynx du plumet ciliaire, et de l'autre avec la partie postérieure de l'estomac. La face orale se trouve par le développement des ouvertures au dehors du pharynx *o*, de la fossette *f* et de la cavité *ce*, complètement supprimée, le Cyphonautes constituant une espèce de cone creux dont la base conduit immédiatement dans trois cavités, la cavité *ce* fait de ce stade partie du tube digestif, recourbé comme l'ont dit tous les auteurs. — $gr = 90$.

4. — Cyphonautes du stade 1 vu de devant. — $gr = 100$

5. — Loge primitive du M. Pilosa, avec deux bourgeons latéraux 1. 1. $gr = 50$.

6. — Un troisième bourgeon 1 apparaît au sommet, entre les deux précédents. — $gr = 50$.

7. — Chacun des bourgeons latéraux 1. 1 a donné naissance à un nouveau bourgeon 2. — $gr = 40$.

8. — La loge moyenne 1 a de même donné naissance à une loge superposée, puis, chacune des trois 2. 2. 2, à trois nouveaux bourgeons 3. 3, 3, dont le médian moins développé. — Les deux loges latérales 2. 2 ont en même temps fourni un bourgeon latéral 3ᵃ ; et de plus, les deux loges 1. 1 en ont émis à leur partie inférieure deux nouveaux 2',2'. — $gr = 40$.

9. — La loge primitive a donné naissance à un troisième bourgeon 1' ; puis les trois loges 2', 1', 2' ont continué à s'accroître par bourgeonnement apical comme les loges 1. 1. 1 de manière à former trois séries continues mais disposées en sens inverse. — En même temps chacun des bourgeons 3ᵃ a donné naissance, par bourgeonnement dichotomique, à une série en éventail qui s'étend de chaque côté de la série médiane, tandis qu'en bas sont nés d'autres bourgeons semblables 3 ᵃ' donnant naissance en bas aux mêmes séries en éventail ; ces dernières sont renforcées par d'autres séries de 3ᵇ' 4ᵇ' nées des loges 2. 2 et qui descendent vers le bas ; enfin apparaissent les loges 4ᵇ etc, qui comblent l'espace laissé libre entre les deux groupes du haut et du bas, et transforment le cormus, en une plaque discoïde à bord d'accroissement continu. — $gr = 15$.

10. — Eucratea Chelata : larve libre vue de profil : la ventouse est très-réduite, la face aborale très-développée, la face orale complètement plate.

11 — La même vue par la face aborale, montrant la ventouse très-simple, et l'estomac visible même de ce côté ; je n'ai pas vu d'éléments mésodermiques.

12. — La même, par la face orale, montrant la forme trilobée de l'estomac.

PL. 16. TABLEAU DES FORMES LARVAIRES. BOURGEONNEMENT.

1. — Jeune cormus de Bugula Flabellata. — $gr = 20$.
2. — Mollia Granifera. — $gr = 50$.
3. — Loxosoma Phascolosomatum (Vogt).
4. —   Id.   Alatata.
5. — Bourgeon de Loxosoma.
6. — Loxosoma Singulare.
7 à 14. — Tableau des formes larvaires.
15 à 24. — Formation du polypide chez l'Alcyonidium mytili. — $gr = 200$.
7. — Forme primitive (idéale) du groupe des Bryozoaires (Gastrula à 3 divisions et masse mésodermique aborale, susceptible de contracter le bord de la face aborale, au-dessus de la couronne et de la face orale).

8. — Première forme dérivée (Entoproctes) : formée par la production des organes appendiculaires, *vt, va, bl*.

9. — Deuxième forme dérivée (Cyclostomes) par extension de la couronne en forme de manteau au dessus de la face aborale.

10. — Troisième forme dérivée (Chilostomes) : par apparition du sillon *si* divisant la face aborale en deux parties distinctes (ventouse et partie inférieure) suivie d'un retrait général de cette même face.

11. — Première modification de la troisième forme (Cellularines) par extension graduelle de la couronne dans une larve de la forme des Escharines (forme sessile).

12. — Deuxième modification de la troisième forme (Vésiculaires) par extension directe de la couronne à la surface du corps dans une larve de la forme des Alcyonidiens (forme pédonculée). 38

13. — Troisième modification de la troisième forme (Alcyonidium) par fusion de la ventouse avec la masse aborale.

14. — Quatrième modification de la troisième forme (Cyphonautes) par disparition graduelle de la ventouse.

15. — Jeune polypide des stades fig. 22-23, vu de profil.

16. — Premier stade du bourgeonnement : on ne voit encore qu'une fente interne : la cavité digestive.

17, 18. — On voit au-dessus de cette fente une autre cavité beaucoup plus spacieuse (gaîne tentaculaire) occupant toute la largeur du rudiment et séparée de la fente CD par des lèvres renflées (plaque basilaire), à la périphérie desquelles naissent les tentacules visibles d'abord sous forme de deux épaississements latéraux.

19. — Disposition Entoprocte : les deux renflements latéraux déjà divisés en tentacules rudimentaires, se prolongent sur tout le pourtour de la plaque basilaire, qui figure l'espace intratentaculaire des Entoproctes, tandis que les deux extrémités $œ$ et a de la cavité digestive se terminent dans cette plaque ainsi circonscrite.

20. — Les deux moitiés de la couronne se sont séparées du côté anal, où l'extrémité de la cavité digestive est venue se prolonger jusque sur le bord de la plaque basilaire.

21. — La fente de communication des cavités digestive et de la gaine tentaculaire commence à se fermer au milieu : les deux moitiés de la couronne sont bien continues vers l'extrémité orale, mais elles sont séparées du côté opposé, où se trouve l'anus, situé alors dans la couronne même. — A partir de ce stade, la gaine tentaculaire vg commence à s'accroître au-delà de l'extrémité de la plaque basilaire.

22. — Stade un peu plus avancé, dans lequel les deux extrémités de la couronne en fer à cheval se sont incurvées l'une vers l'autre.

23. — L'incurvation a continué de manière à ce que les deux extrémités en fer à cheval, de la couronne, soient venues se rejoindre au-dessus de l'anus ; ce dernier, primitivement intérieur est ainsi refoulé en dehors de la couronne, ce qui donne enfin la disposition Ectoprocte.

24. — Montre la disposition Ectoprocte complètement achevée.

BIBLIOGRAPHIE

1827 *Grant :* Obs : on structure and nature of Flustrœ : Edimbourg new phylos. Journal
1827, Avril-Juin, pages 107 à 118 et Juillet-Septembre, p. 337 à 342. —
1826, Décembre, p. 129 (Flustra carbasea, foliacea).

1833 *Ehrenberg :* Beitrag. zur Erkenntniss grosser organisation in Kleinsten raume.
(Cyphonautes compressus).

1837 *Farre :* On the structure of the Ciliobranchiate polypi (Trans. Phylos. 1837),
p. 410. (Halodactylus diaphanus).

1840 *Nordmann :* Voyage *Demidoff,* dans la Russie et la Crimée. (Tendra Zostericola).

1841 *Hassal :* Annals and mag., vol. VII, 1841. Description of two new genera of Irish.
Zoophytes, p. 483 à 486. (Cycloum Papillosum, Sarcochitum Polyoum).

1844 *Couch :* a Cornish fauna. Part. 3, p. 921 (annoncé dans ann. and mag., vol. X, 1842,
p. 60-61) (Crisia.....)

1845 *Van Beneden :* Mém. Acad. Belgique, vol. XVIII, (halodactylus hirsutus).
Id.   id.   vol. XIX, (Pedicellina).

1845 *Reid et Chandos :* Annals and mag. of nat. hist., vol. XVI, 1845. Anat and physiol obs
on some Zoophytes, p. 385 à 400, (1 pl.). (Cellularia reptans, Scrupocellaria
Scruposa, Bugula avicularia, Bug : Flabellata).

1847 *Dalyell :* Rare and remarquable animals of Scotland. (Lepralia Margarita, Bicellaria
Ciliata, Bugula avicularia, Bowerbankia Densa. Flustra carbasea, foliacea,
truncata, murrayana. Flustrella Hispida, Alcyonidium palmatum).

1850 *Hancock :* Annals and mag., 2e série, vol. V, 1850, p. 173, an the anatomy of
freshwater Polyzoa with descript : of few specie. (Bowerbankia).

1851 *Busch :* Beobacht : über anat. and entw. wirbelloser thiere, p. 132, pl. 16, fig. 12-16.
(Cyclopelma Longociliatum).

1853 *Gosse :* A naturalists rambles on the Devonshire coast. London 1853, p. 218,
(Pedicellina belgica, Lepralia Coccinea).

1858 *Redfern :* Quarterly Journal of micr. Science, vol. VI. Londres 1858, p. 96 (Flustrella hispida).

1851 à 73 *Hincks :* Annals and mag., 2e série, vol. VIII, 1851, p. 361. Notes on the British,
zoophytes, with descriptions of some specie. (Alcyonidium mytili (361),
Flustrella hispida, 357).

1851 à 73   *Hincks* : Quarterly journal vol. V, 1857, p. 250 ; on some new British Polyzoa. (Alcyonidium mytili).

Id.   id.   Quarterly journal, 1861, p. 278 à 281. Note on the ovicells of the Chilostomatous polyzoa. (Bugula Flabellata, Bugula Turbinata, Bicellaria Ciliata).

Id.   id.   Quarterly journal, n° XLIX, 1873, p. 16, contribution the history of Polyzoa. (Pedicellina).

1863 à 1865   *Smitt* : Bidrag till Kannedomen... : *Upsala univers. arskrift*, 1863 : (Crisia Aculeata p. 4, Lepralia reticulata p. 28). — Bidrag p. 33, et om hals. Bryoz. p. 18 : (Lepralia Pallasiana).

Id.   *Smitt* : Om Hals bryoz. utv. och fettkroppar : — ofversigt af K. vet akad. forhandl. 1865, (Lepralia Peachii (p.17), Crisia Eburnea (p.19), Tubulipora serpens) (p. 20).

1861 à 1872   *Allmann* : A Monograph of freshwater Polyzoa, 1861. (Alcyonelle).

Id.   id.   On the structure of Cyphonautes, 1872, British Association report 1872, p. 133 et Quarterly journal of micr. Science XII, p. 395. (Cyphonautes).

1863 à 1870   *Claparède* : Beob. über anat. und Entw. wirb. thiere, 1863. (Cyphonautes).

id.   Zeitschrift für wiss 21. zool. vol. 1870. (Bugula avicularia).

1866   *Kowalesky* : Mem. acad. Saint-Pétersbourg, 7ᵉ série, vol. X. (Loxosoma neapolitana).

1867   *Keferstein* : Bericht über die fortschritte der anatomie und physiol. in Jahre 1866, p. 216. et Zeitschrift für rationnelle médicin, 1867. (Loxosoma).

1869   *Schneider* : Arch. für micr. anat. vol. V, fasc. 2. (Cyphonautes).

1869-71   *Metschnikoff* : Nachrichten der göttingen universitat, 1869, n° XII. (Cyphonautes, Acamarchis, Eschara, Tendra, Chilidonia).

Id.   Bulletins de l'acad. de Saint-Pétersbourg, XV, 1871 p. 507. (Alcyonelle, Frustrella).

1870   *Uljanin* : Zur anat. und Entw des Pedicellina, n° II, des Bulletins de la Soc. impér. des nat. de Moscou.

1869 à 1875   *Nitsche* : Zeitschrift für wiss, zool. 1869, vol. XX. fasc. 1. (Bugula Plumosa, Bugula Flabellata, Bicellaria Ciliata, Scrupocellaria Scruposa).

Id.   id.   Zeitschrift für wiss. zool. vol. XXII, 1872 fasc. 4. (Alcyonelle).

Id.   id.   Id.   id.   vol. XXV, 1875 fasc. 3. (Alcyonelle).

1874   *Salensky* : Zeitschrift für wiss. zool. vol. XXIV, fasc. 3. (Bugula Plumosa).

1875   *O. Schmidt* : Arch. für micr. anat. vol. XII, fasc. 1. (Loxosoma).

1875 à 1876   *Repiachoff* : Zeitschrift für wiss. zool. vol. XXV, fasc. 2. (Tendra Zostericola).

Id.   id.   id.   vol. XXVI, fasc. 2. (Lepralia Pallasiana).

NOTE

Depuis la rédaction de ce travail, sont parus deux mémoires de C. Vogt (1) et Salensky (2) sur l'embryologie des Loxosoma et Pedicellina ; leurs descriptions sont généralement tout-à-fait d'accord avec les miennes . pour la structure générale de la larve libre et en particulier pour la grande division en deux faces opposées séparées par la couronne (bien que la chose soit souvent décrite sous une autre forme); mais Vogt semble néanmoins hésiter un peu à admettre l'identification des larves des deux genres d'une manière aussi absolue que je l'ai indiqué. Le même auteur a bien vu la ventouse postérieure (appendice caudal) et l'organe qua-drilobé (organe en lunette) de la larve de Loxosoma, mais il me paraît avoir commis une erreur en plaçant la bouche en haut de ce qu'il appelle le *mamelon buccal*; ce dernier me paraîtrait plutôt correspondre d'après ses figures, à l'organe bilobé incomplètement formé. — Salensky a très-bien distingué chez la larve de Pedicelline, l'organe bilobé qu'il consi-dère comme le résultat d'une dépression de la face orale (pour lui, simple appareil vibratile*)* située entre la bouche et l'anus, et donnant naissance à *deux tubercules,* mais il ne décrit pas la masse musculaire qui lui sert de soutient; il ne distingue bien que les deux masses des ventouses antérieure et postérieure, qu'il considére comme des glandes (glande caudale) ce que je ne puis admettre en aucune façon : à défaut de structure histologique suffisamment nette, il me semble que le fonc-tionnement physiologique de ces deux masses, qu'on voit parfaitement

---

(1) C. Vogt, sur le Loxosoma phoscolosomatum : Archives de zoologie expérimentale Tome V, 1876, page 305.

(2) Salensky, sur les Bryozoaires entoproctes, Annales des Sciences nat. Tome V, page 36.

servir au retrait des touffes de poils raides implantés à leur extrémité, suffit bien pour conclure à leur nature musculaire. — Aucun de ces deux observateurs ne me semble avoir suivi d'une manière bien graduelle la formation de ces larves ; tous deux nous décrivent une différenciation directe de la Morula en masse centrale et couche périphérique (Planula pour Salensky, Gastrula par éruption ? ou épibolie ? pour Vogt) qui s'allonge un peu, et s'étrangle à la limite de séparation du corps proprement dit et de l'appareil vibratile, pour passer directement à la larve libre. — Salensky distingue pourtant dans la Pedicelline, quelque chose de comparable à mon épaississement labial (d'après lui rudiment de l'organe vibratile) ainsi qu'une masse mésodermique postérieure, mais sans suivre ensuite leur destinée.

TABLE DES MATIÈRES

Lille, Imp. Six-Horemans. 771883.

Loxosoma. 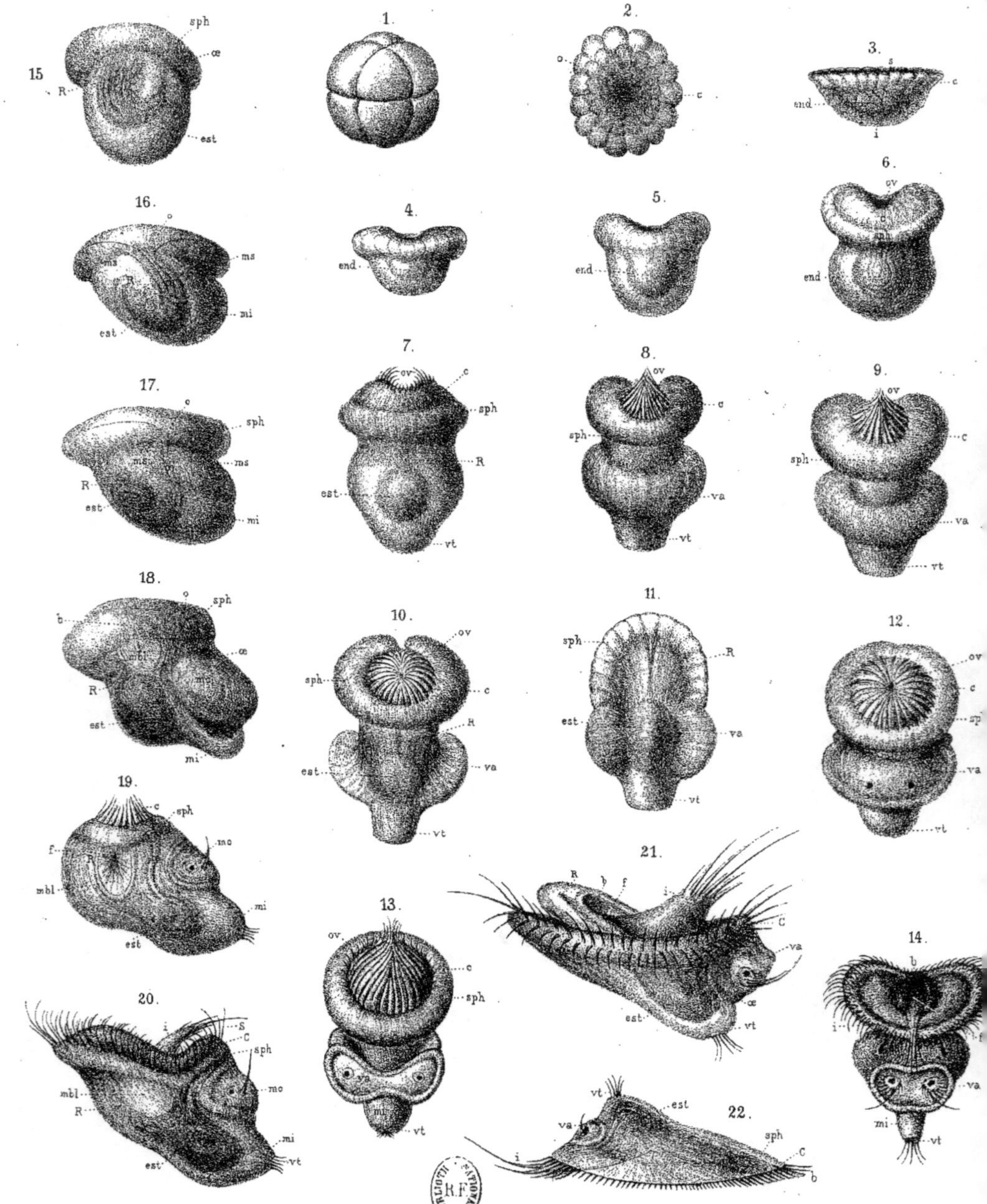
15
16.
17.
18.
19.
20.
1.
2.
3.
4.
5.
6.
7.
8.
9.
10.
11.
12.
13.
21.
22.
14.
J. Barrois ad nat. del.
P. W. M. Trap impr.
A. J. Wendel in

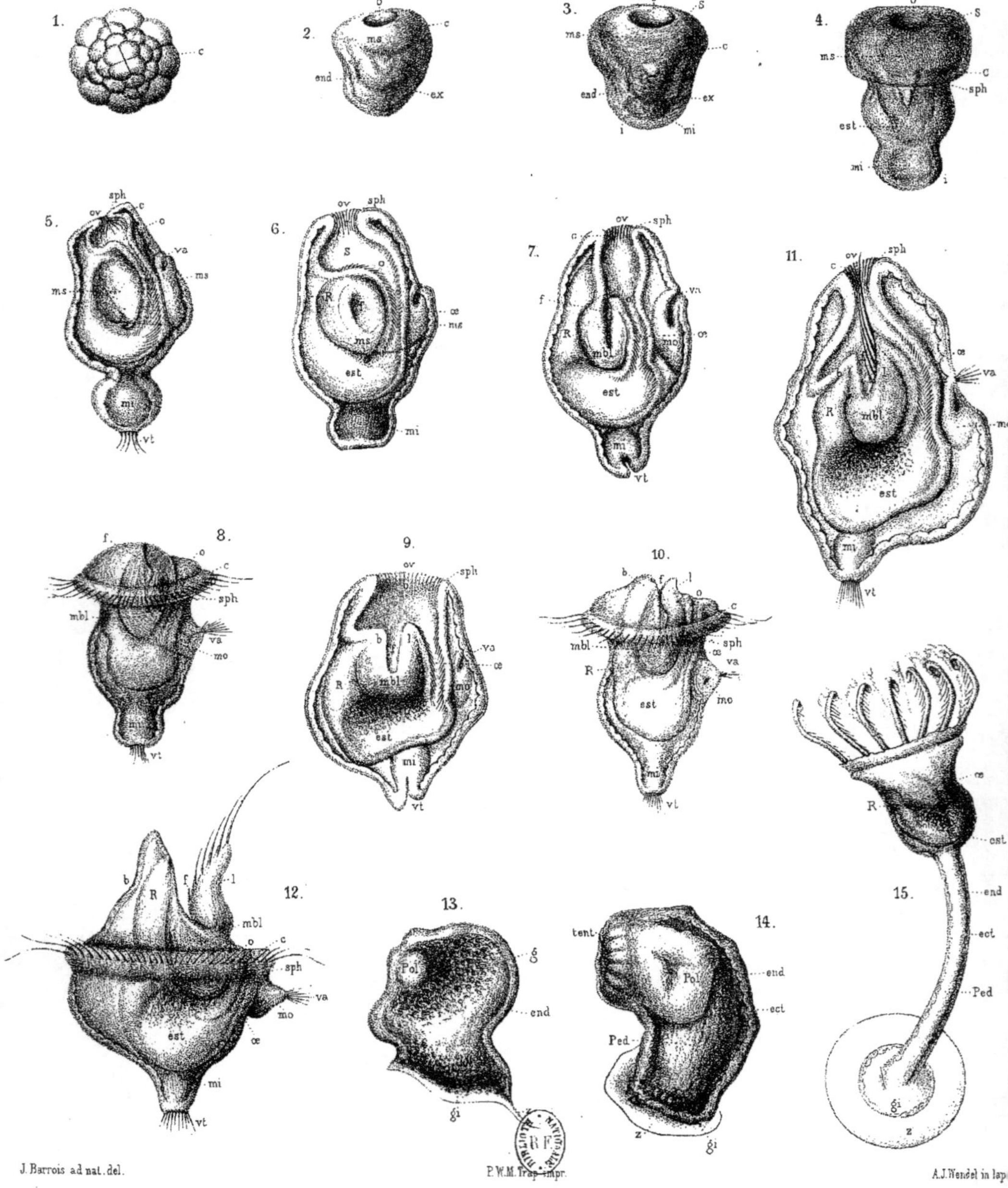

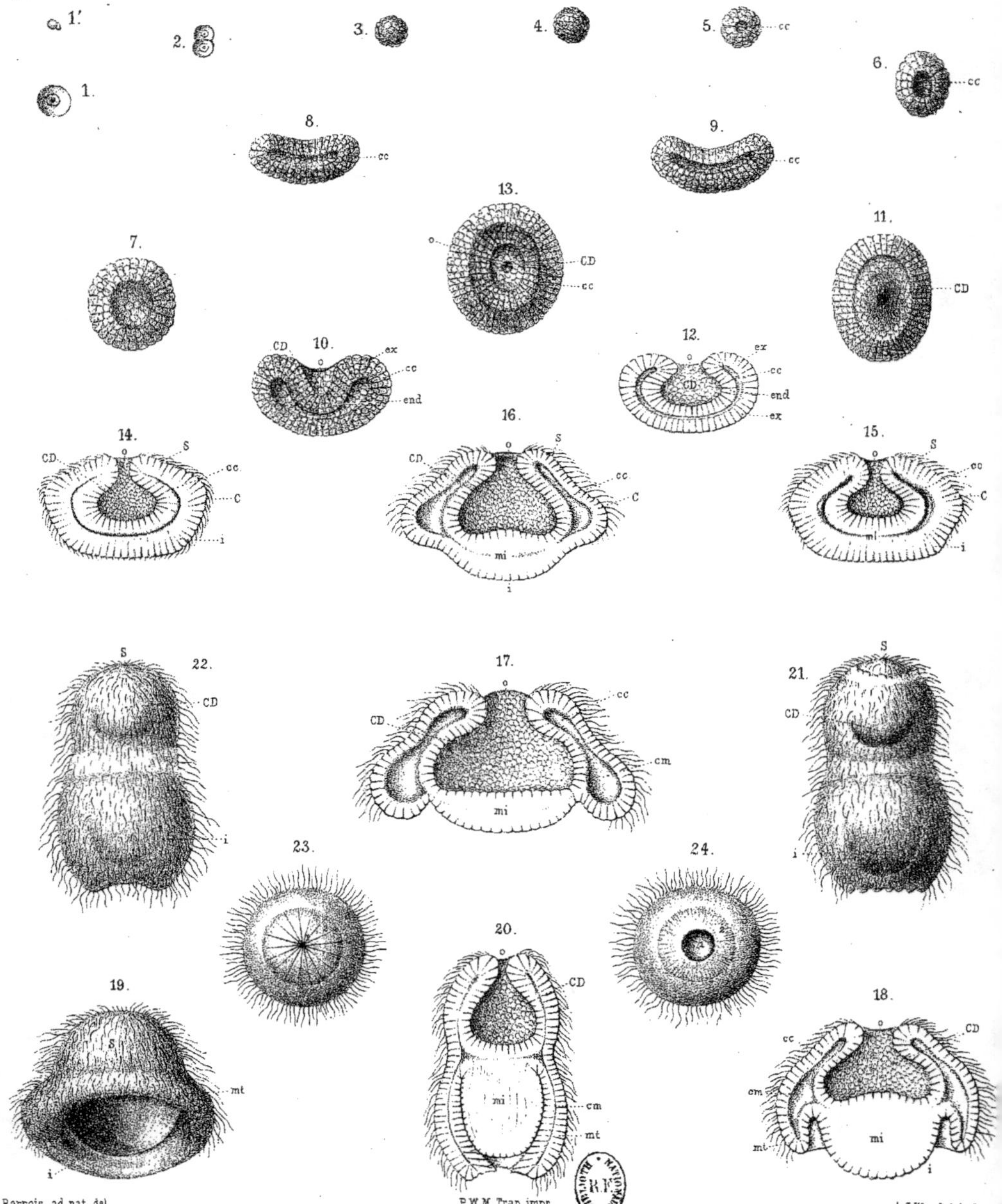
1'.
2.
3.
4.
5.
cc
6.
cc
1.
8.
cc
9.
cc
13.
o
CD
cc
11.
CD
7.
10.
CD
o
ex
cc
end
12.
ex
o
CD
cc
end
ex
14.
CD
o
S
cc
C
i
16.
CD
o
S
cc
C
mi
i
15.
o
S
cc
C
mi
i
22.
S
CD
i
17.
o
cc
CD
cm
mi
21.
S
CD
i
23.
24.
20.
o
CD
mi
cm
mt
19.
S
mt
i
18.
o
CD
cc
cm
mt
mi
i

J. Barrois ad nat. del. P.W.M. Trap impr. A.J. Wendel in lap.

J.Barrois ad nat. del.   P.W.M.Trap impr.   A.J.Wendel in lap. del.

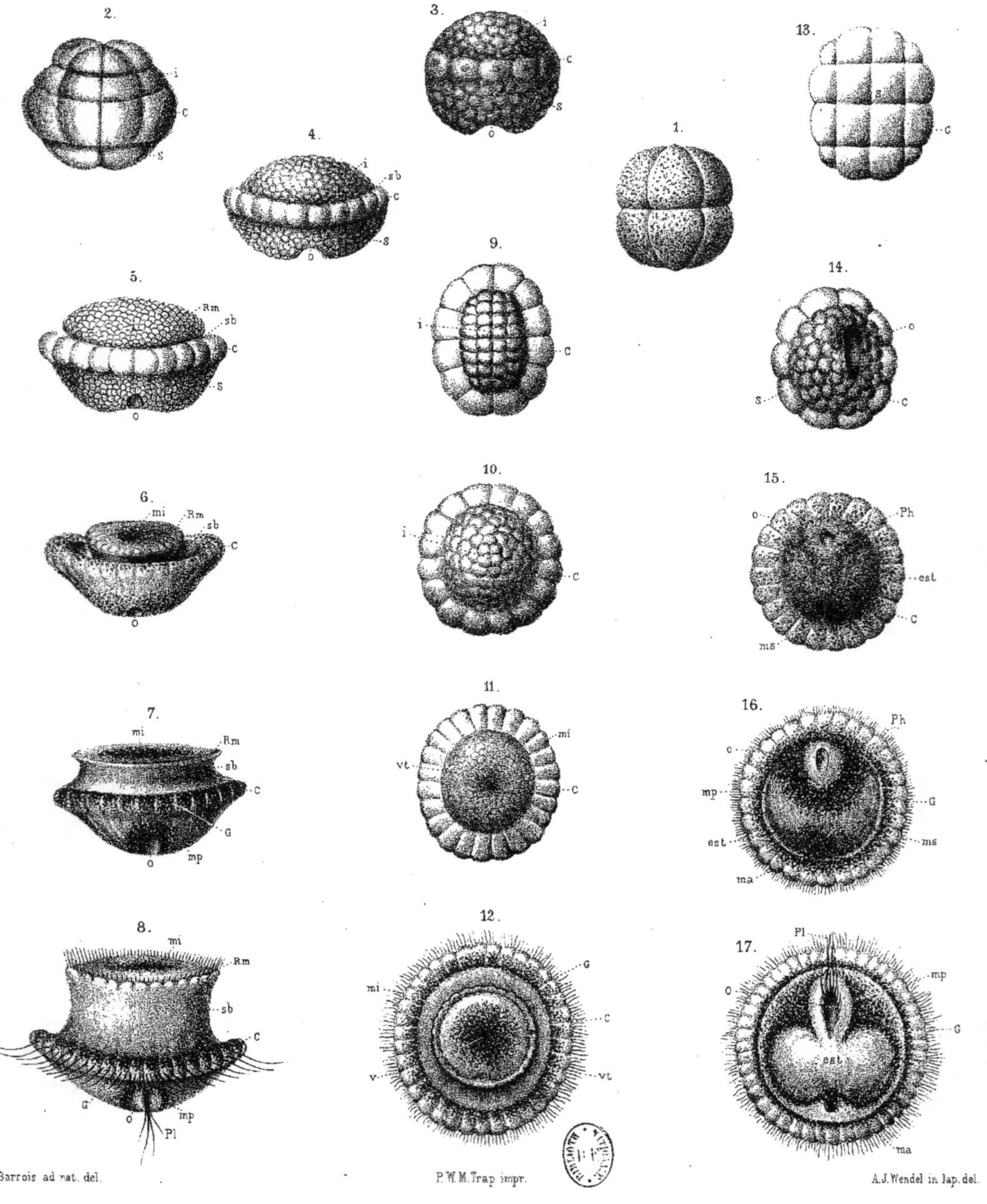

Alcyonidium 1.
Pl. V.
J.Barrois ad nat. del.
P.W.M.Trap impr.
A.J.Wendel in lap.del.

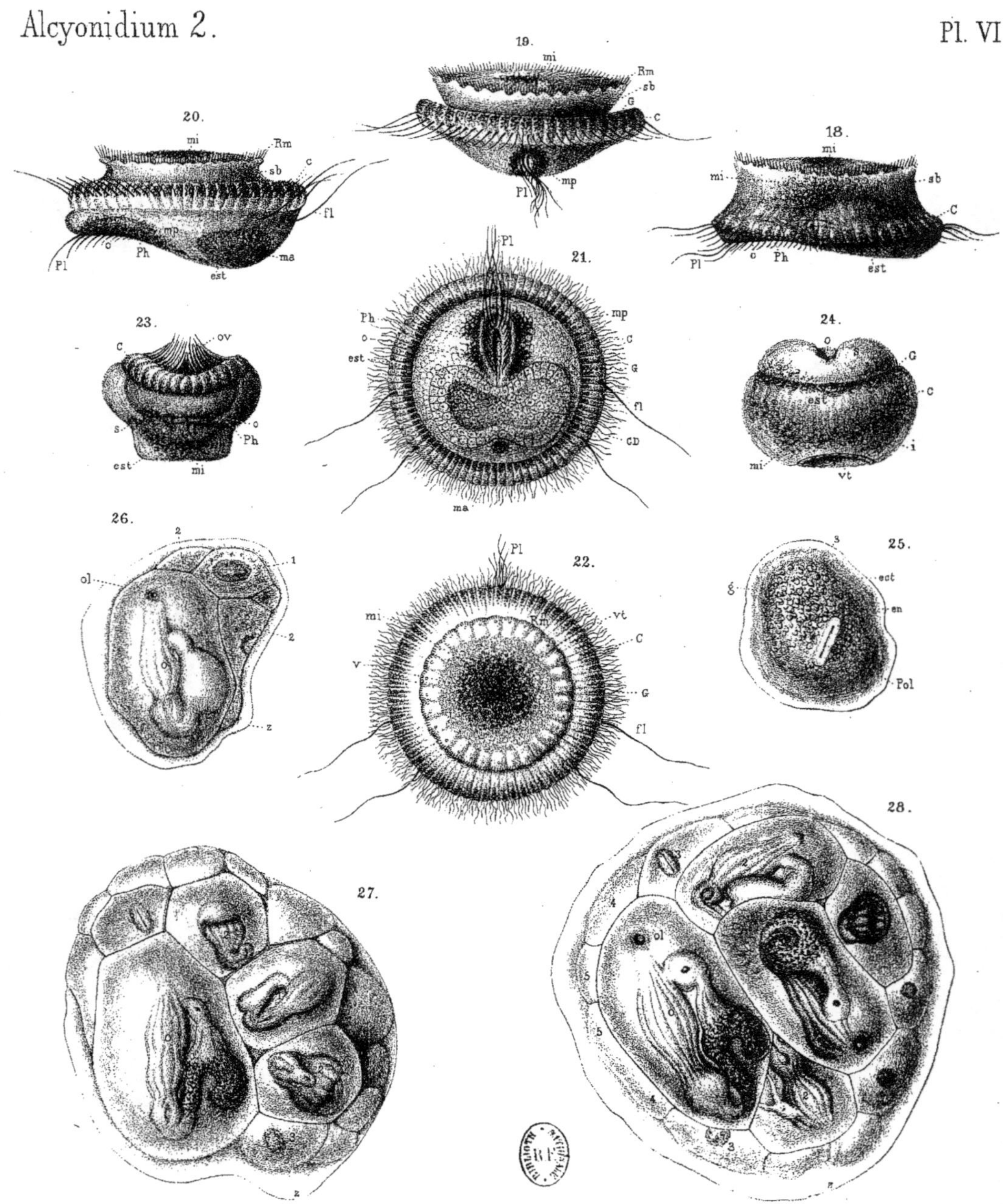

J. Barrois ad nat. del.   P. W. M. Trap impr.   A. J. Wendel in lap. del.

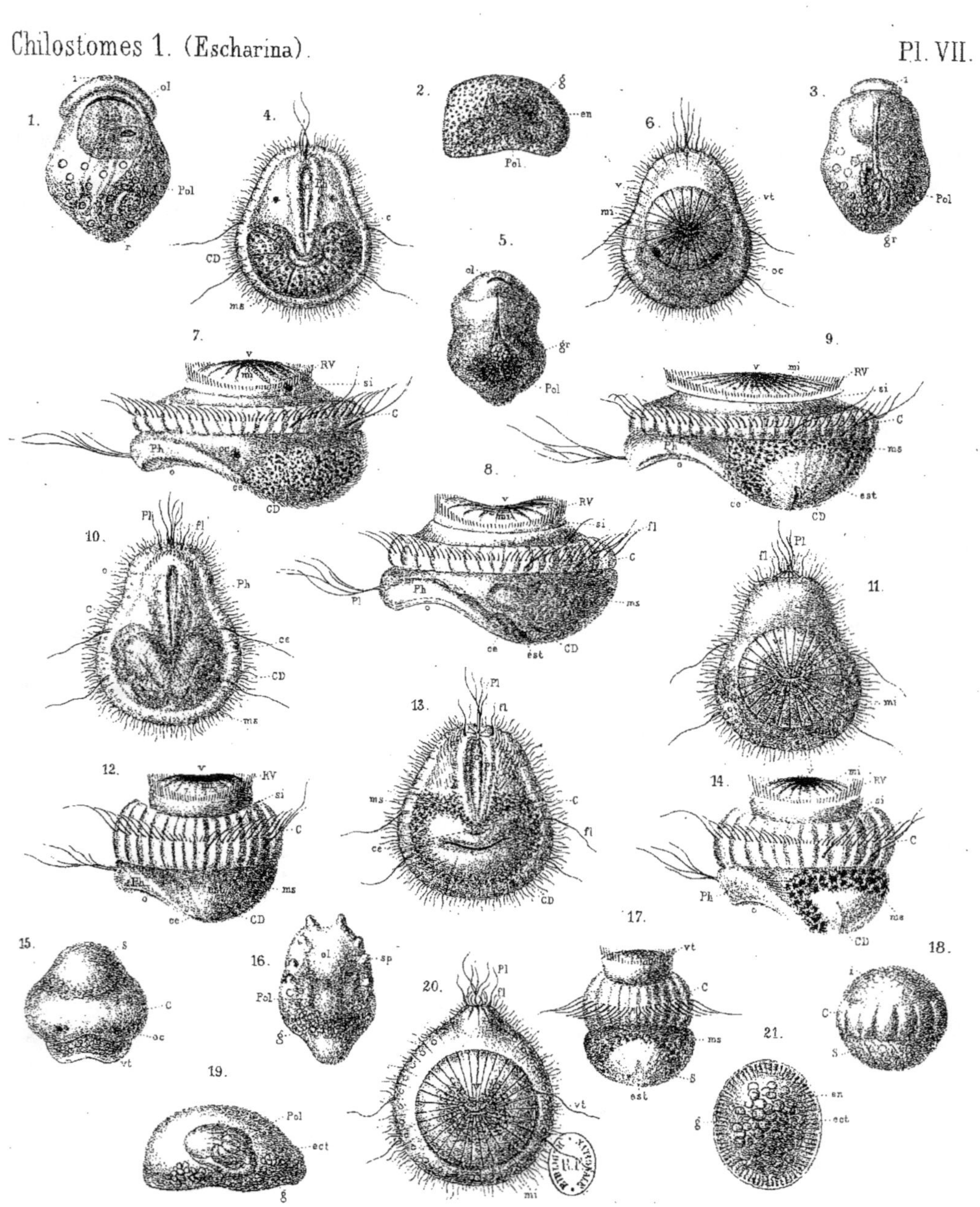

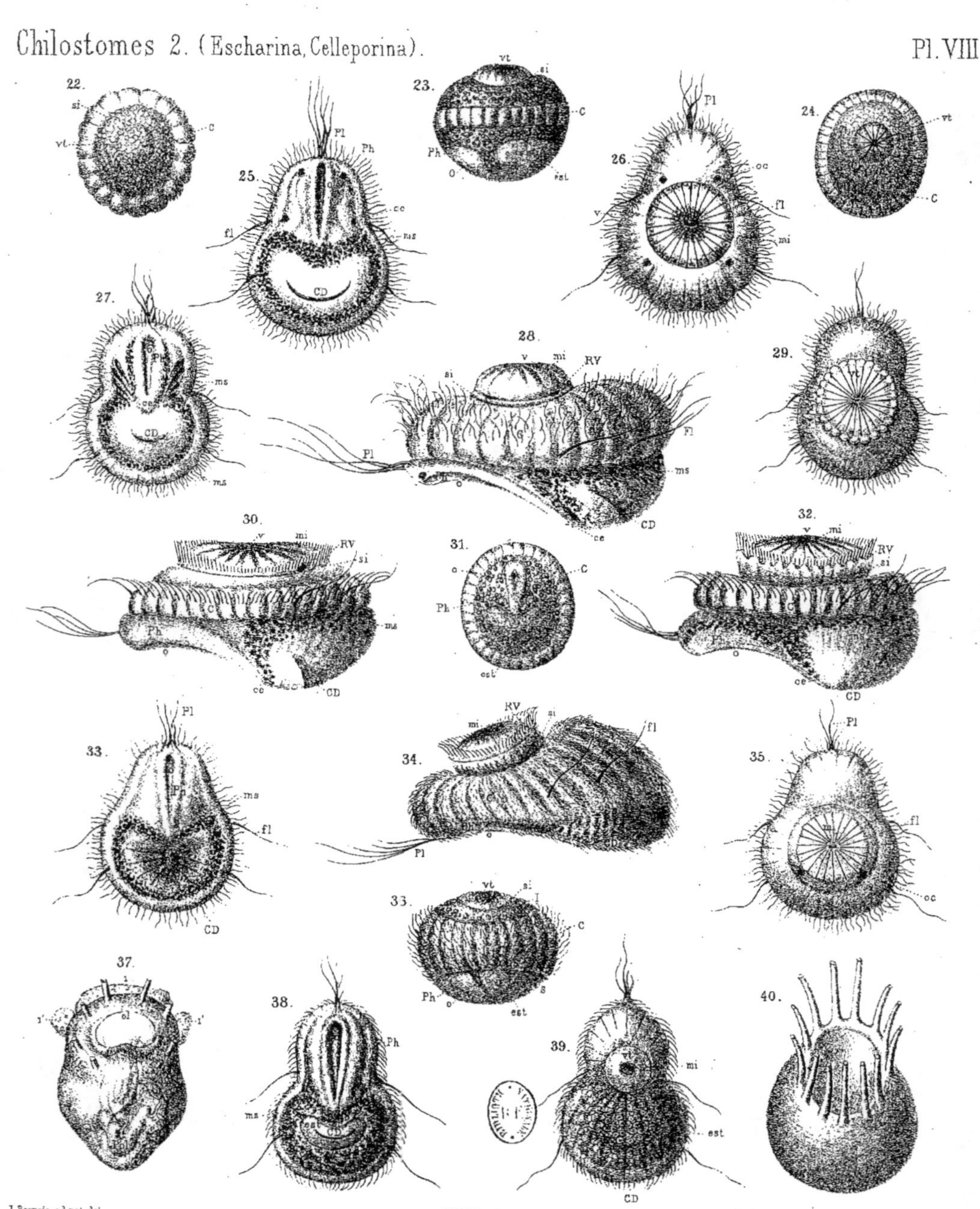

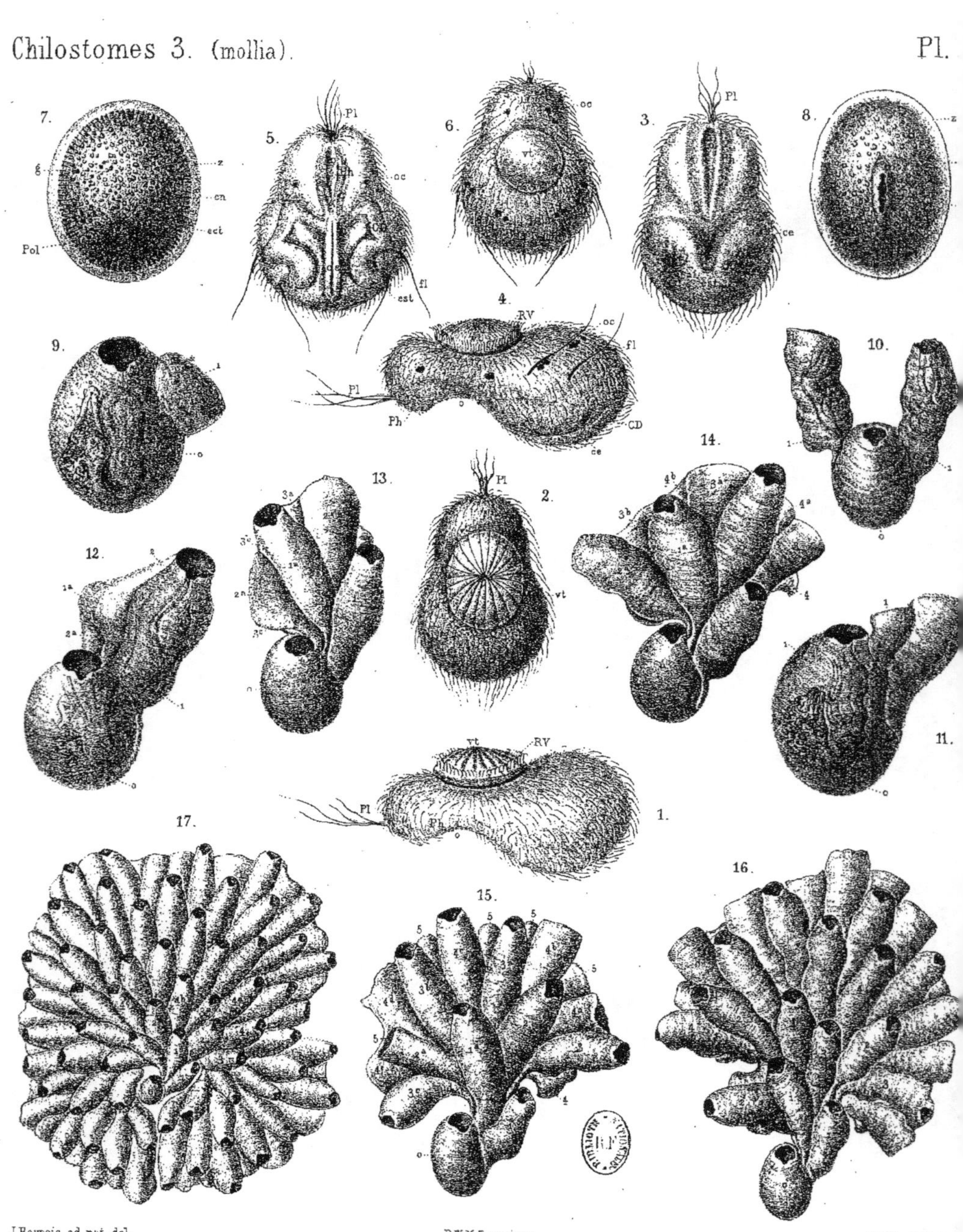

J.Barrois ad nat. del.
P.W.M.Trap impr.
A.J.Wendel in lap.

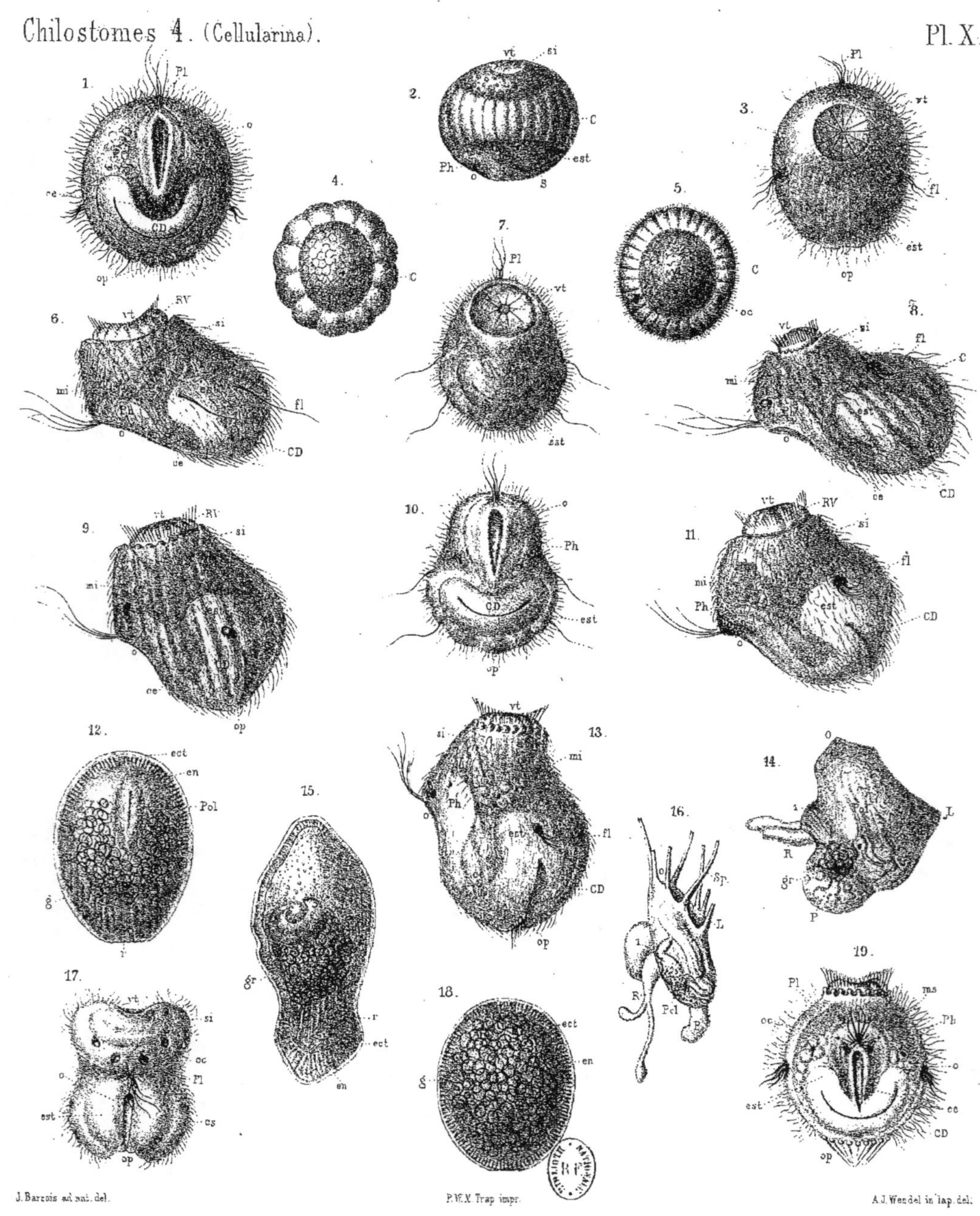

J.Barrois ad nat. del.
P.W.M. Trap impr.
A.J.Wendel in lap. del.

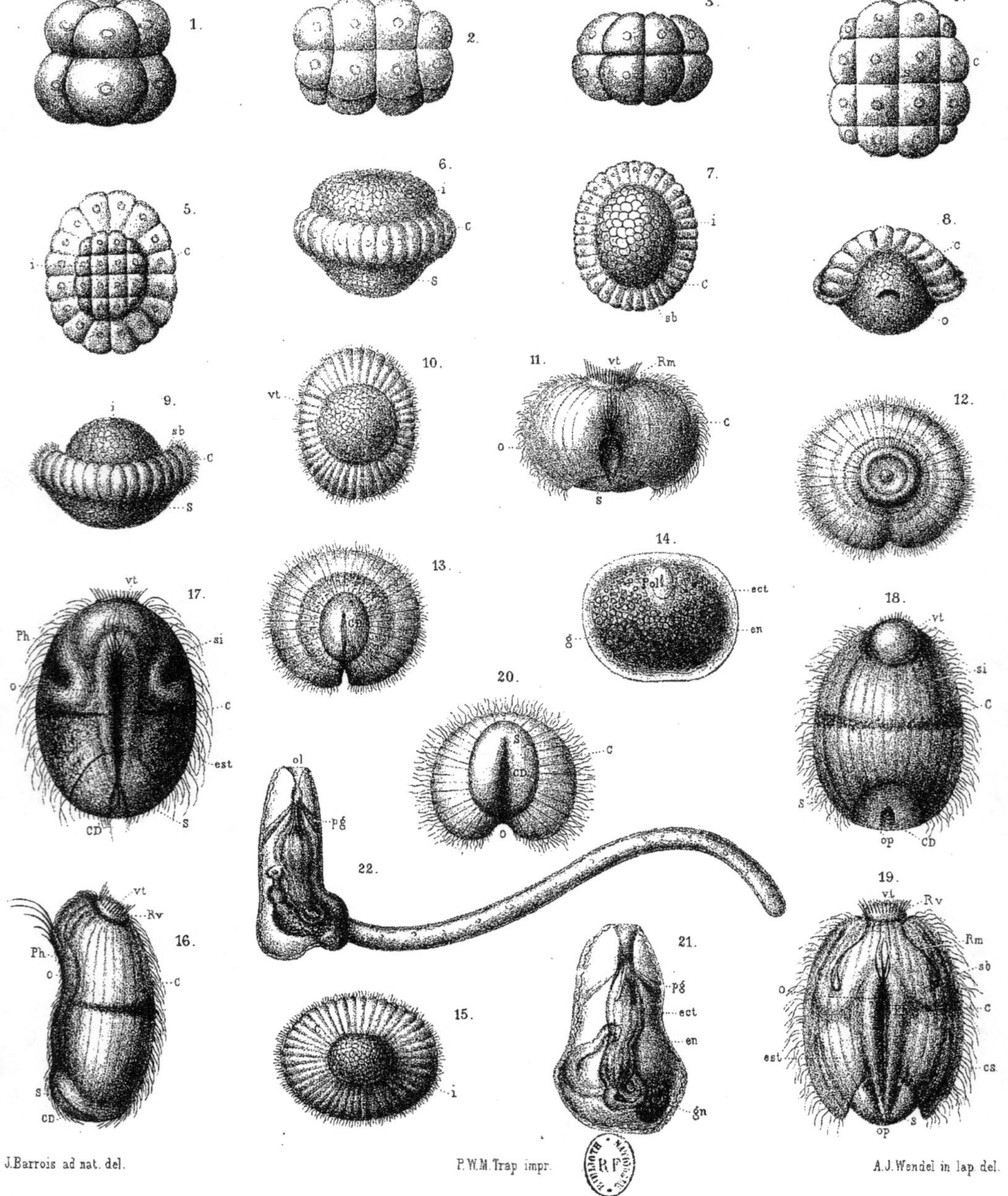

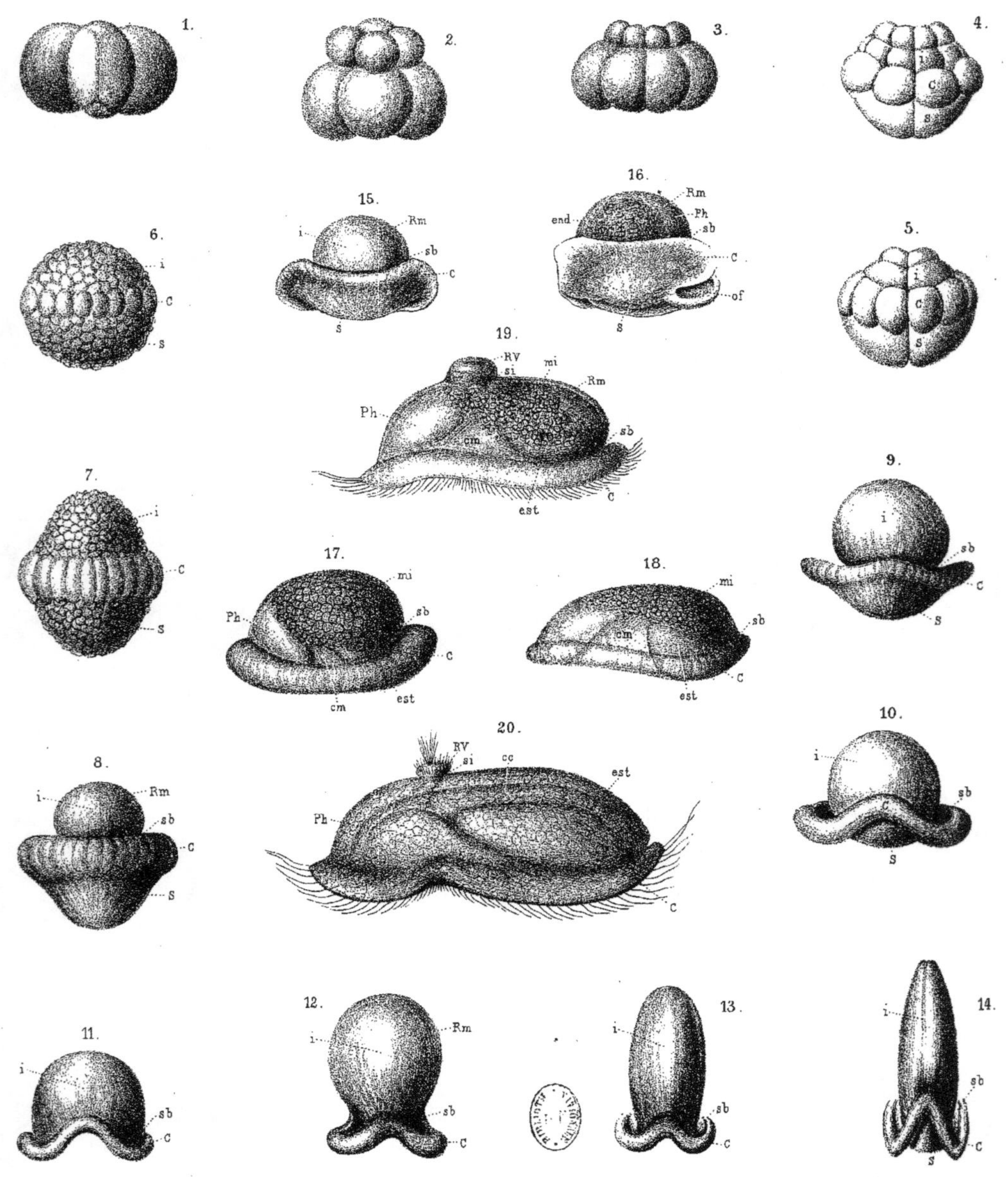

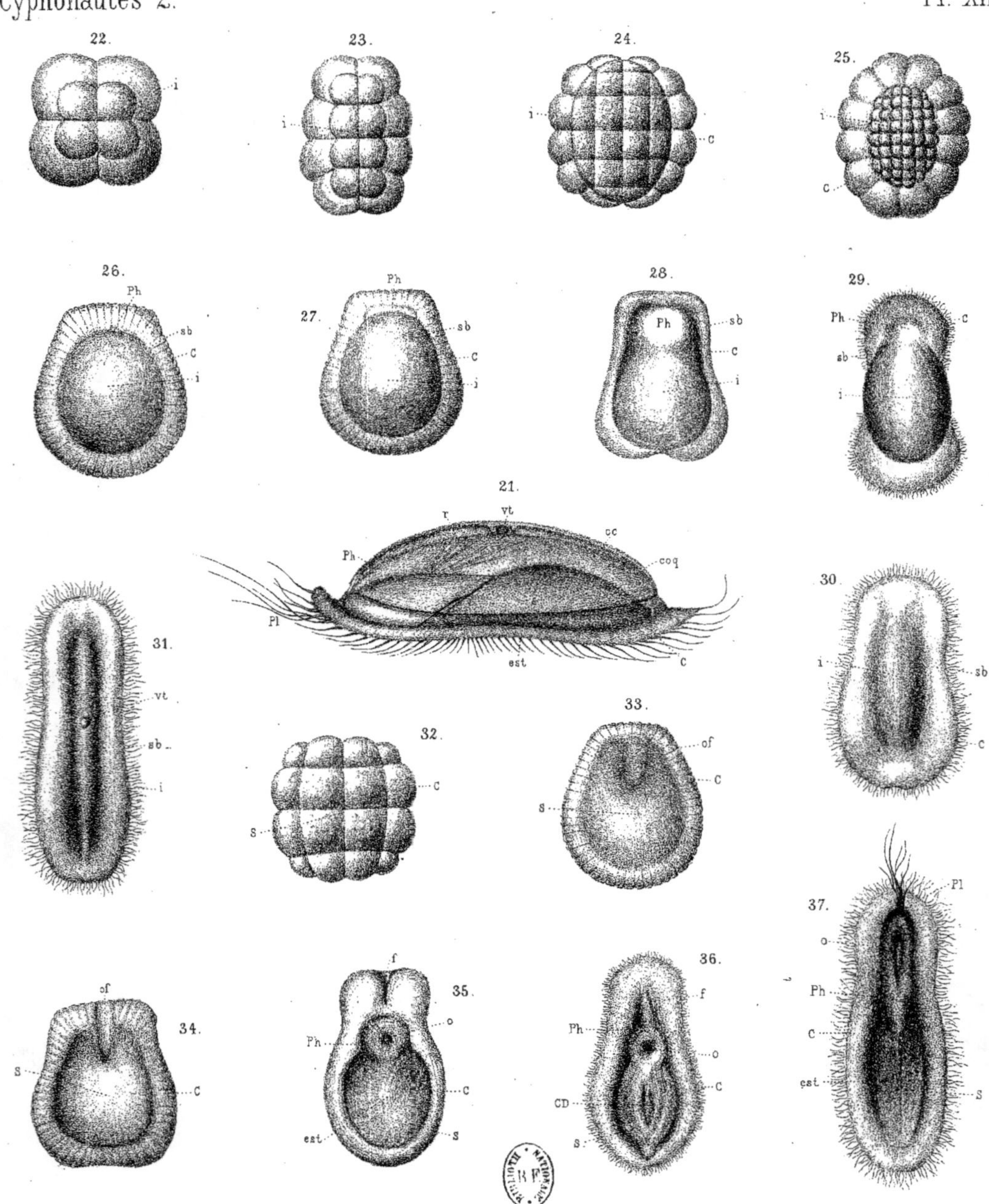

J.Barrois ad nat. del.   P.W.M.Trap impr.   A.J.Wendel in lap. del.

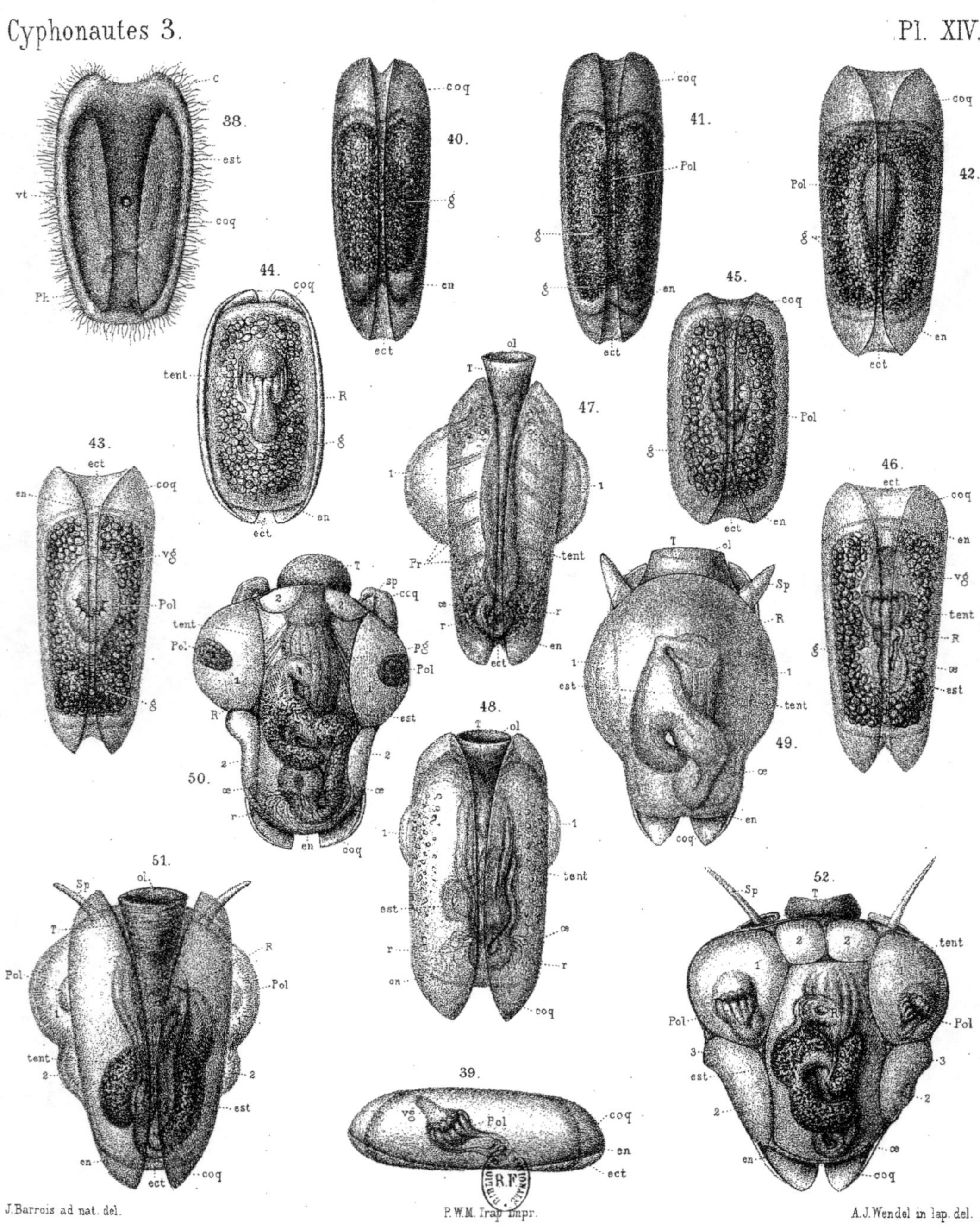

Cyphonautes 3.
Pl. XIV.
38.
40.
41.
42.
44.
45.
43.
47.
46.
48.
49.
50.
51.
39.
52.
J.Barrois ad nat. del.
P.W.M. Trap impr.
A.J.Wendel in lap. del.

Cyphonautes Compressus.
Pl. XV. 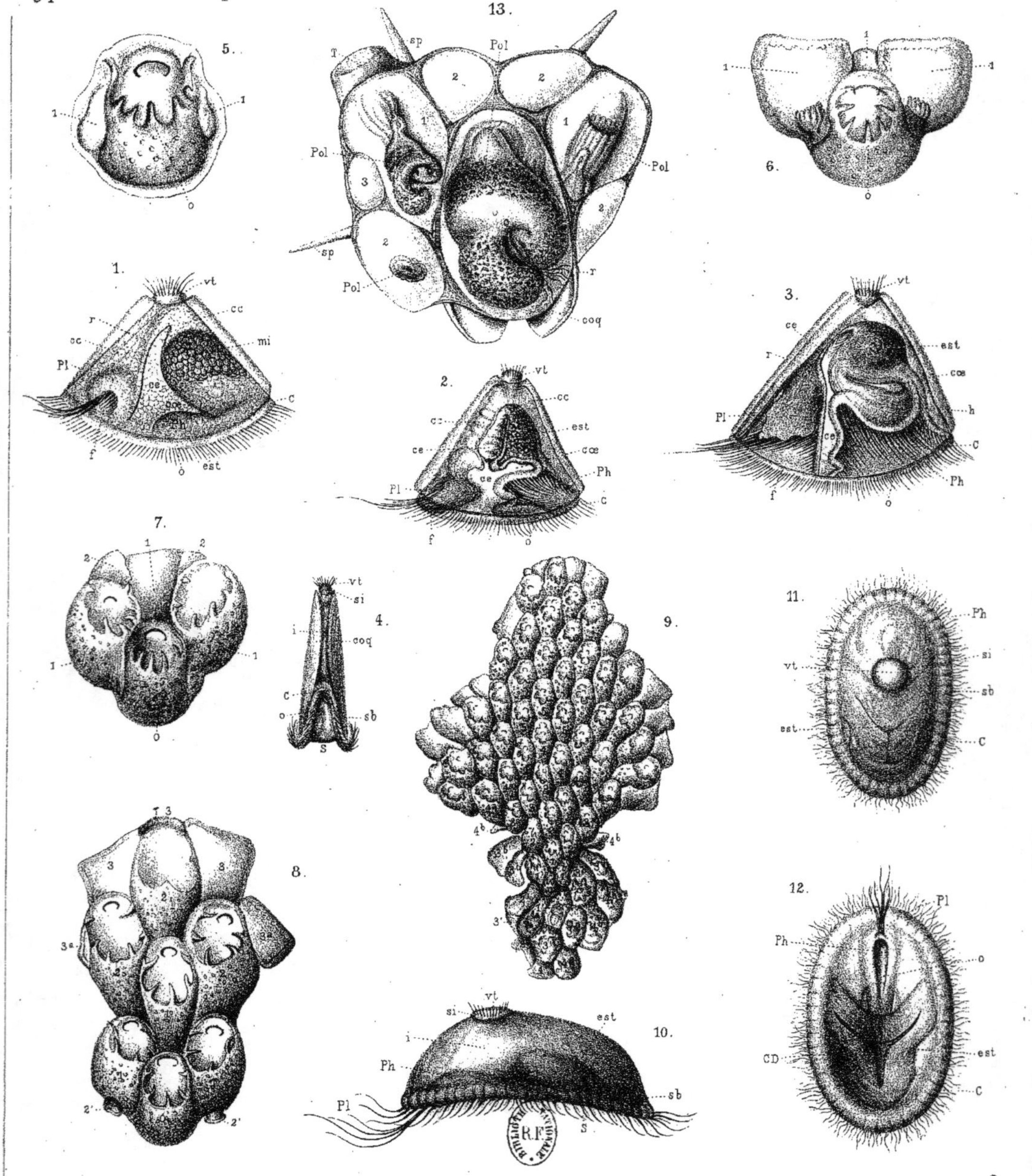
J. Barrois ad nat. del.
P. W. M. Trap impr.
A. J. Wendel in lap. del.

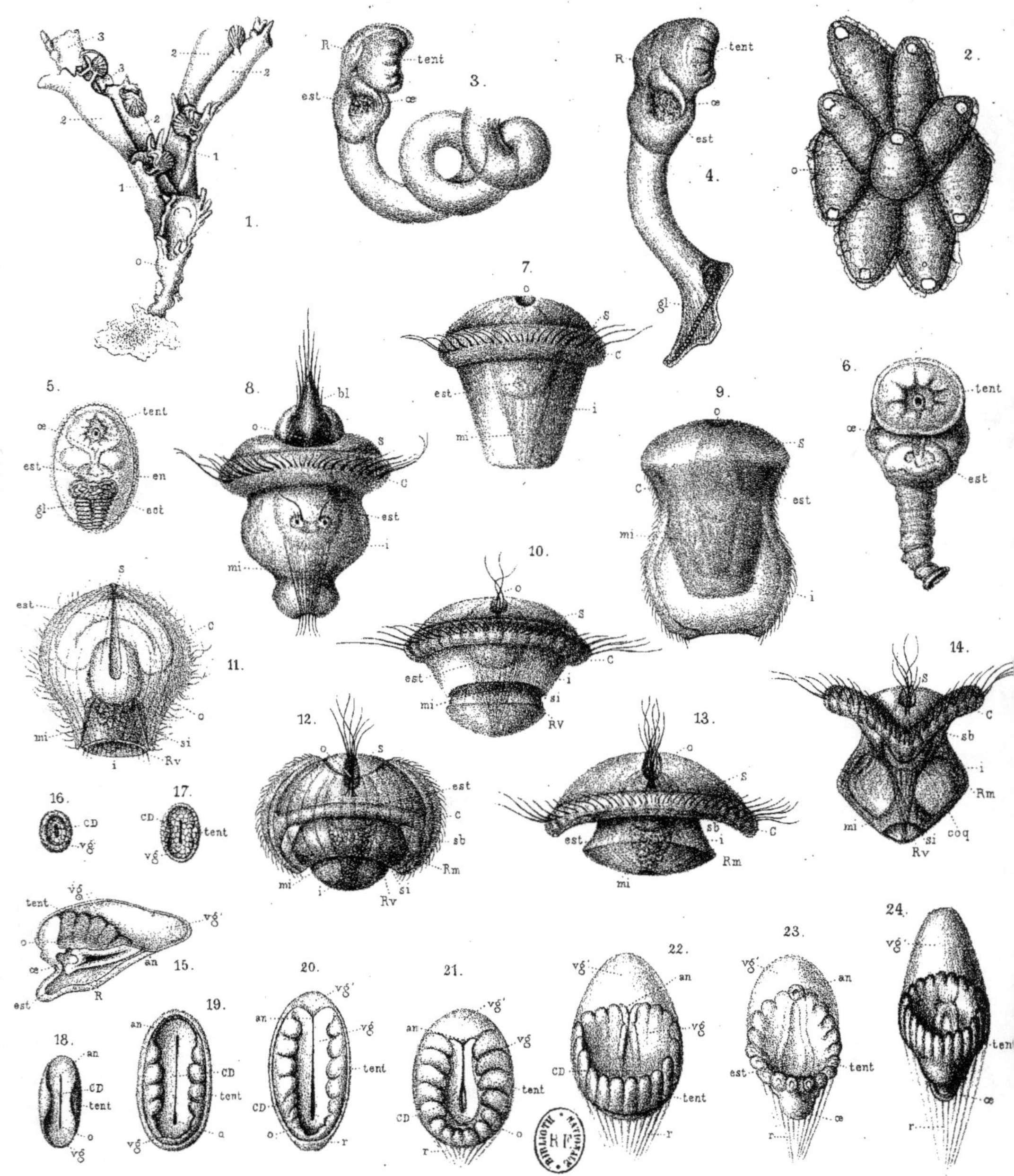